生鲜农产品供应链动态合作控制机制研究

王丽娟　著

科学出版社
北　京

内 容 简 介

本书主要研究“公司+农户”供需模式占主导地位的生鲜农产品供应链中公司和农户长期履约合作的动态控制方法，探索从系统工程和控制论的角度，将灰色系统理论的思想和方法应用于生鲜农产品供应链管理研究中。本书共12章，包括绪论、生鲜农产品供应链、灰色系统相关理论和方法、动态价格下生鲜农产品供应链中动态合作控制机制、不确定需求下生鲜农产品供应链中动态合作控制机制、生鲜农产品供应链一次签约多次交易下动态合作控制机制、一对多环境下生鲜农产品供应链中动态合作控制机制、多对一环境下生鲜农产品供应链中动态合作控制机制、两灰色变量下生鲜农产品供应链中动态合作控制机制、生鲜农产品供应链通货膨胀和延期支付下库存控制、市场需求呈Weibull分布的生鲜农产品供应链库存控制、通货膨胀率与折现率的差不等于零时的生鲜农产品供应链库存控制等内容。书中主要内容是作者长期从事生鲜农产品供应链动态合作研究的成果。

本书可作为高等院校相关专业的教材，也可供政府部门、科研机构的科技工作者，以及从事相关专业的管理人员参考。

图书在版编目（CIP）数据

生鲜农产品供应链动态合作控制机制研究 / 王丽娟著. — 北京：科学出版社，2018.12

ISBN 978-7-03-055752-0

Ⅰ. ①生… Ⅱ. ①王… Ⅲ. ①农产品－供应链管理－研究－中国 Ⅳ. ①F724.72

中国版本图书馆CIP数据核字(2017)第298641号

责任编辑：闫 悦 / 责任校对：张凤琴
责任印制：张 伟 / 封面设计：迷底书装

科学出版社 出版
北京东黄城根北街16号
邮政编码：100717
http://www.sciencep.com

北京九州迅驰传媒文化有限公司印刷

科学出版社发行 各地新华书店经销
*
2018年12月第 一 版 开本：720×1 000 1/16
2018年12月第一次印刷 印张：15
字数：220 000

定价：88.00元

（如有印装质量问题，我社负责调换）

序

供应链是指从原料供应商一直到最终产品用户的这一过程中相互依赖、相互作用的若干节点企业组成的有机整体。我国是一个农业大国，在农产品供应链中，由于受自然因素的影响，不可控因素较多，供应链组织管理相对较弱。而生鲜农产品安全与质量的要求日益严格，物流环节是生鲜农产品增值的重要环节，加强生鲜农产品供应链成员之间合作机制的研究，协调供应链各方利益，提高供应链整体绩效，具有重要的理论意义和现实意义。

王丽娟教授从 2006 年开始从事生鲜农产品供应链研究，该书是基于系统工程和控制论的视角，运用灰色系统理论和博弈论，以“公司+农户”为组织模式的二级生鲜农产品供应链为研究对象，通过分析不同条件下强不确定的市场价格和市场需求的动态特性对供应链成员之间合作结果的影响，探寻影响公司和农户双重违约的根本原因并依此进行相应的管理和控制，设计了实现生鲜农产品供应链系统联合最优的动态合作激励机制和措施，并进一步研究了生鲜农产品供应链在通货膨胀和延期支付下，不同市场需求下的库存控制策略。该书初步形成了生鲜农产品供应链科学管理和调控方法体系，是创新性的研究成果。

这本既有学术价值、又有实用价值的著作的出版，定会推动农产品供应链的深入研究，促进我国生鲜农产品供应链管理的科学决策。

华中科技大学教授

王红卫

2017 年 11 月 26 日

前　言

供应链理论在全球的实践和运用均呈日益深化之势，特别是供应链管理中成员之间的利益协调问题，成为供应链研究领域中富有意义的研究方向，并取得了丰硕的研究成果。近年来，供应链管理的思想、理论和方法开始向农业领域延伸，国内外一些学者开始研究农产品供应链的有关问题。国外对于农产品供应链管理的研究比较多地集中在农产品质量保障、纵向合作、战略伙伴关系等方面。我国作为一个农业大国，随着经济和社会的发展，农产品企业或地区之间的经济竞争已经转化为其各自所采用的供应链的竞争。农业发展的好坏也越来越依赖于自身所处的供应链的优劣。

本书作者通过生鲜农产品市场的实际调研发现，“公司+农户”供需模式是目前我国生鲜农产品供应链最主要的组织模式。在实际中，公司和农户之间的双重违约行为严重制约着生鲜农产品供应链的发展，急需定量地从更深层次分析生鲜农产品供应链成员之间复杂的利益关系，找到科学的协调控制方法，使他们之间真正建立合理的行之有效的风险共担、利益共享关系，从而使供应链整体绩效达到最优。

本书作者从 2006 年开始一直以“公司+农户”供需模式占主导地位的二级链式生鲜农产品供应链为研究对象，在广泛参考国内外相关研究文献，吸收其理论和研究方法的基础上，根据实际生鲜农产品市场价格和市场需求特性，从系统工程和控制论的角度，将灰色系统理论和博弈论相结合，应用于生鲜农产品供应链管理中，围绕“公司+农户”供需模式占主导地位的生鲜农产品供应链的动态合作控制问题，系统全面的从以下 9 个方面对生鲜农产品供应链管理的理论与实践进行了研究：①动态价格下生鲜农产品供应链中动态合作控制机制；②不确定需求下生鲜农产品供应链中动态合作控制机制；③生鲜农产品供应链一次签约多次交易下动态合作控制机制；④一对多环境下生鲜农产品供应链中动态合作控制机制；⑤多对一环境下生鲜农产品供应链中动态合作控制机制；⑥两灰色变量下生鲜农产品供应链中动态合作控制机制；⑦生鲜农产品供应链通货膨胀和延期支付下品库存控制；⑧市场需求呈 Weibull 分布的生鲜农产品供应链库存控制；⑨通货膨胀率与折现率的差不等于零时的生鲜农产品供应链库存控制。

将灰色系统理论应用于生鲜农产品供应链管理研究中，无论在理论上还是在实践上都丰富了供应链管理研究的内容，研究成果可为生鲜农产品供应链的实际运作管理与优化控制，提供新的理论与方法支持。

书中的主要内容是作者在博士、博士后期间取得的研究成果，生鲜农产品供应链灰色博弈动态合作控制方法，无论在理论上还是在实践上目前都是一种全新的研究，仍处于不断发展、完善的过程中，尤其是双灰色变量下生鲜农产品供应链动态合作控制方法是作者一直研究的重点。

书中存在不妥之处，在所难免，恳请读者批评指正。

作　者

2017 年 11 月 26 日

目　录

第1章　绪　论

供应链是围绕核心企业，通过对信息流、物流、资金流的控制，从采购原材料开始，制成中间产品以及最终产品，最后由销售网络把产品送到消费者手中的功能网链结构模式[1]。供应链将供应商、制造商、分销商、零售商和最终用户连成一个整体。供应链管理作为一种新的管理模式，其主要思想就是用系统的观点管理和优化企业内部和外部的资源，处理好供应商、制造商、分销商、客户之间的协调关系。国外对供应链系统的研究最早出现在1961年，目前对供应链的研究主要体现在供应链设计、供应链建模、供应链协调、供应链优化、供应链绩效评价等几个方面。国内从1998年开始，国家863计划计算机集成制造系统(computer integrated manufacturing system，CIMS)主题将供应链技术与系统列入该主题的研究与开发内容之一。目前供应链理论在全球的实践和运用均呈日益深化之势，特别是供应链管理中成员之间的利益协调问题已经引起了国内外理论研究界的普遍重视，成为供应链研究领域中富有意义的研究方向，并取得了丰硕的研究成果。

1.1　供应链和供应链系统

1.1.1　供应链基本概念

1. 供应链的定义

供应链概念最早出现在1961年，其发展经历了一个长期的过程，早期供应链的一般定义为由生产设备、厂房等组成的网络，不同的企业，供应链的结构也不相同，简单的供应链结构如图 1.1 所示，仅由材料采购、产品制造及产品销售三个部分组成[1]。

图 1.1　早期供应链结构模型

目前一般来说，所谓的供应链就是指产品在生产和流通过程中涉及的生产商、批发商、零售商以及消费者所组成的一种供需网络。供应链是一条连接供应商到用户的增值链。供应链的结构模型如图 1.2 所示。

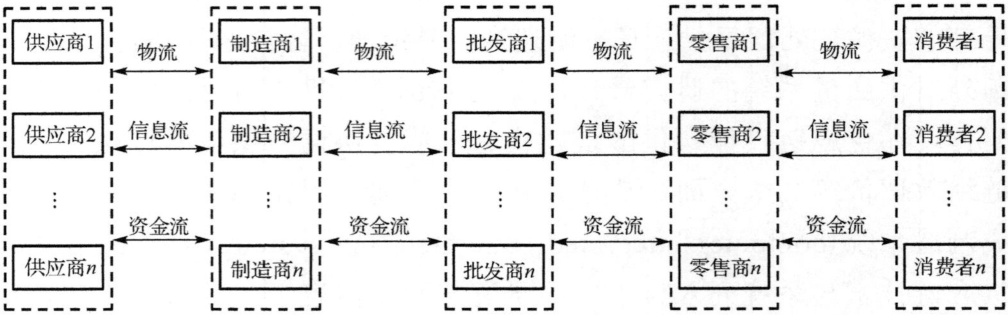

图 1.2　供应链结构模型

随着供应链研究的深入发展和观念的创新，供应链的类型已经由工业供应链发展到农业供应链、绿色供应链、低碳供应链，以及“互联网+”供应链等。供应链的研究主要集中在供应链的设计、分析、协调、管理、优化和重组等方面。

2. 供应链的特点

供应链作为一个庞大的物流体系，有一些鲜明的特点如下所示。

(1) 复杂性。在供应链网状系统中，有许多节点，每一个节点都是一个企业，供应链中有不同的企业种类，供应链结构模式比一般单个企业结构模式更复杂、更具有不确定性。

(2)整体性。供应链是一个整体，它是以整体目标为中心，是一种很强的合作和竞争的模式，并不是单单由采购、制造、销售等活动构建的分离模式。供应链上的各个节点企业是不可分割的、是紧密结合的有机整体。

(3)具有动态性和交叉性。为了更好地适应市场和自身战略变化，供应链上的节点企业需要不断地寻求改变。

节点企业作为供应链的主要成员，它本身又是另一个供应链的成员，形成了供应链交叉复杂的内部结构。

3. 供应链模型

(1)按供应链涉及区域的不同划分，供应链模型可以分为国家模型和国际(全球)模型。国家供应链模型是指考虑的供应链涉及的供应商、制造商和销售商都集中在一个国家内；全球供应链模型考虑了供应商、制造商或销售商分布在多个国家的情况。与国家模型相比，全球模型更为复杂，需要考虑更多的因素，如关税、汇率、贸易壁垒、汇兑成本、进出口退税等因素。

(2)按分析和研究方法的不同划分，供应链优化模型可以分为排队论模型、对策论模型、网络流模型和策略评价模型等。排队论模型主要用于研究生产企业在平稳生产状态下的情况，并对资源分配进行优化，以达到提高生产效率的目标。对策论模型主要用于研究供应商与制造商之间、制造商与销售商之间的相互协调问题，探讨制造商和销售商之间的协调，确定制造商和销售商各自的对策，确定产品价格、订货时间等，以期使他们能获得比原来更高的收益。网络流模型主要用于研究供应链中成员的选择布局以及供应链的协调问题。网络提供了一种描述供应链结构的方法，用网络流模型来表示一个供应链有其独特的优点，它能很方便地表示供应链中各种活动的先后次序。策略评价模型主要用于研究供应链在不确定情况下的管理和协调问题，如调整供应链中成员的数量、采用不同的生产技术等。策略评价模型提供了一种对采取的措施和策略进行评价的方法，一般是随机动态规划模型，目标是使各个时期的期望费用总和最小或总收益最大。

1.1.2 供应链系统

1. 供应链系统的含义

美国著名管理学家 Douglas 在对实施供应链管理企业进行调查研究的基础上，提出了供应链系统结构模型，如图 1.3 所示。该模型由三个相互关联的部分组成：供应链网络结构，供应链业务流程，供应链管理要素。

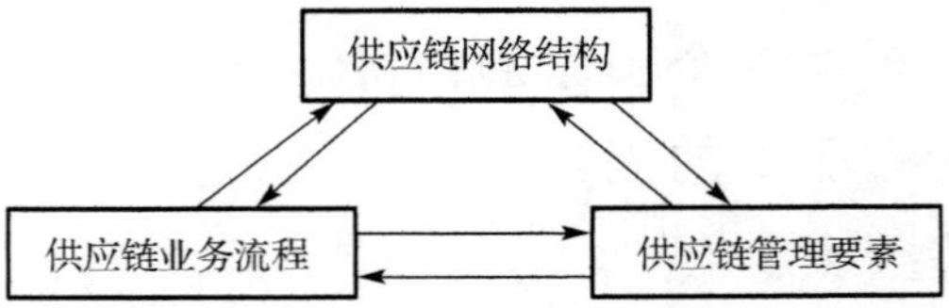

图 1.3 供应链系统结构模型

(1)供应链网络结构：是指确定供应链上的关键成员企业及其相互之间的关系。确定供应链上的关键成员企业，一般是从战略上进行分析，将链上的企业分成基本的企业成员和辅助流程及其特性。关键成员企业之间的关系是指明确各企业在网络结构中的纵向和横向结构中的位置。横向结构是指供应链的价值链体系结构，而纵向结构是指单个企业和其供应商、客户的关系。弄清供应链的起始位置，就是对供应链的价值链体系进行建模，确定供应链的起始位置，描述企业在供应链中的作用和角色，分析供应链价值体系中存在的问题及其根源。而企业在纵向结构中的位置，就是确定单个企业的供应链流程的需求、顾客价值的实现情况，分析企业内流程中存在的问题和根源。

(2) 供应链业务流程：确定在供应链系统中哪些核心流程应该连接并集成起来。全球供应链论坛将供应链中的流程总结为：客户关系管理流程，客户服务流程，需求流程，生产流程，采购流程，产品研发流程，反馈流(信息流、资金流)流程。分析供应链业务流程需要企业从自己的核心能力出发，定义自己的核心流程，而将非核心流程转让。

(3) 供应链管理要素：供应链管理和集成的效果取决于供应链上各成员企业边界处流程接口的管理和集成的程度。流程接口的管理和集成主要包含物理连接和技术两个方面的因素。

2. 供应链系统特征

供应链本身就是由相互依赖、相互作用的若干组成部分结合而成的有机整体，其系统特征如下。

(1) 供应链的整体功能。整体功能是供应链中任何一个节点企业所不具备的特殊功能，它是供应链合伙企业所具有的不同功能的集合。整体功能主要表现在供应链的综合竞争能力上，它是任何单个供应链企业成员所不具有的。

(2) 供应链系统的目的性。供应链系统有着较强的目的性，那就是在激烈竞争环境中，通过低成本、快速度、高质量的方式为客户提供满意的产品和服务，提高顾客满意度，从而在市场竞争中获得优势，供应链各成员企业都具有这种目的。

(3) 供应链企业间的关系非常密切。供应链中主体之间具有较强的供需关系，这种关系是共同合作的利益关系，供应链系统下的企业都是一个整体利益相关体。供应链管理改变了企业的竞争方式，企业应该积极与供应链中的其他企业建立战略伙伴关系，使每个企业都能发挥各自优势，从而达到互惠共赢的目的。

(4)较强的环境适应性。当今企业要面对的是一个瞬息万变的买方市场，用户对时间的要求越来越强烈，不仅要求企业要按时交货，还要缩短交货期。这要求企业能够对变化的市场迅速作出反应，通过开发新产品来占领市场，赢得竞争。

(5)层次性。节点企业、业务单位、流程、环境、供应链系统组成了不同层次上的主体，每个主体具有各自的目标、经营战略、人员机构。相对于传统的单个企业的管理模式而言，供应链管理是一种企业总体的管理模式。

供应链管理就是用系统的观点和方法管理供应链成员之间的物流、信息流和资金流，使之顺畅的流动，以达到降低运行成本、满足顾客需求、提高供应链绩效的目的。其关键核心问题是建立有效的协调，使供应链上各节点企业的决策和活动形成一个统一的联盟，在满足客户需求的过程中实现价值增值，从而达到双赢的目的。

1.2　供应链动态合作国内外研究现状

供应链管理(supply chain management，SCM)最早起源于迈克·波特1980年发表在《竞争优势》中的“价值链”概念[2]，此后，Kraljic和Shapiro分别在1983年和1984年最早给出了供应链管理的概念[3-4]。20世纪90年代以来，SCM成了学术界研究的一个热门领域。近年来，在供应链的研究中，合作协调成为一个前沿的研究方向，关于供应链系统合作协调方面的研究已有大量的文献，Tsay等对供应链契约方面的研究进行了综合性的回顾，指出供应链契约应包含：决策权确定、价格、最小购买量、数量柔性、退货或返回政策、分配原则、订货提前期以及质量等条款，提出了一个供应链契约中要有两个或两个以上的契约条款[5-6]。Wang 和 Benaroch[7]又先后对以上研究进行了更进一步的综述。Ganeshan 等[8]也对供应链管理在竞争策略、核心企业策略、运作效率三个方面的合作研究进行了综述。此后，Sahin 和 Robinson 就供应链中信息和物流合作的研究情况进行了总结[9]。Li 和 Wang[10]对库存合作协调机制的研究进行了综合性的回顾。我国从 90 年代末开始对供应链及其管理进行研究，韩坚等[11]对供应链的建模、管理以及信息技术与供应链之间的关系等方面进行了详细的研究。马士华[12]论述了供应链管理思想对企业成本管理的影响，提出了供应链成本控制的 4 种控制策略。陈剑和蔡连侨[13]对供应链管理方法、供应链中的延迟、供应链中的协调、供应链中时间的价值、产品供应链匹配等问题进行了论述。随后，我国学者针对新时期供应链管理中面临的突出问题，提出了供应链中的多主体合作与非合作博弈研究的方向。近年来，随着物联网、大数据技术的发展和应用，国内外的学者进行了基于物联网技术的供应链研究，探讨了大数据环境下供应链管理的新方法。

根据供应链管理模式，供应链模型可以分为确定性供应链模型和不确定性供应链模型两个方面。根据供应链管理应用的背景，供应链可以分为制造业供应链和农产品供应链，农产品供应链又分为生鲜易腐农产品供应链和农产品加工供应链。本章在文献分析的基础上，对确定性供应链模型和不确定性供应链模型契约合作控制机制进行回顾和梳理。关于生鲜农产品供应链的研究内容，将在第 2 章中详细介绍。

1.2.1　确定性供应链合作协调控制研究

供应链契约(supply chain contract)是指通过提供合适的信息和激励措施，保证买卖双方协调，优化销售渠道绩效的有关条款契约。供应链上的成员之间通过建立契约关系来协调控制买方和卖方的利益关系[14]。

Zangwill[15]早在 1966 年开始了对确定性供应链合作问题的研究。其后，Schwarz[16]研究了确定性供应链多个零售商公用一个库存的合作问题。Roundy[17-18]研究了多周期库存的最优补货策略问题。Jackson 等[19]、Atkins 等[20]也分别对上述问题进行了进一步的研究。Federgruen 和 Zheng[21]在以上研究的基础上，又对模型进行了扩展性研究。其后，确定性供应链模型的研究经过几代研究者的努力，分别对供应链中的生产环节、分销环节以及生产和分销联合等方面进行了日臻完善的研究。由于实际需求往往存在很大的随机动态性，确定性模型只能看做是对实际系统的一种近似，所以尽管确定性模型理论上可以获得很精确的优化结果，但往往实用性不高，后期对供应链的研究较多集中在不确定性模型方面。

1.2.2 不确定性供应链数量折扣方法的合作协调研究

Eppen 和 Iyer[22]较早的研究了供应链系统中，当供应商允许经销商销售期初只购买其订购量的一定比例，余下部分根据市场情况决定的备货合同问题。Tsay[23]在对以前研究进行回顾的基础上提出了对零售商的数量柔性契约模型，要求零售商购买的数量不小于比估计绩效低的一定百分比，制造商向零售商提供高于估计绩效一定百分比的货物数量，此契约和退货量受限条件下的退货政策契约是等价的。其后，Tsay 和 Lovejoy[24]研究了供应商和顾客之间的弹性数量合同问题。Lee 等[25]以计算机行业为背景研究了批发和零售价格保护政策下供应链合作机制。其后，Lee[26]建立了联合优化模型，探讨了联合库存、清理销售、退货策略下的供应链整体绩效优化。Wang 和 Gerchak[27]进行了需求依赖于货架展示量的供应链合同的研究。Taylor[28]研究了目标水平销售回扣下渠道供应链的合作机制。Barnes 等[29]分析了和需求有关的模型在两周期内选择的作用。Schuster 等[30]对期权弹性数量合同进行了系统的研究。Plambeck 和 Taylor[31]研究了多个下游企业情形下的弹性数量合同。Taylor 和 Plambeck[32]从供应链协调的角度探讨了返利合同在单个供应商和单个经销商构成的两级供应链中的作用，指出在不考虑经销商促销努力的情况下，线性返利合同不能实现供应链协调，增量返利合同能够实现协调；当考虑经销商促销努力时，两者均不能实现供应链协调，但增量返利合同和回购合同的合理组合能够实现供应链协调。

关于数量折扣的研究很多，其中，Burnetas 和 Gilbert[33]研究了供应商面对多个互不相互竞争经销商(地处不同地理区域的限制)的情形下，数量折扣合同的设计问题。

Jeuland 和 Shugan[34]最先提出利润共享合同能够实现供应链协调。Li[35]对利润共享机制进行了系统完整的研究。Cachon 在研究了利益共享合作机制的基础上，又进一步详细分析了供应链中的契约合作问题[36, 37]。Weng[38]通过分析一个广义的报童模型探讨制造商和零售商之间的订货数量协调问题。Ilaria 和 Pierpaolo[39]建立了一个分散的三级供应链中的利益共享合作契约模型，这个契约模型由两部分构成：分销商提供给零售商的和制造商提供给分销商的。研究表明，这两部分契约的联合设计使得零售商和分销商都选择使供应链整体达到最优的订货量。Wang 等[40]研究了弹性价格需求下，利益共享委托合同下的渠道绩效问题，结果证明供应商基本上能得到渠道的所有利润，而且使渠道效率达到 100%。

Chen 等[41]研究了由一个供应商和一个零售商组成的分散型供应链中，通过数量折扣协调供应链的合作问题。他们发展了一个搜索算法并用数值说明这种契约的益处，结果表明：这种潜在的帕累托改进可以在合作的供应链中达到。其后，Cachon 和 Lariviere[42]全面研究了分销渠道供应链中利益共享对合作的作用，研究表明利益共享能促使零售商采取使供应链最优的行为以及在供应商和零售商之间分配渠道利润，基本上利益共享契约都是传统的批发价契约，他们又进一步扩展到多个独立的零售商供应链中利益共享契约的合作研究中。Chen 等[43]对 Barnes-Schuster 的模型进行了扩展性研究，分析了在需求信息更新下的 Barnes-Schuster 模型中供应链合作机制问题。Lau 等[44]在前期研究基础上，建立了由一个制造商和一个零售商组成的制造商占优势的二级供应链的斯坦克尔伯格博弈模型，改进了以前模型的缺陷，提出了利润最大化的数量折扣策略。

Lau 等[45]通过建立零售商的斯坦克尔伯格博弈模型，分析占主导地位的零售商在制造商成本费用为不完美信息下，提出了零售商逆向的数量价格折扣方案，该方案在需求为线性时有效，在需求为弹性时无效。Zhou 和 Li[46]研究了随机需求下供应链中订货数量的协调决策问题，分别建立了由一个制造商和一个零售商组成的单一品种短生命周期的二级供应链中制造商、零售商以及整个系统的期望利润模型，分析了订货策略对订货数量、制造商、零售商以及整个系统的期望利润所带来的影响，提出了两种订货策略可以提高零售商和整个系统的期望利润，如果制造商通过提高回购单价的策略来调整零售商的订货决策，则整个供应链系统的利润接近甚至达到最优。鲁其辉和朱道立[47]研究了交付时间不确定的季节性供应链协调策略问题，探讨了信息共享对供应链达到整体绩效最大化的影响。

国内学者对供应链的数量折扣方法也进行了研究。胡媛[48]研究了数量折扣契约下三级供应链的需求扰动管理问题，探讨了突发事件对供应链的协调影响，就集权和分权的供应链如何有效地调整批发定价策略以协调变化后的环境给出了最优策略。于丽萍和黄小原[49]研究了基于商业信用的供应链数量折扣协调策略，在建立随机需求下基于商业信用的数量折扣契约协调模型的基础上，分析了一定信用条件下数量折扣策略在供应链的收益分配及实现协调方面的作用，设计了供应链绩效达到的最优契约。汪传旭[50]探讨了随机需求条件下三级供应链数量折扣协调问题，给出了随机需求条件下三级供应链系统中各个成员的最优订单决策和库存决策。丁正平[51]分析了有限需求信息下的单周期产品库存协调问题，运用信息熵相关理论研究了单周期产品数量折扣机制。李莉英和王勇[52]对运输商参与下供应链数量折扣策略的成本效应进行了分析，又继续以改良品供应链为研究对象[53]，采用数量折扣作为激励机制，研究了一个供应商和一个零售商构成的改良品二级供应链在批量对批量供应模式假设下的协调问题。赵正佳[54]探讨了考虑汇率变化和运输成本分担的跨国供应链数量折扣契约问题，建立了跨国供应链的数量折扣模型，设计出了协调跨国供应链的数量折扣契约。其后针对生产周期长销售期短的易逝品[55]，考虑需求不确定且依赖于价格条件的情况，开展了利率平价理论下全球供应链数量折扣契约的研究，设计了协调全球供应链的数量折扣组合契约。吴忠和等[56]研究了两零售商竞争条件下数量折扣对供应链协调机制的影响。

王玉燕[57]研究了闭环供应链应对市场需求和成本双扰动的生产策略和协调机制，根据不同的扰动条件，给出了相应的生产调整策略并且设计了新的数量折扣契约，保证了闭环供应链应对突发事件的最优利润。曾顺秋和骆建文[58]分析了基于数量折扣的供应链交易信用激励机制，研究了分散式供应链的库存控制与协作问题，设计了供应链成员的最优订货批量、最优提前支付信用期以及系统最优新增利润。姚泽有和曹细玉[59]探讨了随机市场需求和零售商费用在突发事件下同时发生变化且信息不对称时供应链在数量折扣契约下的协调性。徐翔斌等[60]研究了可替代产品环境下基于数量折扣的供应链协调问题，以供应商为主导的可替代产品数量折扣的斯坦克尔伯格博弈模型，分析了产品折扣率和替代率的变化对供应链的影响。随后，刘浪等[61]建立了应对随机价格条件下突发事件的数量折扣契约模型，探讨了三级供应链中应急数量折扣契约的协调机制。张云丰等[62]研究了考虑价格折扣与交易信用的改良品供应链协调问题，分析了分散式供应链下各成员企业的利润状况和协调机制。魏光兴等[63]分析了数量折扣契约下基于成本分担的供应链突发事件协调应对问题，研究了突发事件发生后，制造商的最优批发价格和零售商的最优订货量，提出了应对突发事件的数量折扣的供应链协调契约。

1.2.3 不确定性供应链合作博弈方法的合作协调控制研究

博弈论产生于 1944 年，以冯·诺伊曼和摩根斯坦恩合作的《博弈论与经济行为》一书的出版为标志。到 20 世纪 50 年代，合作博弈发展到鼎盛期，同时非合作博弈也开始产生。20 世纪 70 年代之后，博弈论形成了一个完整的体系。大体从 20 世纪 80 年代开始，博弈论逐渐成为主流经济学的一部分，甚至可以说它已成为微观经济学的基础[64]。进入 20 世纪 90 年代以来，博弈论成为研究供应链合作中一个主要的分析方法和工具，很多学者对此进行了大量的工作，根据目前的研究文献，下面主要从合作博弈和非合作博弈两个方面在供应链中的应用情况进行综述。

Kohli 和 Park[65]最早把合作讨价还价博弈应用于供应链管理中，研究了一个买主和一个卖主在经济订购量(economic order quantity，EOQ)下的数量折扣契约的协调问题。而后，Wang 和 Parlar[66]运用合作博弈，分析了三人参加的报童模型。Hartman 等[67]证明了在 n 个供应链成员组成的单周期库存模型中，当需求为对称分布和联合多变量的正态分布时，合作博弈中存在非空“核”。其后，Hartman 和 Dror[68]又进一步证明了，在上述模型中，当需求在正态分布且个体需求相关联的情况下，合作博弈中仍然存在非空“核”。Slikker 等[69]对上述结论进行了扩展，研究了在报童模型中，当允许零售商在需求满足时转运货物，并且零售商在不同的零售和批发价下，合作博弈中仍然存在非空“核”的问题。Nagarajan 和 Sosic 对 Ben-Zvi 等的研究工作进行了回顾，在报童博弈模型中，多个零售商存在不同缺货费用的库存集中管理问题，分析了几种缺货条件下的库存配送方案，最后结果表明，这种博弈中有一个非空核[70]。

Anupindi 等[71]把进化的合作博弈——双型博弈，应用于供应链的研究中，分析了多个零售商既有自己的本地仓库，同时又有几个集中仓库的情况下，他们之间的采购合同和库存策略问题。在第一阶段即非合作阶段由零售商决定订货量，在第二阶段即合作阶段零售商根据观测需求，决定在几个库存中如何转运才能比较好的满足供应和需求，通过合理的调整以增加整体利益。Anupindi 等还进一步研究了双型博弈的特点，发现这种博弈有一个空“核”且这个核内的分配机制是可以使供应链达到协调的。Granot 和 Sosic[72]在 Anupindi 模型的基础上，对其进行了扩展，在允许零售商阻止残余库存条件下，研究库存采购、决定和别的零售商共享多大库、最后转运三阶段中的双型博弈问题。

Plambeck 和 Taylor[73]研究了两个原设备制造商把其生产能力出售给承包制造商的双型博弈问题，在第一阶段，原设备制造商非合作的选择他们的生产能力和创新水平；在第二阶段即合作阶段，承包制造商集中他们的能力并且协调由于能力集中而带来的利益分配问题，探讨了不同的供应链成员讨价还价能力对均衡决策以及由此产生利润的影响。

Raghunathan[74]研究了在一个制造商和 n 个零售商模型中需求信息共享的价值以及需求相关的影响、信息共享带来的利益通过夏普利值进行分配的问题。Meca 等[75]建立了在同一产品下，需求明确且为常量的 n 个零售商之间的合作博弈联盟模型，运用夏普利值的计算分析了这种形式下的联盟合作可以减少零售商的订货费用。Reinhardt 和 Dada[76]同样通过夏普利值进行 n 个企业联盟中的利益分配，并且给出了改进的动态规划算法的利益分配方法。文献[70]建立了由一个供应商、一个制造商和一个零售商组成的三级供应链模型，供应连成员通过共享需求信息达到成本节约的效果，三个供应链成员形成了信息共享联盟，他们之间的节约费用根据合作博弈的“核”和夏普利值进行分配。Li 和 Hua[77]建立制造商和零售商在利益共享下的合作博弈模型，模型假设二者都是风险中性的，在一个对限制非常宽的需求分布函数下，合作博弈模型在弹性价格或需求为线性下，有唯一的均衡解，在依赖于均衡支付的利益共享协议下，分散型供应链能达到非常完美的合作。Yao 等[78]在 Bose 和 Anand 模型的基础上，考虑价格灵敏度因素，提出斯坦克尔伯格博弈数值方法。Esmaeili 等[79]探讨了联合市场和统一价格下，卖方和买方双方合作和非合作博弈问题，分别建立了卖方和买方的斯坦克尔伯格模型，对合作博弈模型给出了帕累托有效解。

杨继君等[80]以博弈论为工具建立了供应链节点企业间的非零和动态合作博弈模型，提出了在供应链中建立联盟公积金制度的理论。胡盛强等[81]研究了由供应商、制造商、批发商与零售商组成的四级供应链合作博弈问题，分析了实际中可能存在的八种合作情形，在斯坦克尔伯格主从对策模型及其均衡解理论的基础上得出了八种合作情形下各企业或联盟及整条供应链的利润。

孟卫军和张子健[82]研究了供应链企业间产品创新合作下的政府补贴问题，针对供应链产品创新合作的政府补贴问题，分别构建了在纳什博弈、斯坦克尔伯格博弈以及合作博弈三种不同的博弈关系下，政府对制造商和供应商合作研发投入进行补贴的博弈模型，分别分析了企业的最优研发投入和政府的最优补贴，并进一步分析了政府补贴行为和企业选择合作行为之间的互动博弈。

何龙飞和赵道致[83]研究了反应型供应链多层库存运输优化与模糊博弈协调问题，建立了多层供应链模糊合作博弈模型，在系统库存输入流和输出流平衡的前提下求证了模糊合作博弈的核的存在性，并给出模糊夏普利值作为成本分摊模糊合作博弈解的合理公平预测。郑鑫等[84]以合作博弈为基本研究方法，构建了由制造商、第三方物流和零售商组成的三级闭环供应链收益分配模，给出了运用夏普利值法的三级闭环供应链收益均衡解。孙多青和马晓英[85]探讨了多个零售商参与下的逆向供应链中的定价策略和利润分配问题，运用斯坦克尔伯格博弈理论，求出了逆向供应链中各成员在非合作和合作两个博弈结构下的最优定价策略。黄卉[86]运用合作博弈的理论研究了中国房地产信托利益分配问题，对我国房地产信托的参与主体、利益分配机制以及重要的影响因素进行了探讨。Lozanoa 等[87]运用合作博弈理论探讨了横向合作的供应链中利益分配问题，提出了供应链成员之间横向合作降低物流费用的策略。

冯庆华等[88]以提供商的双重收益分配为例，在双合作博弈的基础上，建立了模糊双合作博弈的收益分配模型，提出了在产品服务化供应链中，当多个提供商向系统集成商提供产品和服务时，参与的联盟越大，边际收益就越大。随后，马树建等[89]研究了应急金融服务供应链协调问题，利用合作博弈理论，建立了基于传统夏普利值合作博弈模型，有效解决应急金融服务供应链中成员经营性政府、保险公司和公众三者之间的协调问题。赵秀堃等[90]研究了生产者责任延伸制度背景下的供应链系统中主体决策影响因素和治理机制的融合问题，建立了集体生产者责任模式下的合作博弈模型，给出了供应链系统动态均衡治理的内部故障率机制和外部合法性机制。庄伟卿等[91]研究了考虑牛鞭效应与反牛鞭效应联合作用下，在不完美信息下的供应链决策者的合作博弈问题，建立了 n 级供应链合作博弈模型，给出了消除牛鞭效应的新思路，扩展了研究供应链运作中诸多复杂现象的方法。其后，李金蔓和桑秀丽[92]又运用合作博弈理论探讨了养老服务供应链资源分配问题，构建了养老机构与政府所组成的养老服务业供应链的资源分配模型，分析了服务水平层级差距以及老年人对服务机构的偏好对供应链中资源分配的影响，对我国政府对养老服务业供应链资源分配的实践具有一定的指导意义。最近，Venegas 和 Ventura[93]研究了考虑价格灵敏需求和数量折扣的二级分散供应链中的合作机制问题，建立了斯坦克尔伯格模型，探讨了供应链成员之间的库存和价格决策。

1.2.4 不确定性供应链非合作博弈方法的合作协调控制研究

Parlar[94]是最早把博弈论应于供应链管理的研究者之一，首次运用博弈论研究了具有竞争关系的两个零售商的报童模型的库存问题。Debo[95]研究了批发商设定批发价和零售商决定订货量的供应链中重复博弈问题。Mieghem 和 Dada[96]研究了供应链中价格和生产之间的动态博弈的子博弈完美均衡问题。随后，Hall 和 Porteus[97]又探讨了能量供应链系统中客户服务的动态博弈的子博弈完美均衡问题。Cachon 和 Zipkin[98]通过建立批发商和零售商之间的随机动态博弈模型，分析了二者之间的库存决策问题。Cachon 和 Lariviere[99]研究了由一个供应商和一个制造商组成的二级供应链中，在信息不对称下的信号传递动态博弈模型，详细分析了二者混合均衡的结果。Corbett[100]建立了动态筛选博弈模型，设计了库存合作契约。

Gerard 等[101]对博弈论在供应链中的应用研究进行了详细的回顾和分析，并指出了供应链中的信息结构对信号传递博弈、筛选博弈、贝叶斯博弈结果的影响。Anand 等[102]将上述模型扩展到了多周期条件下。

Wang 等[103]分析了由一个供应商和 n 个零售商构成的二级分散型供应链中非合作博弈问题，建立了基于库存水平的近似决策模型，设计了在二级库存博弈和局部库存博弈中的纳什均衡合作契约，使得供应链合作达到最优。Nagarajan 和 Bassok[104]研究了一个零售商和 n 个供应商的装配供应链模型中的非合作博弈问题，在系统中最终的产品

由 n 个部件组成，其市场需求是随机的，并且假定单周期内的信息是对称的，用长远的博弈观点表达了供应链的稳定结果以及供应链成员可能形成的战略联盟以加强其协调合作能力。Lau 等[105]分别研究了二级供应链中，确定信息对称下以及动态信息不对称下的斯坦克尔伯格博弈模型。

于海江[106]运用博弈论和信息经济学的思想方法，通过建立和分析供应链节点间不完全信息动态博弈模型，对供应链管理中有关供应链的决策机制、供应链的稳定性、合作伙伴的选择评价方法和面向大规模定制中供应链节点间的合作协调等方面进行了详细研究。陈建华[107]以国内大型基础设施项目为研究对象，综合运用供应链管理思想、激励理论、运筹学、计量经济学、博弈论及信息经济学等系统优化与决策建模方法，对工程项目供应链整合管理的基本架构进行了定性的理论框架分析。

Bose 和 Anand[108]在假设批发价格为外生价格下，研究回购政策下供应链合作问题，结果显示：一般情况下，回购策略下的均衡不是依靠价格契约所期望的帕累托效率；而当批发价格非常高时，回购策略下的均衡是帕累托效率。

Yao 等[109]在 Cachon 和 Lariviere[110]模型的基础上，研究了需求随价格变化下的由一个制造商和两个具有竞争关系的零售商组成的供应链系统中利益共享的合作契约问题。制造商作为斯坦克尔伯格模型中的领头，向两个在销售季节前对随机市场需求具有竞争关系的零售商提出利益共享合同契约条款，具有竞争关系的零售商决定从制造商处订购的订货数量和销售价格，价格和数量的处理期望达到贝叶斯纳什均衡。他们分析了价格变化对最优零售价格、订货数量、制造商和零售商之间利益共享决定的影响，最后更进一步探讨了零售商之间的竞争因素对供应链成员对不确定需求和利润变化做出反应的影响。随后，Yao 等[111]在 Bose 和 Anand 模型的基础上，考虑价格灵敏度因素，又进行了单周期产品合作供应链中价格灵敏度对回购政策均衡影响的研究，提出斯坦克尔伯格博弈数值方法，研究表明：当价格灵敏度高时，制造商的利润随需求变化的增加而减少；当价格灵敏度非常高而且需求变化增加时，为了连续销售，制造商不得不放弃部分利润给零售商，但制造商仍然可以得到比批发价契约高的利润；从渠道利润观点，零售商在回购政策下的情况比在批发价格下糟糕。因此，当把这种激励机制应用于实际中时，管理者应考虑以上情况。

许传永[112]把非合作博弈理论、优化理论、随机库存理论和消费者效用理论相结合，对两层双渠道供应链的运作机制和优化协调机制进行了研究，对定价机制、促销努力博弈、库存控制、渠道选择等问题进行了深入探讨，首次提出了分散控制的两层双渠道供应链系统的协调方案。随后，韩小花和薛声家[113]应用非合作博弈，对强势零售商领头的闭环供应链回收渠道的决策进行了分析，探讨了制造商之间以及零售商之间的竞争对闭环供应链回收渠道的影响，对管理者选择闭环供应链的回收渠道和国家制定相关政策提供了一些理论依据和有益的建议。Lenga 和 Parlar[114]以由多个供应商和一个制造商构成的分散式装配供应链为研究对象，探讨了非合作博弈均衡问题，提出了回购和失去销售成本分担的供应链优化策略。

Yu 和 Huang[115]分析了零售商管理库存供应链中，有两个子博弈的双边同时非合作博弈模型，提出了一种综合运用解析、迭代以及遗传算法的纳什均衡求解新方法。公彦德等[116]建立了闭环供应链的物流费用分摊比例模型，分析了正向和逆向物流费用在制造商和零售商之间的分摊比例，进一步分析了非合作博弈下的外包策略及步骤，设计了供应链系统的利益分配方法。Mir 等[117]讨论了制造商和零售商的纳什均衡和斯坦克尔伯格博弈模型的合作、非合作博弈问题，给出了系统利益最大化的策略。Chen 和 Xiao[118]建立了把供应链成员的缺货和持有成本都并入的最优决策博弈模型，探讨了需求不确定的二级供应链订货策略和协调问题。Qin[119]在前期研究的基础上，建立了由一个制造商和经销商组成的二级供应链的具有完全延迟策略的斯坦克尔伯格博弈模型，讨论了经销商定制服务价格、定制服务时间、最后定制产品价格以及制造商交货时间等决策变量对博弈结果的影响。Javid 和 Hoseinpour[120]研究了一个制造商和一个零售商组成的供应链中联合广告策略协调问题。Aust 和 Buscher[121]同样运用博弈论探讨了由一个制造商和零售商组成的供应链中垂直联合广告问题，考虑了渠道成员之间的四种不同关系，首先分析了地位平等或一方处于核心地位的三种非合作博弈，其次，通过建立讨价还价模型，进一步讨论了双方期望利益最大化的合作博弈。与以上不同，在探讨由一个制造商和零售商组成的供应链中的联合广告问题时，Amir 和 Pooya[122]针对以往提出的纳什和斯坦克尔伯格博弈结果中一些决策变量为负数的问题，通过设定约束条件进行修正，建立了与以往的由一个制造商和零售商组成的供应链中的联合广告不同的博弈模型。Chen 等[123]进一步研究了双渠道供应链中，制造商的斯坦克尔伯格博弈模型合作契约问题。

而 Wu[124]通过对具有竞争关系的两个产业供应链的研究，运用带价格和促销努力反馈的向下倾斜线性函数建立了市场需求模型，论证了制造商斯坦克尔伯格博弈模型和垂直联合都是纳什均衡讨价还价博弈的特例。接下来，Bylka[125]通过分析一个制造商和一个零售商组成的二级供应链中的合作和竞争问题，建立了一个连续确定性模型，提出了供应链非合作寄售库存管理策略。Xiao 和 Xu[126]又提出了一种由一个供应商和零售商组成的易腐品供应链的改进的斯坦克尔伯格博弈模型。Yue 等[127]用博弈理论研究了当价格折扣由制造商和零售商共同提供的供应链中价格和广告的决策问题，通过求解斯坦克尔伯格博弈均衡，研究供应链成员利益共享的协调策略。金春华[128]也进行了关于供应链知识服务网络中知识投入成本的研究，分析了知识提供方和知识需求方双方联合开发新知识策略下的非合作博弈结果，给出了知识服务网络供应链中不同策略下的供应链收益。Sheu 和 Gao[129]研究了三级有竞争的逆向供应链中议价能力的联合或者不联合问题，利用不对称纳什均衡讨价还价博弈，探索了博弈均衡的求解方案。Xiao 等[130]通过分析一个零售商斯坦克尔伯格博弈，研究供应链中产品种类和渠道构造问题，为了避免渠道冲突，假定在间接渠道销售标准产品，在直接渠道销售定制产品，研究表明如果最低销售价格在间接渠道足够低，则提高在新增加的直接渠道中的批发价以及在间接渠道中的零售价，当提供便宜产品较多时，可以改变制造商分散的间接渠道结构决策。

张力[131]以非合作博弈理论为基础，研究了在不同销售量范围条件下，程序商店与程序开发者之间的新型市场条件下的供应链中企业间的收益分配机制问题，给出了企业间博弈的均衡解。Liu 和 Wang[132]分析了考虑多种风险偏好的物流服务供应链质量监督问题，建立了基于联合风险偏好的质量监督博弈模型，给出了使供应链绩效达到最优的纳什均衡策略。李巍巍[133]运用斯坦克尔伯格非合作博弈理论，探讨了电煤供应链中的协调机制，设计了电煤供应链中交易期为一年的差价契约机制，为实现电煤供应链的协调发展提供了参考。

Huang 等[134]以一个制造商和双头垄断零售商组成的二级供应链为研究对象，探讨了价格竞争下的供应链协调问题，建立了斯坦克尔伯格非合作博弈模型，讨论了六种价格下的供应链权力结构，给出了供应链均衡的价格策略。李亚龙等[135]研究了风电并网系统的供应链博弈决策方法，建立了供应链非合作和合作博弈决策模型，制定出了供应链各主体经济收益达到均衡且多赢的供应链博弈决策。Giri[136]研究了价格和质量依赖于需求的三级供应链的协调问题，提出了零售固定标记策略。

从大量的供应链实践来看，供应链中成员之间的博弈是一个长期的多时间周期的动态变化的关系。供应链动态博弈分析研究主要集中在供应链需求预测更新博弈模型、供应链突发事件模型、供应链动态博弈学习模型、复杂供应链网络和复杂供应链功能综合性的动态性博弈模型、系统动力学的供应链博弈模型。针对供应链突发事件、应急模型的研究是供应链动态博弈未来研究的一个新的热点。

1.2.5 易腐品供应链合作协调控制研究

在以制造业供应链为应用的研究背景中，还有一类特殊的产品——易腐品(perishable goods)，也称易变质产品、时效品或季节性产品等，是指由于产品本身的特性或目标消费群的偏好等，使该类产品具有生产提前期长、销售周期短、期末残值低、需求不确定性大等明显特征。易逝品的例子很多，如易腐物品、时装、书报杂志、节日礼物、音像制品、玩具、高科技产品以及顾客定制化的特殊零部件等。关于易逝品的研究很多，多是基于经典报童问题的扩展。经典的报童问题就是在以某种概率分布的需求下，找到使利润最大化的产品订货量。

Padmanabhan 和 Png[137]研究了在单个供应商和两个经销商构成的两级易腐品供应链中，当两个经销商进行价格竞争时，供应商采用的回购合同问题，分析了单周期产品供应链中的最优订货量、数量折扣和定价模型。紧接着，Lau 等[138]研究了季节性产品在需求不确定下的回购策略。Chatwin[139]研究了在随机需求和价格受限条件下易腐品的最优动态定价问题。Webster 和 Weng[140]分析了易腐品回购合同下的供应链合作问题。Chen 和 Chuang[141]研究了一个扩展的报童模型，在模型中考虑需求随时间变化的同时进一步分析在缺货受限条件下的购买时间和订货量问题。Lariviere 和 Porteus[142]研究了基于报童模型的易腐品线性定价合同。Goyal 和 Giri 研究易腐产品在市场需求、生产率和腐坏率随时间变化条件下的生产-库存问题[143-144]。Gerchak 和 Wang[145]、Dana 和 Spier[146]以及 Fotopoulos 等[147]研究了动态价格下，柔性供应合同问题，给出了最低价格和最佳购买时间。Casimir[148]在综合以上文献研究的基础上，对两阶段的报童模型展开了研究，着重分析了产品不完全信息和全球信息价值对模型结果的影响。Mostard等[149]分析了易腐品报童供应链模型中自由分配情况下退货契约问题。Kogan和Lou[150]研究了多阶段动态连续时间的单周期报童问题的扩展模型，分析了使缺货量和剩余量为最小时的最优订货量以及报童运作排序、开关时间点的计算、生产速率的安排及缓冲等级等问题，研究结果证明当系统有足够的能力且能导出方程时，利用多项式时间算法一定可以求解到最优订货量的解析结果。

Anjos等[151]以服装、航空座位、宾馆房间等易腐品为背景研究了动态定价问题，建立了一系列连续的动态价格模型函数，给出了最优的动态定价策略。Abdelmalek和Montanari[152]分析了多个产品在预算受限条件下的报童问题。Keisuke[153]研究了多周期的报童问题，建立了一个扩展的报童模型处理需求和数量折扣模糊条件下，考虑多个订货周期的时间间隔，并假定在每个周期给定需求的概率分布密度函数，制定出了在有未满足需求和有未售出产品情况下使期望利润达到最大的订货计划。Ji和Shao[154]考虑了一个分层决策系统中，在需求和数量折扣为模糊状态下的报童问题，给出了两层的模糊条件下的模型和算法。

Feng和Xiao[155]提出了易腐品关于价格和库存的联合模型，模型假定供应商以不同的价格向微观市场销售同样的产品，在整个销售季节面临以什么样的价格为微观市场和顾客服务的决策，研究表明：在任何情况下，只有当价格高于阈值时，客户级都是积极的，但最优价格不一定是供应商提供的最大值；联合库存情况下的价格决定处理过程和纯价格模型相似；由于最优价格的动态变化，对于嵌套价格的结构不必保持，需要重新定义；最优价格和库存水平的控制策略是基于联合库存、价格以及需求密度几种阈值的。

Kanchana 和 Anulark[156]研究了具有固定生命周期的两级易腐品库存分配系统中，产品的易腐性和零售商的脱销政策对系统总费用、总利润、服务水平和平均库存水平的影响，发展了一个近似的对系统绩效进行评估的库存模型。You 和 Chen[157]分析了季节性商品在现货和期货两种需求下的动态定价问题，给出了寻找最优价格设置数量、最优动态价格和订货数量的数学模型和最优决策的解决过程。

Lee 和 Rhee[158]研究了在供应商和零售商救助能力有限和随机条件下的报童框架的退货策略问题。在分析供应链成员为了联合利润完全协调合作的基础上，提出三种合作协调契约，在每个契约中都采用激励零售商的双方利益传递的合同条款。作为斯坦克尔伯格领头的供应商，在三种契约中选择最有益的一个，研究证明三种合作契约均可有效地协调供应链。Lee[159]研究了短生命周期产品供应链基于库存和价格渐进策略的协调合作问题。模型假设产品在两个连续周期内出售：正常销售期和随后的剩余货物降价销售期，分析了集中和分散两个供应链系统，研究结果表明上述条件下分散型供应链系统的利润小于集中型供应链系统的利润。

Li 和 Liu[160]研究了易腐品供应链中，当制造商储备能力受限条件下的合作机制，发展了一个扩展的报童模型，提出了由一个制造商和一个零售商组成的供应链系统协调合作的策略。在需求随机的情况下，当缺货时，零售商在每个周期的最后能进行第二次订货，零售商在二次订货时制造商的储备能力有限，零售商决定自己的最优订货量，制造商决定自己的储备能量以使供应链成员的利润最大化。最后设计出使供应链利润增加的合作机制，并通过设计价格折扣政策在供应链成员两边分配增加的利润。Lee[161]研究了在报童模型中，运用贝叶斯方法进行信息价值的评估，给出了新增信息的预期价值(the expected value of additional information，EVAI)方法，用于决策者对新增加信息进行选择，并对 EVAI 模型中的参数和关系进行了分析讨论。Hsieh

等[162]分析了短生命周期单个产品由一个供应商和一个零售商组成的二级供应链系统中，信息不对称下价格和订货数量问题。假定零售商精确知道需求信息而供应商不知道，综合信息共享机制和数量折扣机制以及退货政策发展了三个基于契约的合作协调模型和一个非合作模型，证明了在一般形式的随机需求下，上述四个模型中的零售商的最优订货量之间是顺序关系，并对四个模型的供应链利润和灵敏度进行了比较分析。

Wang 和 Webster[163]讨论了利用降价赔偿金契约，协调制造商和零售商供应链成员之间合作的问题。Broek 等[164]在前期研究基础上，提出了考虑批量订货、正前置期、时间变动需求等因素的一种启发式易腐品库存管理方法。其后，Hu 等[165]以二级易腐品供应链为研究对象，建立了两种质量有缺陷的、分散式和集中式系统模糊随机报童模型，探讨了制造商的回购策略对供应链整体绩效的影响，设计了供应链合作契约。

Jia 等[166]探讨了易腐品供应链的动态定价和动态定货问题。Wang 等[167]以液晶显示屏、集成电路以及农业生产等为研究对象，分析了多级时效性易腐品供应链中最优库存策略。Bakker 等[168]对易腐品库存控制模型的研究进行了详细回顾和综述。而后，Piramuthu 和 Zhou[169]讨论了利用 RFID 技术对货架空间和新鲜度依赖需求的易腐品库存进行管理的问题。同时，Avinadav 等[170]研究了需求函数对价格和时间敏感的一类易腐品库存最优策略。Li 等[171]通过建立三种需求不确定模型，也探讨了易腐品供应链绩效最大化的动态价格策略问题。Talei 和 Nema[172]分析了在考虑缺货期和延期支付情况下，易腐品供应链库存问题，提出了最优订货策略。此外，Kim 等[173]进一步研究了当集装箱返回时间为随机时，闭环易腐品供应链货物运输问题。Mirzaei 和 Seifi[174]研究了考虑货物丧失销售成本的易腐品库存分布问题，提出了一种混合的元启发式库存分布算法。其后，Shaabani 和 Kamalabadi[175]

以由一个供应商和多个零售商组成的二级供应链为研究对象，分析了多个保质期下多种易腐品的库存分布问题，提出了基于人群的模拟退火算法，给出了零库存下最小库存成本策略。Minner和Transchel[176]研究了易腐品供应链中的订单变化问题，提出了后进先出的库存管理服务，给出了上游分级动态订货策略。Zahra等[177]在上述研究基础上，进一步研究了由一个供应商、多个配货中心和多个零售商(消费者)组成的三级供应链中，多个保质期下多种易腐品的库存-位置-路线集成问题，提出了启发式的拉格朗日松弛算法。

国内许多学者对易腐品也进行了较为详细的研究。姚忠[178]研究了单周期产品供应链中的退货策略问题。赵泉午等[179]研究了易逝品两级供应链的运作和协调问题，同时对多个零售商库存竞争下的易逝品回购合同进行了探讨[180]。卜祥智等[181]将广告投入对需求的影响引入报童问题，建立了不确定环境下多个企业进行广告投入和订货量博弈的模型。紧接着赵泉午等[182]又探讨了易腐品两级供应链中的数量折扣问题，建立了基于数量折扣策略且能最大化供应商期望利润的信息甄别模型，采用遗传算法求出了零售商市场需求呈均匀分布时模型的近优解。其后，赵泉午等[183]又研究了基于返利策略的易逝品供应链合同问题，分析当供应商和零售商关于市场需求分布存在信息不对称且供应商采用返利策略时，供应商如何制订供应链合同相关条款，以实现供应商期望利润最大化的问题。

张钦红等[184]进行了不对称信息下的易逝品退货物流协调运作的研究，分析了在由第三方物流企业和制造商构成的易逝品逆向物流系统中，第三方物流企业的退货处理速度对制造商退货产品收益的影响，通过排队模型求出了系统最优的退货处理速度，讨论了影响最优处理速度的各个因素，并通过构建信息甄别模型求出了在双方对第三方物流企业的成本类型存在信息不对称时，制造商的最优协调策略。而后，张钦红和骆建文[185]对不对称信息下易腐物品供应链最优数量折扣合同进行了研究，以持续变质的易腐物品为研究对象，分析协调易腐品两级供应链的最优数量折扣合同机制，设计出了关于零售商的库存持有成本信息对称及不对称时供应商的最优数量折扣合同。曹细玉等[186]研究了易逝品供应链中的联合广告投入、订货策略与协调问题。

励凌峰等[187]研究了变质率呈 Weibull 分布的易腐品的最优采购与库存策略，通过引入对变质情况具有良好模拟性的三参数 Weibull 函数来描述易腐品的变质特性，建立有限时域内易腐品的最优订购策略模型，用前向迭代逼近的方法，得到求解最优订购策略的方法。紧接着，励凌峰和黄培清[188]构建了三级供应链易腐品的集成化供应、生产和库存模型，通过引入成本分享机制，保证了供应链成员企业多赢的实现。王宏达和汪定伟[189]研究了一类基于随机变质时间的易腐商品定价模型，定量地分析了随机变质时间、商品量、顾客需求与最优定价的关系。以上的研究大多是针对工业产品供应链的，对于农产品，尤其是易腐农产品供应链，应用上述方法的研究涉及较少。田志友等[190-191]将粒子群优化算法引入到易腐商品定价模型中，研究了最优订货批量与定价以及随机需求情况下的易腐品最优定价问题。王清蓉等[192]以易腐物品的订货量，以及即将到期物品的销售价格为决策变量，对长时期多阶段补充的库存系统建立了随机动态规划模型，并利用启发式方法将长时期多阶段、不易求解的随机动态规划模型转化为易于求解的短时期单阶段的库存优化决策问题，求解了系统长期运行期望利润最大的库存策略。张敏[193]研究了基于预算限制的易腐物品配送系统服务设施选址-分配以及基于 AHP/DEA 分析的选址这两类选址问题。安怡和骆建文[194]以易腐物品为研究对象，构建了包括分销商和零售商在内的二级供应链模型，提出了基于价格折扣的易腐物品供应链库存的协作控制机制。通过对零售商、分销商和基于供应链协作最优化策略的灵敏度分析可以发现，基于价格折扣的协作控制实现了降低供应链成本的目标，从供应链总成本的角度说明了供应链集成的可行性。冯颖[195]

研究了有限时间范围和无限时间范围内的多种易变质产品的订购与定价决策问题，以及供应链环境下的易变质产品生产和库存决策问题。随后，沈东杰[196]运用协同规划、预测与补货(collaborative planning, forecasting and replenishment，CPFR)理论，建立了一个包括单个供应商、单个生产商和单个零售商的三级易腐产品供应链模型，探讨了供应链中库存及补货策略的协同问题。唐磊[197]应用微生物预测模型，考虑库存变化对定价的影响，建立了零售企业易腐食品多阶段动态定价模型，并提出了基于正负反馈机制的改进蚁群算法。陈六新[198]进一步对易腐品的库存控制问题进行了较为详细的研究，将经典的库存理论进行了进一步的扩展性研究，分别将经典的EOQ公式首先推广到了有限计划期的情形，将可替代品的库存控制模型扩展到可替代易腐品的库存控制研究，拓宽了传统库存控制模型的实际应用范围，研究成果为进行实际的库存决策提供了更充分的科学理论依据。

冯海荣等[199]对易腐品供应链企业联合采购决策问题进行了研究，以易腐品联合采购过程中产生的订货费用作为分配对象，应用合作博弈理论，对经典的几种分配解的效率进行了探讨。贾涛等[200]对部分延期付款下易腐品联合经济订货批量问题进行了探讨，建立了供应商及一体化供应链的成本函数模型，给出了相应的求解算法，并对该联合批量决策模型进行了求解。其后又研究了易腐品的订货、配送一体化策略问题，建立了考虑路径腐败的可重复装货易腐品库存-路径模型，设计了改进的节约算法，并通过数值算例说明了模型的有效性，及控制运输过程腐败和节点腐败对于易腐品供应链管理的意义[201]。随后又研究了两级商业信用下存在顾客预付的易腐品库存模型，分五种情况讨论了顾客部分延期付款下两级商业信用易腐品订货策略，给出了使得销售商单位时间总成本最小的最优订货周期，并结合运作管理实践，论证了模型的有效性[202]。李艳等[203]也研究了面向供应中断的易腐品供应链应急问题，建立了供应节点失效的单目标多时段应急计划模型，提出了应对供应节点失效的修复失效供应商、内部供应商柔性生产及启用备份供应商的应急策略。林峰等[204]又进一步探讨了考虑分割配送的易腐品一体化库存路径问题，建立了混合整数规划模型，提出了使系统总成本最小化下的库存路径策略。在此基础上，林峰等[205]又进行了基于改进 C-W 算法的易腐品一体化库存路径问题的研究，采用改进的 C-W 节约算法对问题进行了求解。闫妍和赵红[206]以生命周期服从负指数分布的易腐食品为对象，进行了突发事件下易腐品供应链应急策略研究，构建多时段的混合整数规划模型，给出了供应链替代节点的选择方案以及各层节点之间的应急调度量。

1.2.6　基于大数据和物联网的供应链研究

在云计算、大数据以及物联网技术的支持和推动下，新兴的资源交付和使用模式被运用到各个行业，国内外学者将“互联网+”技术与传统的供应链管理相结合，探究在大数据和物联网背景下，创新改善供应链管理模式，借助云计算、大数据技术使供应链中的生产、销售和消费等环节更加高效合理。目前学者们主要进行了以下研究和探讨。

Verdouw 等[207]对物联网技术在虚拟花卉供应链中的应用进行了回顾。Gnimpieba 等[208]运用物联网、云计算、GPS/GPRS 以及 RFID 技术，建立了供应链全球合作架构平台，该平台可实现供应链系统的定位、识别、通信、跟踪和数据共享等功能。Verdouw 等[209]探讨了物联网环境下虚拟食品供应链问题，建立了基于云计算平台的信息系统框架。Liu 和 Yi[210]以由一个制造商和一个零售商组成的绿色供应链为研究对象，探讨了大数据环境下考虑定向广告投入和产品绿化成本的价格策略问题，建立了大数据环境下的运营模型和需求函数，给出了基于斯坦克尔伯格博弈和纳什均衡博弈理论的四种博弈状态，分析了价格随着绿色度和定向广告投入水平的变化趋势。

Zhao 等[211]运用大数据分析方法研究了绿色供应链多目标优化管理问题，提出了三种供应链改进方法。Liu 等[212]以二级物流服务供应链为研究对象，研究了考虑能力和时间调度双重约束的物流服务供应链中顾客订单分离点决策问题，建立了插单运作下物流服务供应链顾客订单分离点决策模型，运用遗传算法，在综合考虑了物流服务集成商平均运作成本最小和提供商平均满意最大两个目标下，探讨了新插入订单的不同参数对顾客订单分离点定位决策的影响。

Hazen 等[213]提出了一种供应链管理中的大数据科学预测分析法。Tan 等[214]提出了供应链中基于演绎图的大数据分析基础结构方法。Wang 等[215]研究了大数据供应链分析方法。Li 等[216]运用大数据分析方法预测供应链在线电子交易市场销售绩效。Zhong 等[217]分析了大数据在供应链服务和生产部门的应用。Richard 和 Helo[218]综述了大数据在供应链中的应用研究主要集中在：①供应链中的大数据采集；②供应链中的大数据存储；③供应链中的大数据分析；④供应链中的大数据增值等几个方面。

Papadopoulos 等[219]运用大数据分析方法，用非结构化大数据验证了使供应链网络可持续的理论架构。Wu 等[220]运用大数据分析方法探讨了供应链风险和不确定性的决定因素。Wolfert 等[221]分析了大数据和云计算技术在智能农业的研究问题。Maghsoodi 等[222]研究了基于大数据结构环境下的供应商选择问题。Tiwari 等[223]对大数据在供应链管理中的应用进行了综述。

2003 年 12 月 23 日，中国国家标准化管理委员会同科技部联合召开了“物流信息新技术——物联网及产品电子代码研讨会暨第一次物流信息新技术联席会议”，正式确认了“物联网”、“产品电子代码(electronic product code，EPC)”等新概念，启动了我国的 EPC 标准化工作，并实现了我国有关 EPC 各方面研究力量与资源的整合[224]。陈俊等[225]较早的开展了基于物联网的供应链新模型的研究。随后，杨威[226]也分析了物联网技术对供应链各层次管理策略的影响。甘勇和郑富娥[227]探讨了基于 EPC 技术的物联网在供应链中的应用问题。潘金生[228]分析了物联网技术对供应链管理中信息交流过程的影响。其后，薛月菊等[229]在分析农产品物流供应链的基础上，提出了农产品物流网的设计方案，以农产品供应链中的农产品生产环节和配送环节为例，说明了物联网中各环节的工作原理和信息流。师启娟和于天一[230]也讨论了物联网技术对供应链中上下游企业生产效率的提高问题。高红梅[231]研究了物联网在农产品供应链管理中的应用，提出了互联网、物联网及农产品物流信息网“三网合一”的建设与整合思路，提出了农产品供应链的新型管理模式。郭磊和曹世华[232]在分析了医疗设备供应链管理中存在问题的基础上，将物联网技术应用于供应链管理中，构建了基于物联网的医疗设备供应链管理系统。王静[233]分别从结构模式、流程运作方面，分析了农产品物流信息平台的虚拟供应链系统开发问题，提出了农产品物流信息平台的虚拟供应链系统的实现机制。随后，陈秉恒和钟涨宝[234]构建了基于物联网技术的农产品供应链安全监管体系框架，提出了基于物联网技术的农产品供应链安全监督机制和监管模式。颜波等[235]以物联网环境下由生产商-分销商-零售商构成的生鲜农产品三级供应链为研究对象，建立基于改进收益共享契约协调下的利润分配模型，给出了使供应链利润达到最优的契约机制。孙旭等[236]研究了生鲜农产品供应链各环节数据的自动智能采集问题，开发了生鲜农产品供应链数据智能采集终端系统，实现了生鲜农产品供应链各环节数据的采集与实时监测。杜其光[237]也探讨了基于物联网的供应链制造资源配置策略以及嵌入云平台的供应链协调机制设计及帕累托改进问题。汪旭晖和杜航[238]从成本收益分析的视角探讨了物联网采纳前后两阶段，生鲜农产品供应链上下游所需承担的各项成本与收益情况，建立了不同情况下的生鲜农产品冷链物流决策模型，着重分析了物联网采纳对上下游批发价格、零售价格与订货量决策的影响，研究结果为生鲜农产品冷链企业投资物联网提供了科学依据。赵道致等[239]通过对物联网环境下的供应链企业运营行为进行分析，提出了嵌入物联网技术的供应链网络结构建模及优化、物联网环境下供应链企业配置资源的机理、物联网环境下企业有限理性决策的供应链协调与帕累托改进机制、物联网环境下供应链企业信任与合作等新的研究方向。潘新宇[240]分析了物联网环境下消费者、零售商、制造商的经济行为选择变化、探讨了应用云平台、云制造后供应链企业的运营决策及供应链协调机制。肖新清[241]研究了农业物联网问题，以山东省实际应用为例，介绍了农业物联网在食品安全和食品质量控制方面的应用。在前期研究的基础上，他以植物源性的鲜食葡萄以及动物源性的水产品为研究对象，设计和研发了冷链物流品质感知的物联网软硬件，建立了冷链物流的压缩感知数据采集方法、温度品质耦合建模方法以及可追溯建模方法，建立了一套系统化面向冷链物流品质感知的物联网数据采集与建模方法，进一步实现了冷链物流过程的安全性、透明性及其可追溯性。近年来，刘兵兵等[242]也对物联网环境下的供应链紧致化仓储系统问题进行了研究。

党佩和张宝明[243]以上海市生猪产业链数据分析为基础，研究了大数据环境下农业供应链金融问题。马莉[244]以秦皇岛为例，分析了互联网大数据时代为农产品流通带来的契机，并提出了互联网大数据时代农产品流通途径改善的对策。张闯和刘祥伟[245]提出基于大数据、云计算的煤炭产业供应链云服务平台。张天琪和胡军珠[246]通过分析农产品物流大数据特征和大数据带给农产品物流业的新机遇、新挑战，提出了大数据环境下农产品物流业的应对策略。资武成和刘超智[247]探讨了大数据背景下农产品供应链的组织服务创新问题，提出了应用“大数据”平台和技术，形成以企业为主导的农产品供应链一体化，构建现代农产品流通新模式。林海萍[248]也研究了大数据环境下，电子行业绿色供应链管理问题。

史浩和李健[249]分析了大数据背景下私有信息泄露对供应链成员企业竞合关系的影响，构建了面向大规模定制的原始合作供应链模型以及私有信息泄露后的三种竞争供应链模型，详细探讨了三种竞争模型中竞争方供应链的条件、最优价格、最优利润，并对竞争模型中竞争方与被竞争方的利润差进行了横向比较。

闫志鑫[250]探讨了大数据对零售业采购与供应链管理的影响。陈永平和蒋宁[251]分析了大数据环境下，供应链运营管理中信息聚合的特征与价值，探讨了供应链信息聚合中的价值创造能力形成机理。张瑜[252]研究了大数据分析在供应链中的应用问题。申风平和党源源[253]探讨了大数据在生鲜电商供应链中的应用问题。朱清清[254]分析了大数据背景下生鲜农产品供应链物流柔性能力问题，提出了构建三层体系结构思路。

官志华[255]进一步详细分析了大数据分析方法在供应链管理市场开发、物流、运营、生产资源等应用中发挥的效用。成栋和陈思洁[256]详细分析了影响大数据在供应链运用中的影响因素。吴成霞等[257]研究了大数据服务商参与的三级供应链动态合作策略问题，在建立零售商支付契约、联合支付契约和合作契约模式下的三级供应链营销合作策略模型的基础上，分析了大数据环境下达到均衡状态的质量努力水平、营销努力水平、消费者转化率和联合支付契约下分摊比例，同时探讨了参数变化对供应链系统利润的影响。张生福[258]通过对供应链管理过程的大数据进行分类，提出了线性特征求解二维平面和数据驱动的动态拓扑，构建了供应链中异构数据驱动模型，设计了 UML 融合的供应链智能控制系统。

吴向向等[259]采用大数据理论方法来削弱供应链上的“长鞭效应”，应用大数据的手段在供应链上建模，形成一个大数据体系去处理供应链上所有节点企业的链上决策，从而促进供应链协调和绩效。他们进一步运用大数据理论，搭建了供应链大数据平台[260]，探讨了大数据供应链的发展模式[261]，通过对大数据供应链与传统供应链的对比分析[262]，提出了构建大数据供应链的相关建议，并研究了大数据环境下的供应链风险管控问题[263]，提出了大数据供应链运作模式的风险防范策略。在以上问题研究的基础上，构建了大数据环境下建筑供应链采购模型[264]，对模型仿真进行分析，提出了最小采购成本和最优采购策略。

王大海等[265]采用“互联网+”思路构建了辽吉黑农产品供应链大数据平台，实现了农产品从田间到餐桌的全链条监管，实现了农产品资源互联互通和农产品信息共享，进一步使农产品供应链健康、安全、可持续发展。

张天琪[266]提出了互联网环境下，以大数据为核心的生鲜农产品电子商务平台构建策略。汪涛武和王燕[267]研究了大数据环境下，制造业与零售业融合发展的机理与路径，二者的融合可有效缩短产品创新周期、降低供应链成本、提升市场交易效率和企业生产组织效率。付平德[268]在阐述大数据时代智慧物流模式系统架构的基础上，提出了基于大数据技术的智慧物流系统构建途径，指出了发展智慧物流模式需要解决的关键技术。张弛[269]以农业大数据为基础，研究了农产品供应链异构数据存储与共享、面向多业态多用户的农产品供应链管理、主观认知下的产销媒合模型、面向消费者的参与式体验等农产品供应链中的四项关键技术。贺超等[270]提出了面向“互联网+”的闭环供应链信息共享平台商业模式以及闭环供应链信息共享平台企业成长必须解决的关键问题。

通过对以上文献的研究成果进行回顾和分析可以看出，对制造业及零售业供应链的研究主要集中在供应链的设计、分析、协调、管理、优化和重组等方面。供应链的协调主要包括供应商和制造商之间的协调、制造商和销售商之间的协调，以及供应商、制造商和销售商内部各种活动之间的协调，如制造企业中生产与库存的协调等。供应链的优化主要包括：生产成本、服务水平、适应性的权衡；决定工厂和仓库的数量、分布、能力等；供应商的选择；运输渠道和方式的选择；决定原材料采购量、产量及运输安排；生产技术、生产方式等的选择；库存管理等。以上研究丰富了供应链管理的理论和方法，对供应链的研究起到了积极的推动作用。在以上研究中，对于供应链中随机不确定对象的描述基本上都是假设其服从某种典型的概率分布。

随着供应链管理技术在农业领域中的深入研究发现，在实际的农业供应链系统中，尤其在生鲜农产品供应链环境中，随机变量的变化并不完全符合某种概率分布，对于生鲜农产品而言，由于具有以下几个方面的特点：①由于产品本身的自然物理特征易受环境因素的影响产品具有易腐易损性；②生鲜农产品大部分是人们每天的生活必需消费品，其品种多、产品单位价值低、单位需求量小、总体社会需求物流量大且频繁；③最初产品形状往往是规格和质量参差不齐、鱼龙混杂、标准化程度低的，这使得在生鲜农产品供应链中农产品市场价格和市场需求具有很强的不确定性，很难找出其市场价格和市场需求所服从的概率分布，使用上述文献中所采用的方法得到的结果可能会与一些实际应用相差甚远。

1.3　本书的主要研究内容和结构

本书从系统工程和控制论的角度，立足农产品生产经营实际中存在的问题，采用多学科交叉的方法，综合运用系统工程理论、博弈论和灰色系统理论，围绕“公司+农户”供需模式占主导地位的生鲜农产品供应链中的协调和动态合作控制问题展开研究。

本书共 12 章。第 1 章绪论阐述了供应链和供应链系统的基本概念、结构、特点，并对确定性供应链合作协调、不确定性供应链数量折扣方法的合作协调、不确定性供应链合作博弈方法的合作协调、不确定性供应链非合作博弈方法的合作协调、易腐品供应链合作协调以及基于大数据和物联网的供应链进行回顾和梳理，最后对本书研究的主要内容作简要介绍。

第 2 章生鲜农产品供应链，主要论述生鲜农产品供应链的基本概念、结构、特点，分析生鲜农产品供应链研究的目的和意义，梳理和回顾生鲜农产品供应链研究现状，并提出本书采用的研究方法。

第 3 章灰色系统相关理论和方法，主要论述灰色系统相关理论和方法，回顾和梳理灰色系统理论研究和发展现状，介绍研究中涉及的区间灰数的运算法则、区间灰数大小的比较方法、灰矩阵和灰博弈的概念、灰色动态规划的定义，以及灰色动态规划最优解的算法。

第 4 章动态价格下生鲜农产品供应链中动态合作控制机制，分析由一个公司和一个农户组成的二级链式生鲜农产品供应链系统，在灰色动态市场价格下的动态合作问题，根据生鲜农产品市场价格动态特性，引入灰色概念，建立“公司+农户”二级链式生鲜农产品供应链系统的灰色博弈模型，探讨生鲜农产品供应链中双方利益最大化的最优均衡策略。

第 5 章不确定需求下生鲜农产品供应链中动态合作控制机制，研究由一个公司和一个农户组成的二级链式生鲜农产品供应链系统，在灰色不确定市场需求下的动态合作控制问题，通过研究“公司+农户”在动态市场价格和灰色不确定市场需求下的动态合作灰色博弈，定量的论证公司与农户之间建立有效的利益连接，在强化公司的生存力和竞争力的前提下，增强对农民的让利空间，并对公司进行有效的监管，建立有效的动态合作关系，是实现“公司+农户”供需模式占主导地位的生鲜农产品供应链中双方利益最大化的最优均衡策略。

第 6 章生鲜农产品供应链一次签约多次交易下动态合作控制机制，在第 4 章和第 5 章的研究基础上，进一步研究“公司+农户”模式的二级链式生鲜农产品供应链中，公司和农户在灰色不确定市场需求下，一次签约多次交易情况下的动态合作问题。构建公司和农户交易过程中动态合作灰博弈模型的灰色动态规划模型，设计出二者达到纳什均衡、双方利益最大化和生鲜农产品供应链整体绩效达到最优的策略组合和转移路径，并通过实例详细论述灰色动态规划问题最优解的算法。

第 7 章一对多环境下生鲜农产品供应链中动态合作控制机制，探讨在多个农户具有竞争关系的环境下，生鲜农产品供应链中“公司+农户”一对多形式的动态合作控制问题。引入影响因子表示农户之间竞争的影响，设计保障公司和农户履约合作、双方利益达到最大化的最优控制策略。

第 8 章多对一环境下生鲜农产品供应链中动态合作控制机制，研究在多个公司具有竞争关系的环境下，生鲜农产品供应链中多对一形式的动态合作激励约束机制。引入影响因子表示公司之间的竞争影响，分析在多个公司之间具有竞争关系下，多个公司和农户之间利益共享的关系，设计供应链绩效达到最大化的最优控制策略。

第 9 章两灰色变量下生鲜农产品供应链中动态合作控制机制，研究由一个公司和一个农户组成的二级链式生鲜农产品供应链系统，在市场价格和市场需求同为灰色变量下的生鲜农产品供应链动态合作控制问题，通过研究“公司+农户”之间的动态合作灰博弈模型，给出公司和农户在市场价格和市场需求同为灰色变量下合作的基本条件，进一步论证在市场价格和市场需求同为灰色变量下，公司和农户违约风险比单灰色变量下更大，利益连接机制更复杂。

第 10 章生鲜农产品供应链通货膨胀和延期支付下库存控制，将控制理论和系统工程理论相结合，提出在通货膨胀和延期支付条件下，需求确定的生鲜农产品库存控制模型，探讨通货膨胀率和延期支付周期对库存控制策略的影响，设计出通货膨胀和延期支付条件下生鲜农产品的库存最优订货策略。

第 11 章市场需求呈 Weibull 分布的生鲜农产品供应链库存控制，在前期研究的基础上，进一步研究市场需求呈 Weibull 分布的生鲜农产品供应链在通货膨胀和延期支付下，且通货膨胀率与折现率的差趋于零时的库存控制问题，探讨通货膨胀和延期支付对最优订货量和最小库存成本的影响，提出通货膨胀率与折现率的差趋于零时生鲜农产品供应链库存最优订货策略。

第 12 章通货膨胀率与折现率的差不等于零时的生鲜农产品供应链库存控制，在第 10 章、第 11 章研究的基础上，进一步研究当通货膨胀率与折现率的差不等于零时，生鲜农产品供应链库存控制问题，用控制理论和系统优化方法，建立通货膨胀率与折现率的差不等于零时的库存控制模型，探讨通货膨胀和延期支付对生鲜农产品供应链库存控制的影响，并以蔬菜批发市场实例，对该模型进行了论证。

第 2 章　生鲜农产品供应链

近年来，供应链管理的思想、理论和方法开始向农业领域延伸，国内外一些学者开始研究农产品供应链的有关问题。国外对于农产品供应链管理的研究比较多的集中在农产品质量保障、纵向合作、战略伙伴关系等方面。我国作为一个农业大国，随着经济和社会的发展，农产品企业或地区之间的经济竞争已经转化为其各自所采用的供应链的竞争，农业的发展也越来越依赖于自身所处的供应链的优劣。

2.1　生鲜农产品供应链基本概念

2.1.1　生鲜农产品供应链定义

农业供应链可以分为广义农业供应链和狭义农业供应链。广义农业供应链也称为涉农供应链，包括与农业有密切关联的农产品及非农产品(如农资等)供应链。狭义的农业供应链只针对农产品及其后续阶段。也有学者把农业供应链分为产前供应链、产中供应链、和产后供应链[271]。国内外对涉农供应链给出了多种定义，本书作者认为农业供应链是指农产品从田头到餐桌这一过程所涉及的生产、加工和运销所组成的环环相扣的增值链条。实施农产品供应链管理已经作为提高农产品经营竞争力的重要手段，农产品供应链从结构上一般划分为两种：生鲜农产品供应链和农产品加工供应链。

生鲜农产品物流是指为了满足用户需求，实现生鲜农产品价值而进行的生鲜农产品物质实体及相关信息从生产者到消费者之间的物理性经济活动。具体地说，它包括生鲜农产品生产、收购、运输、贮存、装卸、搬运、包装、配送、流通加工、分销、信息活动等一系列环节，并且在这一过程中实现了生鲜农产品价值增值和组织目标。生鲜农产品供应链是指在生鲜农产品生产、流通过程中所涉及到的生产者、中间商和消费者所组成的网络体系。生鲜农产品供应链管理（fresh agricultural product supply chain management，FPP-SCM）是对生鲜农产品供应链中各成员之间的物流、信息流、资金流进行计划、协调与控制，以最小的成本为消费者提供最大的价值与最好的服务。生鲜农产品供应链的主体涉及种植商（农户）、加工商、中介代理、批发商、物流服务经销商、消费者等。

2.1.2　生鲜农产品供应链特点

生鲜农产品是人们日常生活的必需品，具有消费普遍性和分散性特点。与工业生产、流通生产相比，农业生产高度依赖自然环境、风险大，农业生产要素的时空变异大；农业生产和运营过程可控性差，不确定性大，量化规范化难度大；生鲜农产品产出不具有完全的同质性；农业投资回收期长，吸引资本的能力弱。从系统论和控制论的角度来看，农业生产和运营系统在人为设计性上不如工业，农业的生产函数形式十分复杂，影响因素多具有复杂的交互作用，影响因素的人为可控性也很差；人类对农作物自然生产进程及其“工艺”过程的把握并不像工业那样清晰，即涉农链中农业过程的“黑箱”特征比较明显。

随着电子信息技术的发展，近年来生鲜农产品供应链出现了电子商务环境下的运作模式，但是供应链成员间的信息共享，供应链上信息流的协调，生鲜农产品流通环节交易成本的降低，冷链物流配送，生鲜农产品种植者、供应商和经销商之间利润的提高，服务质量的提升，以及客户关系的改善等问题依然亟待解决。

2.2　生鲜农产品供应链结构

生鲜农产品的生产、流通由农产品产前(信息指导和产品规划)、产中(田间管理)、产后(产品标准化处理加工以及食品加工、流通、消费)等不同的环节和组织载体构成。借鉴已有的供应链的体系结构模型，根据环节和组织载体的不同，蒋侃[272]把生鲜农产品供应链结构划分为批发市场型、公司+农户型、连锁配送型三种基本形式，如图 2.1～图 2.3 所示。

1. 批发市场型

批发市场型农产品供应链是传统形式的生鲜农产品供应链，生产和销售之间主要通过各地农产品批发市场连接，供应链上下游之间的交易行为短暂，供应链集成度较低，不稳定。

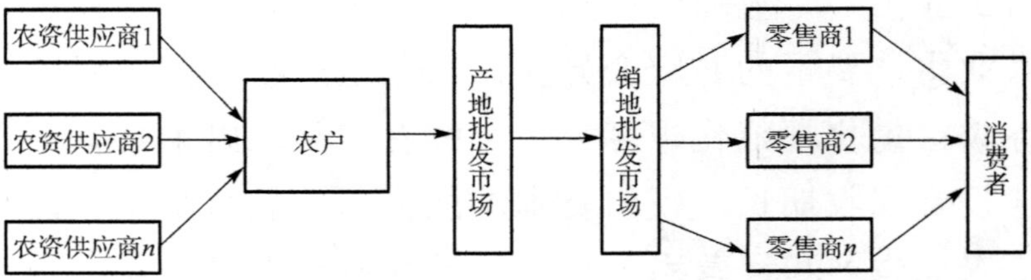

图 2.1　批发市场型生鲜农产品供应链结构

2. 公司+农户型

在公司+农户型生鲜农产品供应链中，“公司”是指起核心作用的农业龙头企业，公司和农户签订具有期货性质的交易合同，农户在公司的组织下按照公司的要求(订单)进行农产品生产，向公司销售农产品，公司集中加工处理后，进行分销。和批发市场型生鲜农产品供应链相比，这种供应链的上下环节通过契约(合同)签订，使供应链上下游之间的连接较紧密，交易是一种长期行为，供应链较稳定。但是当市场波动较大时，若双方缺乏有效的风险分摊和约束监管时，农产品销售合约双方都会有违约倾向，将导致组织中的契约关系可能随时终止。

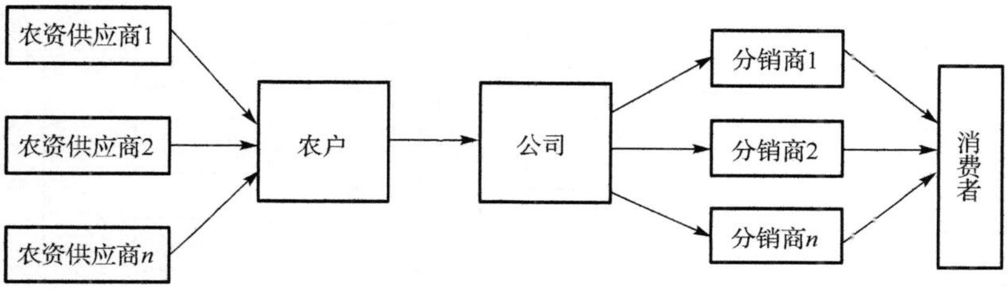

图 2.2　公司+农户型生鲜农产品供应链结构

3. 连锁配送型

连锁配送型生鲜农产品供应链是生鲜超市成为农产品销售的主流模式时的一种新型供应链。自从 20 世纪 90 年代以来我国超市迅速发展，目前已经逐步成为城市消费者购物的主要场所。超市通过扩大生鲜农产品的经营范围和销售数量，进而带动其他产品的销售。大型连锁超市一般拥有数量众多的分店，分店之间存在地域、客户群、品质要求、销售品种、数量等差异。自主集中采购或分散采购都存在一定的难度，超市需要有一个稳定、安全可靠、可提供多种生鲜农产品的供应源，而单一的生鲜农产品供应商(公司或农户)生产的品种和数量有限，无法同时满足超市各分店差异化的需要，两者之间存在时间、空间、农产品加工技能、质量要求等方面的矛盾，这种矛盾只有通过集中配送中心加以解决。集中配送中心直接面向多个生鲜农产品生产供应者，通过集中统一的采购、加工、仓储、配送，满足不同销售点的差异化需求，并确保品质的统一。农户可以直接或通过公司、合作社向集中配送中心出售产品，双方通过长期协议确保合作的稳定。

这种供应链结构虽然增加了集中配送环节，但由于集中配送中心通过增值作业(信息集中处理、集中采购、配送)，反而可以使整个供应链成本降低。随着生鲜农产品终端销售模式的改变，这种类型的供应链将成为必然的趋势。

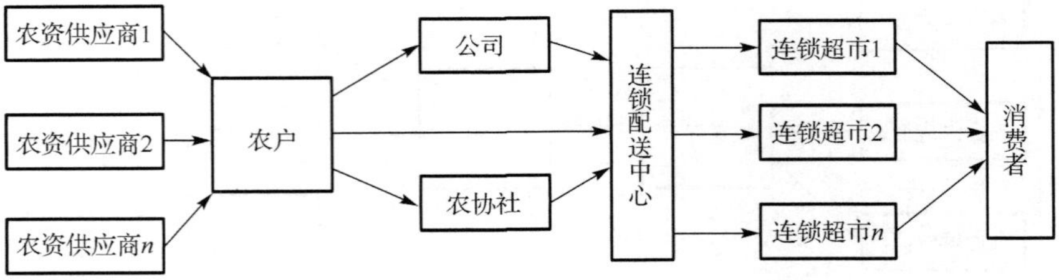

图 2.3　连锁配送型生鲜农产品供应链结构

2.3　生鲜农产品供应链研究的目的和意义

我国是一个农业大国，建立一种新的农产品产业链管理模式即农产品供应链，对我国农业的发展起着举足轻重的作用，也是利用经济解决好“三农”问题的稳健策略。目前农产品供应链主要有两种形式：生鲜农产品供应链和农产品加工供应链。生鲜农产品供应链是指在生鲜农产品生产、流通过程中所涉及的生产者、中间商和消费者所组成的网络体系。由于农产品的诸多特性，导致了农产品供应链特别是物流不同于工业供应链的物流，生鲜农产品供应链市场动态不确定性较强，对物流要求较高。生鲜农产品在生产加工时，供应链上下游信息不对称、加工能力不足、产销脱节、损耗等情况较为严重。

目前我国生鲜农产品供应链以“公司+农户”为主要形式。建立合理的生鲜农产品供应链体系，优化易腐农产品结构，增强生鲜农产品市场竞争力，使生鲜农产品在流通过程的价值增值，有助于我国“三农问题”的解决。

然而，在“公司+农户”供需模式占主导地位的易腐农产品供应链中，由于市场波动较大，信息不对称、组织分散和资金技术劣势以及双方缺乏履约的动力等原因，使得公司与农户之间收益分配结构不合理。在公司与农户的合同交易中，缺乏一个合理的、有效的动态合作控制机制，导致了“公司+农户”关系的不稳定性。在现有运作机制下，公司与农户之间的双重违约行为频繁发生，严重阻碍了“公司+农户”模式的发展。因此，如何建立二者之间真正的“利益共享、风险共担”的合作关系，提高整个供应链绩效，是目前面临的必须解决的关键问题。

2.4　生鲜农产品供应链研究

国外学者常用“agri-supply chain”“agri-food supply chain”及“agricultural supply chain”等词来描述农业供应链。国外对于农产品供应链管理的研究较多集中在纵向合作、战略伙伴关系等方面。美国农业部专项支持和扶助美国德克萨斯 A&M 大学进行了“信息技术在涉农食品供应链中的运用”的研究，欧洲一些发达国家主要在食品供应链、生鲜供应链、农产品物流、冷链系统，以及棉花、非散装谷物等方面进行了研究，近年来又在涉农跨国供应链等领域展开了进一步的研究工作。

Mighell 和 Jones[273]最早提出了在农业中对从原材料生产、加工、储存、运输、销售等活动在内的一系列过程进行协调的思路。Frank 和 Henderson[274]指出了农产品供应链的研究主要是垂直协调问题。Kliebenstein 和 Lawrence[275]分析了农产品的协调活动所包括的整合体系及各种契约协议问题。Salin[276]研究了食品供应链中信息技术的应用问题，Sheffi[277]用交易成本理论和资源依赖模型分析了农产品供应链的供应风险管理问题。Hobbs[278]运用交易成本理论分析了农业供应链的纵向协调问题。Gelderman 和 Weele[279]研究了食品供应链信息跟踪。Lonsdale[280]研究了构筑农产品（食品）供应链风险管理过程、工具和技术问题后，提出了一个等级风险统计结构的风险描述语言，并建立了风险知识数据库管理系统支持风险管理。Kenneth[281]分析了农业供应链的不确定性。其后，Alan[282]研究了英国食品供应链运输效率问题。

Moe、Opara、Bollen 和 Hobbs[283-286]分别研究了生鲜农产品供应链中的追溯问题。Kramer[287]和 Cadilhon 等[288]对蔬菜供应链中的风险问题进行了探讨。Widodo 等[289]通过建立生鲜农产品生产和流失的数学模型，研究了生鲜农产品供应链的运输问题。Burer 等[290]研究了农业种子供应链中的协调问题，分析了各种情况下的合作协调契约。Dabbene 等[291]探讨了不确定环境下生鲜农产品供应链优化问题，并通过实例进行了论证。随后，Ahum 和 Villalo[292]详细回顾了生鲜农产品供应链中规划模型的应用研究。

Cana 等[293]分析了农产品供应链中电子商务应用问题。Rong 等[294]整合了食品供应链生产-分配模型，建立一种食品变质模拟模型，进一步提出了食品质量控制的混合整数线性规划模型。Ahum 和 Villalo[295]研究了劳务费、生鲜农产品保持费，以及保障其生鲜品质的运输方式对农民利益的影响，提出了合理的易腐农产品收获和分配操作规划模型。Kumar 和 Nigma[296]运用系统动力学方法分析了不考虑食品腐烂变质的垄断环境下食品供应链绩效问题。Zhang 和 Li[297]讨论了 RFID 技术在农产品供应链中的应用问题。Trien 等[298]探讨了复杂动态食品供应链中的透明度问题。Mehdiza 等[299]将供应链数量模型应用于食品质量最优化管理中，建立了费用和耗能成本最小条件下的食品质量最优模型。

Lorentz 等[300]以三种国际食品生产商进入新型市场为研究对象，

研究了国际化食品供应链的新型市场特征以及相应供应网络调整策略，提出了根据企业边界、产品机动性、地理位置等三个标准，进行供应网络调整的方案。Manzini 和 Accorsi[301]提出了新的食品供应链评估概念框架。Yu 和 Nagur[302]扩展了一个基于网络的垄断竞争环境下的易腐食品供应链模型。Teim 等[303]以德黑兰水果、蔬菜供应链为研究对象，建立了在输入限额政策下的生鲜水果、蔬菜供应链多目标模型，提出了动态系统协调方法。Tsolakis 等[304]对农产品供应链管理研究进行了详细综述。同时，Dabbene 等[305]也对食品供应链中追溯问题的研究进行了回顾。Aung 和 Chang[306]从安全和质量的角度进一步分析和概括了食品供应链中的追溯问题。Kazaz 和 Webster[307]讨论了销售价格受随机产出率影响下农业产业化组织的生产决策问题，给出了一种新型简便算法。Zhong 等[308]把信息技术应用于生鲜农产品供应链，对蔬菜供应链中的信息共享问题进行了探讨。Luis 等[309]以苹果和梨供应链为研究对象，建立了多周期的混合线性中期规划模型，在给出供应链结构、需求量和收获期等参数条件下，运用分成序列法，对该模型进行了求解。在考虑利润和供货不足两个相冲突因素下，提出了生产、加工、销售以及库存一体化的集成决策。Dhanan 等[310]回顾了目前食品供应链中基于 Agent 的建模与仿真研究方法，提出在目前的研究文献中，没有把食品加工商、超市以及零售商这些关键的因素放在基于 Agent 的仿真模型中，没有把交易成本经济学和基于资源观点的供应链管理理论应用于上述研究中。

近年来，国内的一些学者也提出了将供应链管理的基本思想引入农业产业链中，研究我国农业供应链的特点，对供应链管理应用到农业中取得成功的案例进行了分析和研究。徐金海[311]研究了“公司+农户”组织模式占主导地位的农产品供应链的合作契约类型。陈超和罗英姿[312]提出了在新型供应链模型中加入信息代理中介组织来研究中国的猪肉供应链模型，并提出了改进中国肉类加工食品供应链的一些对策与建议。朱毅华和王凯[313]通过实证研究了农产品供应链的整合绩效问题。李艳霞和赵庆祯[314]设计了贯穿农产品供应链所有环节的农产品供应链管理信息系统的构建方案。

张晟义提出了涉农供应链的概念，研究了涉农供应链的主要特点，并从产品、服务方式、产业组织三个层面分析了涉农供应链中供应商发展的主要实现途径，并对中外涉农供应链研究和发展进行了定性的初步比较和分析；而后，研究了涉农供应链的内生不稳定性，提出建立具有针对性的涉农供应链不确定性管理机制、时间竞争与农业过程的适度柔性化的基本思路和对策；其后，又对涉农供应链时间竞争的基本障碍进行了分析[315-317]。凌宁波和朱风荣[318]通过对南京市淡水产品供应链的实证分析，提出了电子商务环境下的农产品供应链运作模式。贺峰[319]对中国农产品现代物流问题进行了研究。贾伟强[320]将委托代理理论、博弈论和系统动力学反馈动态复杂性基本分析技术相结合，研究了“公司+农户”组织模式的合作机制问题，通过对“公司+农户”模式系统结构的分析，利用流率基本入数建模法，建立了系统动力学模型，创建了系统的 8 个流位变量的 8 元微分方程组，定量的研究了主要流位变量在系统中的作用，分析了“公司+农户”模式发展的困境与出路，提出了完善的合作机制。

崔巍崴和白云涛[321]提出了农产品供应链合作伙伴的动态评价方法。杨为民和夏龙[322]利用期权交易理论探讨了农产品供应链的发展模式，并研究了蔬菜供应链的效率问题。朱雪珍[323]运用层次分析法，构建了绿色农产品供应商选择模型。其后，庞胜明等[324]在库存控制理论的基础上，分析了时效性农产品物流库存控制的特点，根据其库存控制变化服从 Weibull 分布的特征，建立了一种基于 Weibull 分布的时效性农产品物流库存控制模型。在上述研究的基础上，又进一步建立了基于生产函数和规模收益率的物流中心经济规模优化模型，计算了物流中心经营规模与规模收益率的关系[325, 326]。彭建仿[327]综合运用供应链管理理论、共生理论、交易费用理论、博弈论和价值链理论研究了供应链中的核心企业——农业产业化龙头企业与上游农户之间新型的共生合作关系。同时，李晓锦[328]对农产品物流的三种主要组织模式——一体化物流组织模式、农产品第三方物流组织模式和农产品物流联盟模式进行了深入研究和分析。刘爱军[329]通过对农产品物流理论和国内外农产品物流发展进行分析，研究了我国农产品物流发展现状，探讨了我国农产品物流发展的未来空间，并从企业角度对我国农产品物流进行了实证研究。肖勇波等[330]通过简单分组机制，研究了一类涉及远距离运输的时鲜产品供应链的优化和协调问题。黄桂红和贾仁安[331]运用系统动力学反馈分析的思想与理论对农产品供应链中的制约因素进行反馈分析，提出了消除负反馈制约上限的原理。王丽娟等[332]把灰色系统理论和博弈论相结合，分析了灰色动态市场价格下“公司+农户”二级链式系统中的博弈问题，提出基于灰色系统理论的研究思路和方法，探讨了影响农户和公司博弈结果的各种因素。随后，王丽娟[333]又探讨了在灰色不确定市场需求下，一次签约多次交易的灰博弈问题的最优均衡策略，在此基础上进一步分析了“公司+农户”一对多灰博弈问题[334]。林略等[335]针对一个由生产商-分销商-零售商构成的鲜活农产品三级供应链，在考虑损耗和新鲜度的影响下，通过引入库存因子，分别求出三种不同决策情形下的供应链最优期望利润的解，以及收益共享契约协调下供应链成员的利润分配问题。

Wang 和 Li[336]研究了通过动态鉴定食品保存期来进行定价的方法。Wang 等[337]探讨了需求呈 Weibull 分布的、当考虑通货膨胀和延期支付因素的库存控制模型，提出了确保成本最小的最优订货策略。Mo 等[338]探讨了多种易腐品在库存依赖于需求和二级信用交易条件下的最优订货策略。王磊[339]综合运用优化理论、变质产品库存理论、效用理论，以及非合作博弈理论和方法，研究了生鲜农产品保鲜影响消费者效用下零售商的订货和定价策略，探讨了促使生鲜经营企业增加保鲜投入并保证生鲜农产品供应链实现协调的契约合作机制。Cai 等[340]分析了物流外包环境下生鲜农产品供应链管理问题。李琳和范体军[341]研究了零售商主导下生鲜农产品供应链的定价问题，在固定价格策略、动态价格策略以及考虑价格调整时点的策略三种不同定价模式下，分别构建了零售商利润模型，给出了对应的最优定价与订货决策。同时，王磊和但斌[342]也进行了在考虑消费者效用环境下生鲜农产品供应链保鲜激励机制的研究，在构建消费者时变效用函数的基础上建立了由零售商和供应商组成的两级生鲜农产品供应链利润模型，设计了“基于生鲜农产品新鲜度的采购价”契约和“批发价+保鲜成本分担”契约促进供应商提高保鲜努力的激励机制。吴忠和等[343]进一步探讨了时间约束下鲜活农产品供应链应急协调数量折扣契约问题，讨论了突发事件对集权、分权供应链的影响，提出了使供应链达到最优的数量折扣契约参数。杨亚等[344]也分析了新鲜度信息不对称下生鲜农产品供应链协调问题，运用博弈论分别构建生产商和零售商的利润函数，给出了供应链协调契约。杨磊等[345]以一个供应商和一个零售商组成的两级生鲜农产品供应链为研究对象，探讨了在市场需求依赖零售商的努力水平条件下，生鲜农产品供应链最优定价策略。最近国内外的学者也把物联网的大数据技术引入到生鲜农产品供应链研究中，在生鲜农产品供应链信息共享、设计和协调等研究方向上取得了新的进展。

以上国内外针对生鲜农产品供应链的研究大多是从宏观的角度加以阐述，涉及内容比较广泛，但细化不够。目前理论界对生鲜农产品供应链中各成员间的利益分配、生鲜全球农产品供应链的构建、生鲜农产品供应链配送系统的设计等领域的研究还很薄弱。通过对上述文献的回顾我们可以看出，对“公司+农户”模式的农产品供应链研究中，没有根据生鲜农产品供应链中的特点，探讨“公司+农户”模式的生鲜农产品供应链合作协调问题。

在实际的生鲜农产品供应链中，生鲜农产品由于：①由于产品本身的自然物理特征易受环境因素的影响产品具有生鲜易损性；②生鲜农产品大部分是人们每天必需的生活消费品，其品种多、产品单位价值低、单位需求量小、总体社会需求物流量大且频繁；③最初产品形状往往是规格、质量参差不齐、鱼龙混杂、标准化程度低，使得在生鲜农产品供应链中农产品市场价格和市场需求具有很强的不确定性，生鲜农产品市场价格变化波动较大，而且这种不确定性直接导致市场需求的不确定性。在生鲜农产品供应链合作协调问题的研究中，当在缺乏足够的、确定的相关证据与资料时，或是根本没有相关证据或资料时，对随机变量用某种概率分布进行推理得到的结果与实际情况误差很大，实用性不高。

本书作者通过实际的跟踪调研发现，这样的强不确定性基本上都是不服从某种典型的概率分布的，在实际中仅能知其变化的上下界，而难于知其变化的规律。而灰色系统理论着重研究的对象恰恰是“外延明确，内涵不明确，部分信息已知，部分信息未知”的“小样本，贫信息”不确定性系统。把强不确定的仅能知其变化上下界的随机变量按灰色变量处理，符合实际不确定性系统的变化和灰色系统理论研究的基本要求，对生鲜农产品供应链用灰色方法进行研究，有实际的应用背景和理论意义。

2.5　本 章 小 结

本章主要论述了生鲜农产品供应链的基本概念、结构、特点、目前研究现状和本书采用的研究方法。2.1 节论述了生鲜农产品供应链的基本概念，2.2 节给出了生鲜农产品供应链三种基本结构，2.3 节分析了生鲜农产品供应链研究的目的和意义，2.4 节梳理和回顾了生鲜农产品供应链研究现状，并提出了本书采用的研究方法。最后 2.5 节对本章工作进行了总结。

第 3 章　灰色系统相关理论和方法

3.1　灰色系统理论研究和发展

灰色系统理论是 1982 年由我国学者邓聚龙教授创立的一门系统科学。灰色系统理论以“部分信息已知，部分信息未知”的“小样本”“贫信息”不确定性系统为研究对象，通过部分已知信息的生成、开发，提取有价值的信息，实现对系统运行行为、演化规律的正确描述和有效监控[346]。灰色系统理论是以系统分析、评估、建模、预测、决策、控制、优化为主体的技术体系，在工业、农业、经济、能源、交通、石油、地质、水利、气象、生态、环境、医学、教育、体育、军事、法学、金融和生命科学等众多领域进行了很多成功应用。近年来，刘思峰及其团队[347]在：①灰数及其运算、灰数白化与灰度；②灰色方程与灰色矩阵；③灰色序列算子、灰色关联分析；④灰色组合模型、灰色决策；⑤灰色矩阵博弈理论；⑥灰色规划等方面，都对灰色系统理论进行了详细深入的研究。

刘思峰和邓聚龙[348]对灰色预测模型 GM(1, 1)论证了其适用范围，李炳军和刘思峰研究了灰色区间可靠度的确定方法。随后，吕林正和吴文江[349]进一步探讨了灰色模型 GM(1, 1)优化问题。刘思峰[350]构建了利用灰色理论的科技综合实力评估指标与数学模型。方志耕和刘思峰[351]首次提出灰色博弈概念，并建立了基于纯策略的灰矩阵二人有限零和博弈模型，随后对基于纯策略的灰矩阵博弈模型又进行了进一步研究[352]，在此基础上又分析了灰线性规划问题，建立了灰矩阵博弈的灰线性规划模型[353]。米传民和方志耕[354]研究了基于区间数大小不能直接判定的灰矩阵博弈问题，提出了策略优超及其最优解方法，方志耕等[355]探讨了灰矩阵博弈在区间灰数大小不能直接判定的情况下其纯策略解及风险问题。罗党等[356]在前期研究的基础上对 GM(1，1)模型进行了新的优化与改进，罗党和刘思峰[357]又探讨了灰色粗糙组合问题，建立了基于灰色粗糙组合的决策模型，随后，罗党和刘思峰[358]首次提出了灰色动态规划概念，并对灰色动态规划模型最优解算法进行了详细研究。罗党[359]对不完全信息下灰色区间关联决策方法进行了研究，在经典灰色规划的基础上，构建了灰色动态规划及 θ 动态定位规划最优解的算法；对灰色风险型决策方法，构建了带有交易费用的灰色组合投资模型的熵权分析算法；对灰色模糊决策方法，构建了灰色模糊多属性决策问题的算法。

党耀国和刘思峰[360]研究了灰色斜率关联度问题，提出了新的改进算法，而后又分析了多指标区间数关联问题，建立了多指标区间数关联决策模型[361]，在此基础上进一步探讨了强化缓冲算子问题[362]。谢乃明和刘思峰[363]研究了强化算子的性质以及实用缓冲算子的构造问题。党耀国等[364]研究了平均强化缓冲算子、几何平均强化缓冲算子、加权平均强化缓冲算子和加权几何平均强化缓冲算子等的特性及各种内在关系，解决了建模预测过程中的定量预测结果与定性分析结论不符的问题。崔杰等[365]给出了一种基于灰色关联度求解指标权重的改进方法。孙玉刚和党耀国[366]对 T 型关联度模型进行了改进。王正新等[367]提出了基于离散指数函数优化的 GM(1，1)模型，又建立了无偏灰色 Verhulst 模型[368]。王正新等[369]在前期研究的基础上，进一步探讨了基于累积前景理论的多指标灰关联决策方法。宋捷等[370]研究了正负靶心灰靶决策模型。曾波和刘思峰[371]提出了一种近似非齐次指数序列的 DGM(1，1)直接建模法。

杨凡[372]研究了灰色关联聚类-粗糙近似组合决策方法。刘勇等[373]基于灰色关联分析的基本思想，构建了一种新的灰色绝对关联度模型，解决了序列曲线间的负相关问题。钱吴永等[374]根据灰色建模思想，构建了含时间幂次项的灰色 GM(1，1，t~α)模型，并对建模过程、参数估计、时间响应式等进行了研究。曾波和刘思峰[375]提出了一种通过平滑性算子来提高序列光滑度的算法，提高灰色系统预测模型对随机振荡序列的预测精度。李鹏等[376]针对指标权重未知、方案的指标值为直觉模糊数的随机直觉模糊决策问题，提出一种基于前景理论和新的记分函数的随机决策方法。李雪梅等[377]通过构造调和变权弱化缓冲算子和调和变权强化缓冲算子，研究了该类缓冲算子调节度与可变权重之间的关系，比较了调和交权缓冲算子与算术变权缓冲算子、几何变权缓冲算子的作用强度，并探讨了该类缓冲算子的优化问题。

最近，刘解放等[378]在灰数“核”和灰数“灰度”以及区间灰数运算公理、运算法则和新的灰代数系统研究的基础上，提出了区间灰数“灰半径”的概念，构建了连续区间灰数的预测模型。吴利丰和刘思峰[379]提出了三维灰色凸关联度的概念，分析了三维灰色凸关联度的性质。菅利荣和刘思峰[380]研究了集合论中的灰度定义与灰数分级方法，构建了不同灰度级别的灰色粗糙集模型，解决了经典粗糙集不能获取非决策规则以及变精度粗糙集的置信度设置困难等问题。刘勇等[381]根据基于粗糙集理论或扩展粗糙集理论的不确定性决策问题，提出了基于灰色定权聚类与优势粗糙集变精度方法的一种杂合决策方法，并进一步提出一种基于前景理论的区间数多目标灰靶决策方法[382]。

杨德岭等[383]建立了基于核和信息域的区间灰数 Verhulst 模型，完善了传统 Verhulst 模型仅局限于实数序列的缺陷。崔杰等[384]进一步研究了灰色 Verhulst 预测模型的数乘特性。王大鹏等[385]提出了基于合成灰数灰度概念的改进区间灰数序列预测模型。韩盛等[386]提出了一种新的灰数描述方法，定义了灰概率测度集的概念及其交运算。罗党[387]

考虑实际决策环境的不确定性和复杂性，提出一种具有多目标、多指标、多局势的灰靶决策模型。汪群峰等[388]提出灰关联深度系数的概念，同时运用极大熵理论，建立了评价指标客观权重的极大熵配置模型，以确定多属性决策指标权重，较好地解决了经典模型存在的严重缺陷。

李鹏等[389]在前期研究基础上，又提出了一种基于 MYCIN 不确定因子和前景理论的随机直觉模糊决策方法。王正新等[390]研究了 GM(1, 1)幂模型参数辨识过程中可能出现的病态性问题。

一些学者也把灰色理论应用到供应链的研究中。单再成[391]运用灰色关联度分析了农产品物流中各个环节与农产品物流额问题。刘远等[392]运用灰色理论，建立了复杂产品供应链多级多目标递阶决策模型。陈洪转等[393]针对“主制造商-供应商”生产模式特点，基于经典冲突模型，提出了具有超级支配者的超冲突分析模型，建立了两阶段的均衡稳定性求解过程，证明了在一般稳定性基础上，通过主制造商对系统施加的力，可使一般均衡向超级均衡移动，得出了介于纳什均衡和夏普利值均衡之间的超均衡。

徐兰等[394]通过基于粒子群算法对设计结构矩阵实现灰色聚类划分，对众多供应商进行分类，优化了复杂供应商网络的管理和协调。朱灿和史梁园[395]研究了私募股权投资的参与主体在监管与被监管过程中的灰色博弈行为，分析了政府对私募股权投资基金监管过程中各方的预期收益情况，并根据收益情况确定不同的均衡点。魏锋等[396]运用聚类分析和灰色关联分析相结合的方法建立了原材料供应商选择评价模型，并运用这一模型对原材料供应商进行系统的选择评价。李翀等[397]构建了供应链网络库存系统的状态转移模型，提出了一类新的基于库存波动状态的动态供应链库存控制策略。

近年来，灰色理论的研究得到了进一步丰富。闫书丽等[398]研究了区间灰数信息的多属性群决策中决策者和属性的权重问题。王正新[399]针对多变量少数据的系统建模问题，提出了灰色多变量 GM(1，N)幂模型及其派生 GM(1，N，$X^{(1)}$)幂模型，给出了其参数估计算式和近似时间响应式。吴利丰[400]运用“分数阶”思想深入研究了灰色建模技术，对分数阶累加模型和传统一阶累加模型的差异进行了比较，依据分数阶微积分理论，将整数阶导数灰色模型推广到分数阶导数灰色模型，通过矩阵扰动理论分别证明了经典弱化缓冲算子、变权弱化缓冲算子和普通强化缓冲算子的新信息优先性，分析了现有各种灰色关联度的适用性，提出了相似信息优先的复杂装备费用预测模型，丰富和完善了灰色系统理论。袁周和方志耕[401]在梳理主成分分析用于社会科学评价中存在的问题的基础上，将主成分评价拓展到灰色系统领域，构建了灰色主成分评价模型，以灰色相对关联度矩阵代替传统的协方差矩阵或者相关矩阵来进行主成分分析和评价。曾波等[402]通过在灰色模型中引入因变量滞后项、线性修正项及常数修正项，构建了一种强兼容性的灰色通用预测模型(compatible grey general prediction model，CGPM)，研究成果对优化灰色模型结构、提高灰色模型通用性与普适性具有积极的意义。周伟杰等[403]也在灰色缓冲算子和灰色调整系数的框架下构造了灰色算子，提出了权重可调的加权移动平均去趋势法，并进一步将其拓展为多重分形加权移动平均去趋势法。张弢等[404]提出了一种基于相关矩阵和灰色系统理论的航天、核电等复杂系统源发故障诊断方法，通过对系统建立故障-测试相关矩阵，生成有排序的测试报警概率矩阵，并利用灰色关联度衡量测试结果向量与故障特征向量的接近度，实现了对多发故障的模糊诊断。张朝飞等[405]针对少数据、小样本序列的预测问题，在分析常规灰色 GM(1, 1)预测模型缺点的基础上提出了优化的算法模型，并将优化后的预测方法推广为多参数预测。

3.2　灰色系统的理论和方法

本书把灰色系统理论应用于供应链管理研究中，对生鲜农产品供应链中的动态合作控制问题展开研究。本书主要用到区间灰数的比较、灰矩阵和灰博弈、灰色动态规划等灰色系统理论基本知识，下面对所运用的相关理论和方法进行简单介绍。

3.2.1　区间灰数的运算

设有两区间灰数 $\otimes_1 \in [a,b]$，$a<b$；$\otimes_2 \in [c,d]$，$c<d$，用符号$*$表示 $\otimes_1$ 与 $\otimes_2$ 之间的运算，若 $\otimes_3 = \otimes_1 * \otimes_2$，则 $\otimes_3$ 也为区间灰数，若 $\otimes_3 \in [e,f]$，且对任意的 $\tilde{\otimes}_1$，$\tilde{\otimes}_2$，$\tilde{\otimes}_1 * \tilde{\otimes}_2 \in [e,f]$。

定义 3.1　设 $\otimes_1 \in [a,b]$，$a<b$；$\otimes_2 \in [c,d]$，$c<d$，则 $\otimes_1$ 与 $\otimes_2$ 的和记为 $\otimes_1 + \otimes_2$，且 $\otimes_1 + \otimes_2 \in [a+c, b+d]$。

定义 3.2　设 $\otimes_1 \in [a,b]$，$a<b$；$\otimes_2 \in [c,d]$，$c<d$，则 $\otimes_1 - \otimes_2 \in [a-d, b-c]$。

定义 3.3　设 $\otimes_1 \in [a,b]$，$a<b$；$\otimes_2 \in [c,d]$，$c<d$，则 $\otimes_1 \cdot \otimes_2 \in [\min\{ac, ad, bc, bd\}, \max\{ac, ad, bc, bd\}]$。

定义 3.4　设 $\otimes \in [a,b]$，$a<b$，k 为正实数，则 $k \cdot \otimes \equiv [ka, kb]$。

3.2.2　灰数的比较

灰色系统用灰数、灰色方程、灰色矩阵等来描述，其中，灰数是灰色系统的基本单元,只知道大概范围而不知其确切值的数称为灰数。在应用中，灰数实际上指在某一个区间或某个一般的数集内取值的不确定数，通常用“$\otimes$”来表示灰数。在所有各种类型的灰数中，区间灰数最具有代表性。对没有上下界的灰数，可根据在实际中的应用情况，将其转换为区间灰数。在灰博弈中灰数大小的比较，仅限定在区间灰数的范围。

在区间灰数大小比较时，分为区间灰数大小能直接判定和不能直接判定两种情况。本书中所讨论的灰数均为一般意义上不能直接判定大小的灰数，下面仅介绍此种判定条件下，两区间灰数的比较方法。

在两个区间灰数大小不能直接判定的情况下，引入区间灰数的优势、均势和劣势的概念，转而比较灰数势的大小关系。假定两区间灰数存在交集。

定义 3.5 若任给两区间灰数 $\otimes_{ij}\in[a_{ij},b_{ij}]$，$\otimes_{st}\in[a_{st},b_{st}]$，且 $b_{st}\geqslant b_{ij}\geqslant a_{st}$，如图 3.1 所示，依据两灰数的端点值在数轴上的位置，可将它们的并集区域 $\otimes_{ij}\cup\otimes_{st}$ 分割为 3 个区间，构成 3 个区间的灰数分别为：$[a_{ij},a_{st}]$，$[a_{st},b_{ij}]$，$[b_{ij},b_{st}]$。其中，$[a_{st},b_{ij}]$ 为这两灰数之间交集 $\otimes_{ij}\cap\otimes_{st}$ 区域，则称该两灰数之间的交集区域（包括边界点）为均势区域；$\text{EPD}_{ij\to st}=\dfrac{b_{ij}-a_{st}}{b_{ij}-a_{ij}}\geqslant 0$（EPD 的下角标 $ij\to st$ 表示 $\otimes_{ij}$ 相对于 $\otimes_{st}$ 而言）为灰数 $\otimes_{ij}$ 相对于 $\otimes_{st}$ 的均势度（equipollence position degree，EPD）；$\text{EPD}_{st\to ij}=\dfrac{b_{ij}-a_{st}}{b_{st}-a_{st}}\geqslant 0$ 为灰数 $\otimes_{st}$ 相对于 $\otimes_{ij}$ 的均势度。

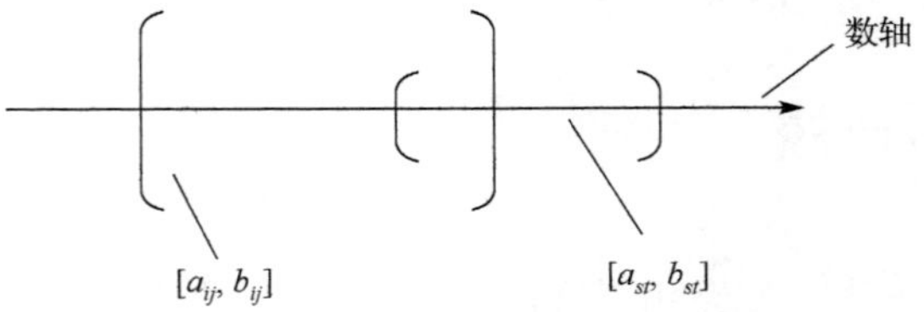

图 3.1 大小不能直接判定的两区间灰数

定义 3.6 数轴上被两灰数端点所分割的位于交集区域右侧的区域 $(b_{ij},b_{st}]$ 为某一灰数 $[a_{st},b_{st}]$ 相对于另一灰数 $[a_{ij},b_{ij}]$ 的优势区域；$\text{SPD}_{st\to ij}=\dfrac{b_{st}-b_{ij}}{b_{st}-a_{st}}\geqslant 0$ 为灰数 $[a_{st},b_{st}]$ 相对于 $[a_{ij},b_{ij}]$ 的优势度（superiority position degree，SPD）。

定义 3.7　数轴上被两灰数端点所分割的位于交集区域左侧的区域$(a_{ij},a_{st}]$为某一灰数$[a_{ij},b_{ij}]$相对于另一灰数$[a_{st},b_{st}]$的劣势区域；$\mathrm{IPD}_{ij\to st}=-\dfrac{a_{st}-a_{ij}}{b_{ij}-a_{ij}}\leqslant 0$为灰数$[a_{ij},b_{ij}]$相对于$[a_{st},b_{st}]$的劣势度(inferior position degree，IPD)。

定义 3.8　任给两区间灰数，把其中一个灰数相对于另一个灰数的优势度与劣势度之和称为该灰数相对于另一个灰数的势差，简称为势。若势差为正，则称其为正势，把相应的灰数称为优势灰数；若势差为负，则称其为负势，把相应的灰数称为劣势灰数；若势差为零，则称其为均势，把该两灰数称为均势灰数。

定义 3.9　任给两区间灰数$\otimes_{ij}\in[a_{ij},b_{ij}]$和$\otimes_{st}\in[a_{st},b_{st}]$，若$\mathrm{SPD}_{ij\to st}+\mathrm{IPD}_{ij\to st}>0$，则称$\otimes_{ij}$相对于$\otimes_{st}$存在着正势，$\otimes_{ij}$是优势灰数，$\otimes_{st}$是劣势灰数，记为$\otimes_{ij}>\otimes_{st}$。

定义 3.10　任给两区间灰数$\otimes_{ij}\in[a_{ij},b_{ij}]$和$\otimes_{st}\in[a_{st},b_{st}]$，若$\mathrm{SPD}_{ij\to st}+\mathrm{IPD}_{ij\to st}<0$，则称$\otimes_{ij}$相对于$\otimes_{st}$存在着负势，$\otimes_{ij}$是劣势灰数，$\otimes_{st}$是优势灰数，记为$\otimes_{ij}<\otimes_{st}$。

定义 3.11　任给两区间灰数$\otimes_{ij}\in[a_{ij},b_{ij}]$和$\otimes_{st}\in[a_{st},b_{st}]$，若$\mathrm{SPD}_{ij\to st}+\mathrm{IPD}_{ij\to st}=0$，则称$\otimes_{ij}$与$\otimes_{st}$均势，$\otimes_{ij}$与$\otimes_{st}$是均势灰数，记为$\otimes_{ij}=\otimes_{st}$。

3.2.3　灰矩阵和灰博弈概念

定义 3.12　在一个普通的矩阵中，如果出现了某个或者某些元素为区间灰数，则该矩阵被简称为灰矩阵，设某矩阵的各元素中，有区间灰数$[a,b](a<b)$，称该矩阵为灰区间数矩阵，简称灰矩阵，用$A(\otimes)$表示。

在现实博弈过程中，由于博弈双方认知水平的限制以及信息不全、系统的结构性和各种随机因素和非随机因素的影响，博弈双方的损益值矩阵不可能是完全清楚和准确的，难以用准确的白数来表示局中人策略的博弈值，所以博弈值是灰色的，用一个区间灰数来表示。

定义 3.13 在博弈中，若局中人所依据的事先判断的损益值矩阵为灰矩阵 $A(\otimes)$，则称该博弈为灰博弈，可表示为 $\tilde{G}=\{S_1,S_2;A(\otimes)\}$，其中，$S_1=\{\alpha_1,\alpha_2,\cdots,\alpha_n\}$ 为局中人甲的策略集；$S_2=\{\beta_1,\beta_2,\cdots,\beta_n\}$ 为局中人乙的策略集；$A(\otimes)$ 称为局中人事先判断的灰损益值矩阵。

以上定义说明由区间灰数所构成的博弈损益值矩阵称为灰损益值矩阵，由灰损益值矩阵所决定的博弈称为灰矩阵博弈，简称为灰博弈。

在灰矩阵和灰博弈中，所讨论的灰数限定为区间灰数。

3.2.4 灰色动态规划

1) 灰色动态规划定义

动态规划是指，在实际的决策过程中，可以将其分为若干个彼此关联的阶段，每个阶段都有若干方案可选择，在一定约束条件下，如何在每个阶段选择一个合理的方案，使整个决策过程取得最好的结果，使目标达到最优。然而，在规划过程中存在许多不确定因素，若规划模型或约束条件中出现灰数，它便是一个决策信息不完全的灰色动态规划问题。

假设：

(1) 在整个动态规划过程中，系统处于 l 种不同的状态，即有状态集 $E=\{e_1,e_2,e_3,\cdots,e_l\}$；

(2) 在整个动态规划过程中，系统需要接收外界输入以改变现有状态，达到预定的目标，设有输入集 $U=\{u_1,u_2,u_3,\cdots,u_m\}$；

(3) 整个动态规划过程在 $[0,T]$ 时间内完成，将 $[0,T]$ 分为 n 个时段

$(t_{k-1},t_k](k=1,2,\cdots,n)$，其中，$0=t_0<t_1<\cdots<t_n=T$，并记第 k 时段 $(t_{k-1},t_k]$ 系统的输入为 $u(t_k)\equiv U$；

(4) 设系统在第 $k-1$ 时段 $(t_{k-2},t_{k-1}]$ 末处于状态 $e(t_{k-1})$，在第 k 时段 $(t_{k-1},t_k]$ 内接受输入为 $u(t_k)$，则第 k 时段末系统所处的状态 $e(t_k)$ 仅与 $e(t_{k-1})$ 和 $u(t_k)$ 有关，即 $e(t_k)=f(e(t_{k-1}),\ u(t_k))$，$k=1,2,\cdots,n$；并且这样的状态转移与系统所处的时段无关，仅受一个转移矩阵 $\boldsymbol{S}(u)$ 的支配，且

$$\boldsymbol{S}(u)=\begin{bmatrix} s_{11} & s_{12} & s_{13} & \cdots & s_{1m} \\ s_{21} & s_{22} & s_{23} & \cdots & s_{2m} \\ s_{31} & s_{32} & s_{33} & \cdots & s_{3m} \\ \cdots & \cdots & \cdots & \cdots & \cdots \\ s_{l1} & s_{l2} & s_{l3} & \cdots & s_{lm} \end{bmatrix}$$

其中，$s_{ij}\in E$ 且 s_{ij} 表示若系统现处于状态 $e_i\in E$，现输入 $u_j\in U$，则系统将转移至 s_{ij}，即 $s_{ij}=f(e_i,u_j)$，$i=1,2,\cdots,l$；$j=1,2,\cdots,m$；

(5) 设系统的初始状态为 $e(t_0)$，要求达到的目标(即系统在 $t_n=T$ 时刻所处的状态)是 E 上的区间灰数向量：

$$\boldsymbol{B}_n(\otimes)=(b_{n1}(\otimes),b_{n2}(\otimes),\cdots,b_{nl}(\otimes))$$

其中，$b_{ni}(\otimes)\in[\underline{b_{ni}},\overline{b_{ni}}]$，$\underline{b_{ni}}$，$\overline{b_{ni}}$ 为已知非负实数 $(i=1,2,\cdots,l)$，$b_{ni}(\otimes)$ 表示系统在 $t_n=T$ 时刻处于状态 e_i 的可能度，称 $\boldsymbol{B}_n(\otimes)$ 为第 n 时段灰色目标约束向量；

(6) 设在第 k 时段 $(t_{k-1},\ t_k]$，系统采用输入 u_j 时受到区间灰数 $C_k(u_j)=C_{kj}(\otimes)\in[\underline{c_{kj}},\overline{c_{kj}}]$ 的约束，$\underline{c_{kj}}$，$\overline{c_{kj}}$ 为非负实数 $(j=1,2,\cdots,m)$，即 $C_{kj}(\otimes)$ 表示在第 k 时段系统采用输入 u_j 的可能度，称向量：

$$\boldsymbol{C}_k(\otimes)=(c_{k1}(\otimes),c_{k2}(\otimes),\cdots,c_{km}(\otimes)),\quad k=1,2,\cdots,n$$

为第 k 时段灰色输入向量约束。

定义 3.14　在上述假设下，若给定了 $e(t_0)$ 和 $u(t_1),u(t_2),\cdots,u(t_n)$，则必可找到唯一的 $e(t_n)\in E$ 作为系统的最终状态。

定义 3.15 当给定 $e(t_0)$ 和 $u(t_1),u(t_2),\cdots,u(t_n)$ 时，有唯一的 $e(t_n)=e(T)$ 作为系统的最终状态。

定义 3.16 当给定 $e(t_0)$ 及灰色目标约束向量 $\boldsymbol{B}_n(\otimes)$，各时段灰色输入向量约束 $\boldsymbol{C}_k(\otimes)(k=1,2,\cdots,n)$，可以找到输入序列 $u(t_1),u(t_2),\cdots,u(t_n)$，使系统以最大可能度选择每个输入 $u(t_k)(k=1,2,\cdots,n)$，且使系统以最大可能度最终达到状态 $e(T)$，称这样的决策过程为灰色动态规划。

2) 灰色动态规划最优解算法

定义 3.17 区间灰数 $a(\otimes)\in[\underline{a},\overline{a}]$，$b(\otimes)\in[\underline{b},\overline{b}]$，记 $l_a=\overline{a}-\underline{a}$，$l_b=\overline{b}-\underline{b}$，称

$$p(a(\otimes)\geqslant b(\otimes))=\frac{\min\{l_a+l_b,\max(\overline{a}-\underline{b},0)\}}{l_a+l_b}$$

为 $a(\otimes)\geqslant b(\otimes)$ 的可能度。

定义 3.18 对于给定的一组区间灰数 $a_i(\otimes)\in[\underline{a_i},\overline{a_i}]$，$i=1,2,\cdots,n$。利用定义 3.5 计算可能度：

$$p_{ij}=p(a_i(\otimes)\geqslant a_j(\otimes))\ \ (i,j=1,2,\cdots,n)$$

可建立可能度矩阵 $\boldsymbol{P}=(p_{ij})_{n\times m}$。

定义 3.19 矩阵 $\boldsymbol{P}$ 是一模糊互补判断矩阵，通过排序公式：

$$W_i=\frac{1}{n(n-1)}\left[\sum_{j=1}^{n}p_{ij}+\frac{n}{2}-1\right]\ \ (i=1,2,\cdots,n)$$

计算矩阵 $\boldsymbol{P}$ 的排序向量 $\boldsymbol{W}=(w_1,w_2,\cdots,w_n)$，$w_1,w_2,\cdots,w_n$ 的大小顺序关系即为对应灰数的大小顺序。

定义 3.20 设有区间灰数 $a(\otimes)\in[\underline{a},\overline{a}]$，$b(\otimes)\in[\underline{b},\overline{b}]$，定义灰数运算 $G(a(\otimes),\ b(\otimes))=a(\otimes)\wedge b(\otimes)$ 满足：

$$G(a(\otimes),b(\otimes))=\begin{cases}b(\otimes), & 若p(a(\otimes),b(\otimes))\geqslant\dfrac{1}{2}\\ a(\otimes), & 若p(a(\otimes),b(\otimes))<\dfrac{1}{2}\end{cases}$$

称 $G(a(\otimes),b(\otimes))$ 为灰数取小运算。

定义 3.21　对于任意区间灰数 $a(\otimes)$ 和 $b(\otimes)$，$G(a(\otimes),b(\otimes))$ 也是区间灰数。

定义 3.22　设有一组区间灰数 $a_i(\otimes)(i=1,2,\cdots,n;\ n\geqslant 2)$，其可能度矩阵 $\boldsymbol{P}=(p_{ij})_{n\times n}$ 的排序向量 $\boldsymbol{W}=(w_1,w_2,\cdots,w_n)$ 的最小分量为 w_k，即 $w_k=\min\limits_{1\leqslant i\leqslant n} w_i$，定义 $a_1(\otimes)\wedge a_2(\otimes)\wedge\cdots\wedge a_n(\otimes)=a_k(\otimes)$ 为灰数 $a_1(\otimes),a_2(\otimes),\cdots,a_n(\otimes)$ 的取小运算。

定义 3.23　设有区间灰数 $a(\otimes)$，$b(\otimes)$，定义灰数取大运算 $H(a(\otimes),b(\otimes))=a(\otimes)\vee b(\otimes)$ 满足：

$$H(a(\otimes),b(\otimes))=\begin{cases}a(\otimes), & 若p(a(\otimes),b(\otimes))\geqslant\dfrac{1}{2}\\ b(\otimes), & 若p(a(\otimes),b(\otimes))<\dfrac{1}{2}\end{cases}$$

定义 3.24　设有一组区间灰数 $a_i(\otimes)(i=1,2,\cdots,n;n\geqslant 2)$，其可能度矩阵 $\boldsymbol{P}=(p_{ij})_{n\times n}$ 的排序向量 $\boldsymbol{W}=(w_1,w_2,\cdots,w_n)$ 的最大分量为 w_j 即 $w_j=\max\limits_{1\leqslant i\leqslant n} w_i$，则定义 $a_1(\otimes)\vee a_2(\otimes)\vee\cdots\vee a_n(\otimes)=a_j(\otimes)$ 称之为灰数 $a_1(\otimes),a_2(\otimes),\cdots,a_n(\otimes)$ 的取大运算。

定义 3.25　在灰色动态规划定义下，给定 $e(t_0)$，记 $U^*=\{u\,|\,u=u(t_n),e(t_n)\}$ 满足 $e(t_1)=f(e(t_0),u(t_1))$，$e(t_2)=f(e(t_1),u(t_2))$，…，$e(t_n)=f(e(t_{n-1}),u(t_n))$。定义 U^* 上灰数取小算子 F 为：对任意 $u=(u(t_1),u(t_2),\cdots,u(t_n),e(t_n))\in U^*$，满足 $F(u)=C_1(u(t_1))\wedge C_1(u(t_2))\wedge\cdots\wedge C_1(u(t_n))\wedge B_n(e(t_n))$，寻找 $u^\Delta\in U^*$，使得 $F(u^\Delta)=\bigvee\limits_{u\in U^*}F(u)$，称 $u^\Delta=(u^\Delta(t_1),u^\Delta(t_2),\cdots,u^\Delta(t_n),e^\Delta(t_n))$ 为该灰色动态规划的最优解。

3.3 本章小结

本章主要论述了灰色系统相关理论和方法，3.1 节分析了灰色系统理论研究和发展现状，3.2 节对本书研究中涉及到的区间灰数的运算法则、区间灰数大小的比较方法、灰矩阵和灰博弈的概念、灰色动态规划的定义，以及灰色动态规划最优解的算法做了简要论述，为后续研究铺垫了理论和方法基础。

第 4 章　动态价格下生鲜农产品供应链中动态合作控制机制

本章针对生鲜农产品市场价格强不确定的动态特性，研究由“公司+农户”组成的二级链式生鲜农产品供应链系统中的动态合作问题，将灰色系统理论应用到供应链系统中，建立“公司+农户”之间的灰博弈模型，通过分析公司和农户灰色博弈的各种结果，指出影响公司和农户双重违约的根本因素，设计实现生鲜农产品供应链系统联合最优的控制策略和措施，最后通过实例验证该博弈模型的合理性与有效性。

4.1　引　　言

在“公司+农户”的供需模式占主导地位的易腐农产品供应链中，“公司+农户”使广大分散的农户与农产品加工、销售企业共同组成“利益共享、风险共担”的产、加、销一体化的生产经营组织，实现小生产与大市场的衔接。但由于信息不对称、组织分散和资金技术劣势等原因，使得公司与农户之间收益分配结构不尽合理，没有真正做到“利益共享、风险共担”，在公司与农户的合同交易中，公司和农户的关系存在不稳定性，当市场环境的变化对公司有利时，公司违约；市场环境的变化对农户有利时，农户违约。公司与农户之间的双重违约行为频繁发生，严重阻碍了“公司+农户”模式的发展，如何解决二者的合作，是提高整个供应链绩效、实现整体优化的关键所在[406-407]。

目前，在动态环境中，关于“公司+农户”模式中动态合作控制机制问题的研究主要有以下三个方面：①动态博弈；②契约、委托-代理理论；③系统动力学反馈动态复杂性分析技术与委托-代理理论相结合[408-413]。这些方法已经为供应链的研究提供了很大的帮助。但是在上述几方面的研究中，并未从强不确定情形下的市场价格的动态特性角度研究供应链成员的动态合作控制机制问题。

在实际的以“公司+农户”供需模式占主导地位的生鲜农产品供应链系统中，在公司和农户之间的合作过程中，由于受自然灾害、市场因素、国家宏观政策等未来不确定性的随机波动因素的影响，使得生鲜农产品市场价格具有极强的不确定性，无法事先对生鲜农产品价格作出十分精确的判断，致使对农户和公司的利润、公司和农户之间合约的履约结果也无法作出十分精确的判断。根据上述供应链中存在的实际问题，本章从生鲜农产品价格的动态特性角度出发，将灰色系统理论应用于供应链管理中，根据实际生鲜农产品的特点，设生鲜农产品市场价格为一区间灰数，在灰色市场价格下，分析“公司+农户”的灰博弈问题，研究生鲜农产品供应链中双方利益最大化以及整体供应链绩效达到最优的均衡动态合作控制策略和措施。

4.2 节描述了一个公司和一个农户组成的二级生鲜农产品供应链系统中关键变量的结构；4.3 节构建了“公司+农户”灰博弈模型；4.4 节分析了影响公司和农户博弈结果的各种因素，设计了灰色市场价格下供应链达到最优的控制策略和措施；4.5 节进行了实例验证；最后 4.6 节对本章工作和主要内容进行了总结。

4.2 动态价格下生鲜农产品供应链系统描述

由一个公司和一个农户组成的“公司+农户”模式的二级生鲜农产品供应链系统，在公司和农户的履约过程中，公司利益与农户利益是一个矛盾的统一体。公司与农户都是为了自身利益的最大化而选择相互合作，这种选择与合作是一个博弈的过程。在博弈的过程中由于人的理性有限性，以及双方的主体地位和信息的不对称，使得公司和一个农户在订立交易合约时，难以完全反映未来不确定性。当市场出现波动时，作为市场主体的公司和农户，任何时候都将本人(单位)的利益最大化放在第一位予以考虑，双方总是根据自己的利益选择策略性行为，因此经常发生一方为自身的利益而不惜以损害另一方的利益为代价的行为。当产品滞销或市场价格低于公司合同价格时公司对农户就产生违约行为，公司违约带来的严重后果是对农户生产力的毁灭性破坏。当市场价格高于公司合同价格时或当信息在公司与农户之间重新分布时，农户对公司就产生违约行为，农户将农产品出售给第三者，农户违约造成公司投资损失和交易费用上升，这将导致农户和公司之间出现信任危机。加之，双方缺乏有效的风险分摊和约束监管，导致公司与农户之间的合作关系随时可能终止、生鲜农产品供应链出现中断。

根据博弈理论，合作能否进行，不仅取决于对策双方的利润，还取决于采取不合作对策时的损失。只有在违约利润与违约罚金的差小于履约收益时，公司和农户才可能采取履约行为合作，约束条件全部满足时，合作才是博弈的纳什均衡[414]。

设公司的收益为公司的利润减去其成本、公司给农户的奖励补贴以及违约时的处罚金，农户的收益为农户的利润加上公司给农户的奖励补贴减去其成本、农产品自然腐烂的损失以及违约时的处罚金。设市场变化有两种情况：市场价格高于契约价格；市场价格低于契约价格。由于受自然灾害、市场因素、国家宏观政策等未来不确定性的随机波动等因素的影响，生鲜农产品市场价格具有强不确定性：市场价格在高于契约价格或低于契约价格时，其仍在一定的范围内变化，只知道大概范围而不知其确切值的数是灰数，所以设生鲜农产品市场价格为一区间灰数。由于公司根据市场行情、农户履约的质量给农户奖励补贴和不给予奖励补贴以及奖励多少的情况不确定，所以农户在契约价格时的收益也是一区间灰数，同理公司在契约价格时的收益也是一区间灰数，又因市场价格为区间灰数，所以农户在市场价格高于契约价格时的收益和公司在市场价格低于契约价格时的收益都是区间灰数，则公司和农户的博弈支付矩阵是灰矩阵，公司和农户之间的博弈是灰博弈[332]。

4.3 生鲜农产品供应链动态合作灰博弈模型

4.3.1 灰博弈模型的基本假设和符号约定

模型的基本假设如下：

①博弈双方都是理性的经济人；

②市场价格属于博弈双方的共有信息；

③博弈双方的行为有两种选择：违约与不违约；

④进行违约处罚时不需要成本；

⑤局中人是公司和农户，农户设为 1，公司设 2，其支付函数是其收益。

本章使用的符号约定如下：

设易腐农产品市场价格为一区间灰数 $P_m(\otimes)$：

$$P_m(\otimes)=\begin{cases}P_{1m}(\otimes)\in[P_{1L},P_{1H}], & \text{高于契约价格}\\ P_{2m}(\otimes)\in[P_{2L},P_{2H}], & \text{低于契约价格}\end{cases}$$

C_1 为农户投入的成本；

C_2 为公司投入的成本；

F_1 为农户违约时，对农户进行的单位数量的违约处罚金；

F_2为公司违约时，对公司进行的单位数量的违约处罚金；

G为公司利润；

P为农户与公司签订的契约价格；

Q为农户与公司签订的契约收购数量；

θ为易腐农产品的自然腐烂率；

γ为公司给农户的单位数量的奖励补贴；

$\pi_1(\otimes)$为农户在契约价格时的收益；

$\pi_2(\otimes)$为公司在契约价格时的收益；

$\pi_{1m}(\otimes)$为农户在市场价格高于契约价格时的收益；

$\pi_{2m}(\otimes)$为公司在市场价格低于契约价格时的收益。

4.3.2　动态合作灰博弈模型

(1)在契约价格时，农户和公司的收益分别为

$$\pi_1(\otimes)\in[PQ-C_1-\theta PQ,PQ-C_1-\theta PQ+\gamma Q]$$

$$\pi_2(\otimes)\in[G-(PQ+C_2+\gamma Q),G-(PQ+C_2)]$$

(2)市场价格高于契约价格时，农户和公司的收益分别为

$$\pi_{1m}(\otimes)\in[P_{1L}Q-C_1-\theta P_{1L}Q-F_1Q,P_{1H}Q-C_1-\theta P_{1H}Q-F_1Q]$$

$$F_1Q$$

(3)市场价格低于契约价格时，农户和公司的收益分别为

$$F_2Q$$

$$\pi_{2m}(\otimes)\in[G-(P_{2H}Q+C_2+F_2Q),G-(P_{2L}Q+C_2+F_2Q)]$$

由以上分析可知公司和农户的支付矩阵是灰博弈矩阵，如图 4.1 所示。

由图 4.1 可以看出，由于二者都违约时的收益均为 0，所以公司和农户之间的博弈策略只有三种：①契约价格时，公司和农户都履约，

其收益分别为 $\pi_1(\otimes)$，$\pi_2(\otimes)$；②当市场价格波动，农户在市场价格时的收益大于在契约价格时的收益，即 $\pi_{1m}(\otimes) > \pi_1(\otimes)$ 时，农户违约，公司履约，农户和公司的收益分别为 $\pi_m(\otimes)$，F_1Q；③公司在市场价格时的收益大于在契约价格时的收益，即 $\pi_{2m}(\otimes) > \pi_2(\otimes)$ 时，农户履约，公司违约，农户和公司的收益分别为 F_2Q，$\pi_{2m}(\otimes)$。

		公司：履约	公司：不履约
农户	履约	$\pi_1(\otimes)$, $\pi_2(\otimes)$	F_2Q, $\pi_{2m}(\otimes)$
	不履约	$\pi_{1m}(\otimes)$, F_1Q	0, 0

图 4.1　公司和农户博弈的灰支付矩阵

4.4　生鲜农产品供应链动态合作灰博弈模型分析

定理 4.1　在市场价格高于契约价格时，如果制定的公司给农户的单位数量的奖励补贴 γ、对农户进行的单位数量的违约处罚金 F_1 满足 $(1-\theta)(P_{1L}-P) < F_1+\gamma < (1-\theta)(P_{1H}-P)$ 时，则 $\pi_{1m}(\otimes) > \pi_1(\otimes)$，博弈结果是农户违约，公司履约。

证明：因为 $(1-\theta)(P_{1L}-P) < F_1+\gamma < (1-\theta)(P_{1H}-P)$，设 $\pi_{1m}(\otimes) \in [a_{1m}, b_{1m}]$，$\pi_1(\otimes) \in [a_1, b_1]$，则

$$\pi_{1m}(\otimes) \in [a_{1m}, b_{1m}] = [P_{1L}Q - C_1 - \theta P_{1L}Q - F_1Q, P_{1H}Q - C_1 - \theta P_{1H}Q - F_1Q]$$

$$\pi_1(\otimes) \in [a_1, b_1] = [PQ - C_1 - \theta PQ, PQ - C_1 - \theta PQ + \gamma Q]$$

灰数 $\pi_{1m}(\otimes)$ 相对于灰数 $\pi_1(\otimes)$ 的优势度：

$$\text{SPD} = \frac{b_{1m} - b_1}{b_{1m} - a_{1m}} = \frac{(1-\theta)(P_{1H} - P) - (F_1 + \gamma)}{(1-\theta)(P_{1H} - P_{1L})} > 0$$

$$\begin{aligned} b_{1m}-b_1 &= (P_{1H}Q-C_1-\theta P_{1H}Q-F_1Q)-(PQ-C_1-\theta PQ+\gamma Q) \\ &= (1-\theta)(P_{1H}-P)Q-(F_1+\gamma)Q>0 \qquad \Rightarrow b_{1m}>b_1 \end{aligned}$$

$$\begin{aligned} b_1-a_{1m} &= (PQ-C_1-\theta PQ+\gamma Q)-(P_{1L}Q-C_1-\theta P_{1L}Q-F_1Q) \\ &= (F_1+\gamma)Q-(1-\theta)(P_{1L}-P)Q>0 \qquad \Rightarrow b_1>a_{1m} \end{aligned}$$

则 $b_{1m}>b_1>a_{1m}$，在灰数 $\pi_{1m}(\otimes)$ 相对于灰数 $\pi_1(\otimes)$ 的优势度大于零的情况下，灰数 $\pi_{1m}(\otimes)$ 相对于灰数 $\pi_1(\otimes)$ 的劣势度 $\text{IPD}=0$，$\Rightarrow \text{SPD}+\text{IPD}>0$，所以，$\pi_{1m}(\otimes)>\pi_1(\otimes)$，证毕。

定理 4.2　在市场价格低于契约价格时，如果制定的对公司进行的单位数量的违约处罚金 F_2 满足 $P-P_{2H}<F_2<P-P_{2L}$ 时，则 $\pi_{2m}(\otimes)>\pi_2(\otimes)$，博弈结果是公司违约，农户履约。

证明：因为 $P-P_{2H}<F_2<P-P_{2L}$，设 $\pi_{2m}(\otimes)\in[a_{2m},b_{2m}]$，$\pi_2(\otimes)\in[a_2,b_2]$，则

$$\pi_{2m}(\otimes)\in[a_{2m},b_{2m}]=[G-(P_{2H}Q+C_2+F_2Q),G-(P_{2L}Q+C_2+F_2Q)]$$

$$\pi_2(\otimes)\in[a_2,b_2]=[G-(PQ+C_2+\gamma Q),G-(PQ+C_2)]$$

灰数 $\pi_{2m}(\otimes)$ 相对于灰数 $\pi_2(\otimes)$ 的优势度：

$$\text{SPD}=\frac{b_{2m}-b_2}{b_{2m}-a_{2m}}=\frac{(P-P_{2L})Q-F_2Q}{(P_{2H}-P_{2L})Q}>0$$

在灰数 $\pi_{2m}(\otimes)$ 相对于灰数 $\pi_2(\otimes)$ 的优势度大于零的情况下，灰数 $\pi_{2m}(\otimes)$ 相对于灰数 $\pi_2(\otimes)$ 的劣势度 $\text{IPD}=0$，$\Rightarrow \text{SPD}+\text{IPD}>0$。

又因为：

$$b_{2m}-b_2=[G-(P_{2L}Q+C_2+F_2Q)]-[G-(PQ+C_2)]=(P-P_{2L})Q-F_2Q>0,$$

$$\Rightarrow b_{2m}>b_2$$

$$b_{2m}-b_2=[G-(PQ+C_2)]-[G-(P_{2H}Q+C_2+F_2Q)]=F_2Q-(P-P_{2H})Q>0,$$

$$\Rightarrow b_2>a_{2m},\quad \Rightarrow b_{2m}>b_2>a_{2m}$$

所以，$\pi_{2m}(\otimes)>\pi_2(\otimes)$，证毕。

定理4.1和定理4.2论证了当双方的违约风险程度较小且利益共享制度不完善时，公司和农户违约率高。

定理4.3 当制定的公司给农户的单位数量的奖励补贴γ、对农户进行的单位数量的违约处罚金F_1以及对公司进行的单位数量的违约处罚金F_2同时满足$F_1+\gamma \geqslant (1-\theta)(P_{1H}-P)$且$F_1 \leqslant (1-\theta)(P_{1H}-P)$，$P-P_{2L} \leqslant F_2 \leqslant \gamma+(P-P_{2L})$时，则$\pi_1(\otimes) \geqslant \pi_{1m}(\otimes)$，$\pi_2(\otimes) \geqslant \pi_{2m}(\otimes)$，博弈结果是公司和农户都履约。

证明： 因为$F_1+\gamma \geqslant (1-\theta)(P_{1H}-P)$且$F_1 \leqslant (1-\theta)(P_{1H}-P)$，则灰数$\pi_1(\otimes)$相对于灰数$\pi_{1m}(\otimes)$的优势度：

$$\mathrm{SPD}=\frac{b_1-b_{1m}}{b_1-a_1}=\frac{1}{\gamma}[(1-\theta)(P_{1H}-P)+(F_1+\gamma)] \geqslant 0$$

这种情况下灰数$\pi_1(\otimes)$相对于灰数$\pi_{1m}(\otimes)$的劣势度$\mathrm{IPD}=0$，$\Rightarrow \mathrm{SPD}+\mathrm{IPD}>0$。

又因为：

$$b_1-b_{1m}=[(1-\theta)(P_{1H}-P)+(F_1+\gamma)]Q \geqslant 0, \quad \Rightarrow b_1 \geqslant b_{1m}$$

$$b_{1m}-a_1=[(1-\theta)(P_{1H}-P)-F_1]Q \geqslant 0, \quad \Rightarrow b_{1m} \geqslant a_1, \quad \Rightarrow b_1 \geqslant b_{1m} \geqslant a_1$$

所以，$\pi_1(\otimes)>\pi_{1m}(\otimes)$。

又因为$P-P_{2L} \leqslant F_2 \leqslant \gamma+(P-P_{2L})$，灰数$\pi_2(\otimes)$相对于灰数$\pi_{2m}(\otimes)$的优势度：

$$\mathrm{SPD}=\frac{b_2-b_{2m}}{b_2-a_2}=\frac{1}{\gamma}[F_2-(P-P_{2L})] \geqslant 0$$

在灰数$\pi_2(\otimes)$相对于灰数$\pi_{2m}(\otimes)$的优势度大于或等于零的情况下，灰数$\pi_2(\otimes)$相对于灰数$\pi_{2m}(\otimes)$的劣势度$\mathrm{IPD}=0$，$\Rightarrow \mathrm{SPD}+\mathrm{IPD}>0$。

而

$$b_2-b_{2m}=[F_2-(P-P_{2L})]Q \geqslant 0, \quad \Rightarrow b_2 \geqslant b_{2m}$$

$$b_{2m} - a_2 = [(\gamma + P - P_{2L}) - F_2]Q \geqslant 0 \text{，} \Rightarrow b_2 \geqslant b_{2m} \geqslant a_2$$

所以，$\pi_2(\otimes) \geqslant \pi_{2m}(\otimes)$，证毕。

定理 4.3 论证了加大对公司的违约处罚力度，以及提高对农户的奖励补贴，使公司和农户履约时的收益一定不小于他们违约时的收益，则公司和农户履约合作是双方利益最大化的最优均衡策略。

定理 4.4　当制定的公司给农户的单位数量的奖励补贴的最小值 $\gamma_{\min}^*$、对公司进行的单位数量的违约处罚金的最小值 $F_{2\min}^*$，同时满足 $\gamma_{\min}^* = (1-\theta)(P_{1H} - P) - F_1$，$F_{2\min}^* = P - P_{2L}$ 时，是公司和农户合作的基本条件。

证明： 由定理 4.3 可知，当 $F_1 \geqslant (1-\theta)(P_{1H} - P) - \gamma$，$F_2 \geqslant P - P_{2L}$ 时，公司和农户都履约：

$$\Rightarrow \gamma \geqslant (1-\theta)(P_{1H} - P) - F_1$$

$$\Rightarrow \gamma_{\min}^* = (1-\theta)(P_{1H} - P) - F_1$$

由 $F_2 \geqslant P - P_{2L} \Rightarrow F_{2\min}^* = P - P_{2L}$，证毕。

定理 4.4 论证了在公司与农户之间建立有效的利益连接，在强化公司的生存力和竞争力的前提下，增强对农民的让利空间，并对公司进行有效的监管，是保障公司与农户长期履约合作的基本措施。

4.5　实 例 验 证

某蔬菜加工中心向农民签订蔬菜购销合同，每月平均单个农户成交量 $Q = 710$，$C_1 = 200$，$C_2 = 100$，契约价格 $P = 1.4$，市场价格 $P_{1m}(\otimes) \in \{[3.3, 6.0], [3.2, 4.7], [2.2, 3.9], [1.9, 3.0], [1.8, 2.8], [1.6, 2.2]\}$，$P_{2m}(\otimes) \in \{[1.0, 1.4], [0.8, 1.2], [0.4, 0.7], [0.1, 0.3]\}$，蔬菜自然腐烂率 $\theta = 0.02$，单位数量的违约处罚金 $F_1 = 1.4$，$F_2 = (1.4, 1.0, 0.5, 0)$，加

工中心的利润 $G=5800$，加工中心合作时给农户的单位数量的奖励补贴 $\gamma=(1.8,1.0,0)$。

计算不同条件下 $\pi_1(\otimes)$、$\pi_{1m}(\otimes)$、$\pi_2(\otimes)$、$\pi_{2m}(\otimes)$ 的值如表 4.1、表 4.2 所示，$\pi_1(\otimes)$ 和 $\pi_{1m}(\otimes)$ 之间的变化趋势如图 4.2、图 4.3 所示，$\pi_2(\otimes)$ 和 $\pi_{2m}(\otimes)$ 之间的变化趋势如图 4.4、图 4.5 所示。

从表 4.1 和图 4.2 可以看出：当 $F_1+\gamma<(1-\theta)(P_{1H}-P)$ 时，$\pi_{1m}(\otimes)>\pi_1(\otimes)$，并且随着 γ 的增大，$\pi_{1m}(\otimes)>\pi_1(\otimes)$ 趋势下降。这说明在市场价格高于契约价格时，农户在市场价格时的收益大于其在契约价格时的收益，农户违约。当蔬菜专业加工中心给农户奖励补贴依据市场价格逐步增加时，农户违约率下降。

由表 4.1 和图 4.3 可以看出：当 $F_1+\gamma\geqslant(1-\theta)(P_{1H}-P)$ 时，$\pi_1(\otimes)>\pi_{1m}(\otimes)$，随着 γ 增大，$\pi_1(\otimes)>\pi_{1m}(\otimes)$ 变化的趋势增强。这说明在市场价格高于契约价格时，当蔬菜专业加工中心给农户的奖励补贴使农户在契约价格时的总收益不小于其在市场价格的收益时，农户履约，并且随奖励补贴的增加，农户履约率上升。

由表 4.2 和图 4.4 可以看出：当 $F_2<P-P_{2L}$，$\pi_{2m}(\otimes)>\pi_2(\otimes)$，随着 F_2 增大，$\pi_{2m}(\otimes)>\pi_2(\otimes)$ 的趋势下降。这表明当市场价格低于契约价格时，当对蔬菜专业加工中心违约行为处罚力度较轻，使其在市场价格时的收益大于契约价格时，加工中心违约，并且随着对违约行为处罚力度的加大，加工中心违约率下降。

由表 4.2 和图 4.5 可以看出：当 $F_2\geqslant P-P_{2L}$ 时，$\pi_2(\otimes)\geqslant\pi_{2m}(\otimes)$，随着 F_2 增大，$\pi_2(\otimes)\geqslant\pi_{2m}(\otimes)$ 趋势增强。当市场价格低于契约价格时，若对蔬菜专业加工中心违约行为处罚力度较大，使其在违约时的收益小于契约价格时的，蔬菜专业加工中心履约，并且随违约处罚力度的加大，蔬菜专业加工中心履约率上升。

表 4.1　不同条件下 $\pi_{1m}(\otimes)$、$\pi_1(\otimes)$ 的值

	$F_1+\gamma$	$P_{1H}-P$	$P_{1m}(\otimes)$	$\pi_{1m}(\otimes)$	$\pi_1(\otimes)$
$F_1+\gamma<P_{1H}-P$	3.2	4.41	[3.3,6.0]	[1102.2,4174.8]	[843.7,2121.7]
	2.4	4.41	[3.3,6.0]	[1102.2,4174.8]	[843.7,1553.7]
		3.14	[3.2,4.7]	[1032.6,2076.3]	[843.7,1553.7]
	1.4	4.41	[3.3,6.0]	[1102.2,4174.8]	[843.7, 843.7]
		3.14	[3.2,4.7]	[1032.6,2076.3]	[843.7, 843.7]
		2.35	[2.2,3.9]	[336.8,1519.6]	[843.7, 843.7]
		1.47	[1.9,3.0]	[155,936]	[843.7, 843.7]
$F_1+\gamma\geqslant P_{1H}-P$	3.2	3.14	[3.2,4.7]	[1032.6,2076.3]	[843.7,2121.7]
		2.35	[2.2,3.9]	[336.8,1519.6]	[843.7,2121.7]
		1.47	[1.9,3.0]	[155,936]	[843.7, 843.7]
		1.37	[1.8,2.8]	[58.44,754.3]	[843.7,2121.7]
		0.69	[1.6,2.2]	[-80.72,336.8]	[843.7,2121.7]
	2.4	2.35	[2.2,3.9]	[336.8,1519.6]	[843.7,2121.7]
		1.47	[1.9,3.0]	[155,936]	[843.7, 843.7]
		1.37	[1.8,2.8]	[58.44,754.3]	[843.7,2121.7]
		0.69	[1.6,2.2]	[-80.72,336.8]	[843.7,2121.7]

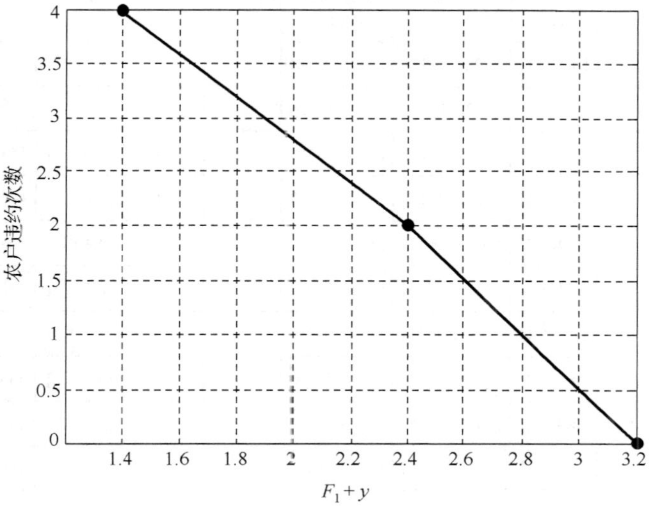

图 4.2　$F_1+\gamma<(1-\theta)(P_{1H}-P)$ 时，农户违约的变化趋势

表 4.2　不同条件下 $\pi_2(\otimes)$、$\pi_{2m}(\otimes)$ 的值

	$F_2 < P - P_{2L}$					$F_2 \geqslant P - P_{2L}$				
	$P - P_{2L}$	$P - P_{2L}$	$P_{2m}(\otimes)$	$\pi_2(\otimes)$	$\pi_{2m}(\otimes)$	$P - P_{2L}$	$P - P_{2L}$	$P_{2m}(\otimes)$	$\pi_2(\otimes)$	$\pi_{2m}(\otimes)$
$\gamma = 1.8$	1.0	1.3	[0.1,0.3]	[3357,4635]	[4777,4919]	1.4	0.4	[1.0,1.4]	[3357,4635]	[3812,4096]
	0.5	1.0	[0.4,0.7]	[3357,4635]	[4848,5061]		0.6	[0.8,1.2]	[3357,4635]	[3954,4238]
		1.3	[0.1,0.3]	[3357,4635]	[5132,5274]		1.0	[0.4,0.7]	[3357,4635]	[4309,4522]
	0	0.4	[1.0,1.4]	[3357,4635]	[4706,4990]		1.3	[0.1,0.3]	[3357,4635]	[4593,4735]
		0.6	[0.8,1.2]	[3357,4635]	[4848,5132]	1.0	0.4	[1.0,1.4]	[3357,4635]	[3996,4280]
		1.0	[0.4,0.7]	[3357,4635]	[5203,5416]		0.6	[0.8,1.2]	[3357,4635]	[4138,4422]
		1.3	[0.1,0.3]	[3357,4635]	[5487,5629]		1.0	[0.4,0.7]	[3357,4635]	[4493,4706]
						0.5	0.4	[1.0,1.4]	[3357,4635]	[4351,4635]
$\gamma = 1.0$	1.0	0.4	[1.0,1.4]	[3925,4635]	[3996,4280]	1.4	0.4	[1.0， 1.4]	[3925,4635]	[3812,4096]
		0.6	[0.8,1.2]	[3925,4635]	[4138,4422]		0.6	[0.8， 1.2]	[3925,4635]	[3954,4238]
	0.5	0.6	[0.8,1.2]	[3925,4635]	[4493,4777]		1.0	[0.4， 0.7]	[3925,4635]	[4309,4522]
		1.0	[0.4,0.7]	[3925,4635]	[4848,5061]		1.3	[0.1， 0.3]	[3925,4635]	[4593,4735]
		1.3	[0.1,0.3]	[3925,4635]	[5132,5274]	1.0	1.0	[0.4， 0.7]	[3925,4635]	[4493,4706]
	0	0.4	[1.0,1.4]	[3925,4635]	[4706,4990]	0.5	0.4	[1.0， 1.4]	[3925,4635]	[4351,4635]
		0.6	[0.8,1.2]	[3925,4635]	[4848,5132]					
		1.0	[0.4,0.7]	[3925,4635]	[5203,5416]					
		1.3	[0.1,0.3]	[3925,4635]	[5487,5629]					
$\gamma = 0$	1.0	1.3	[0.1,0.3]	[4635,4635]	[4777,4919]	1.4	0.4	[1.0,1.4]	[4635,4635]	[3812,4096]
	0.5	0.6	[0.8,1.2]	[4585, 4635]	[4493, 4777]		0.6	[0.8,1.2]	[4635,4635]	[3954,4238]
		1.0	[0.4,0.7]	[4635, 4635]	[4848,5061]		1.0	[0.4,0.7]	[4635,4635]	[4309,4522]
		1.3	[0.1,0.3]	[4635, 4635]	[5132,5274]		1.3	[0.1,0.3]	[4635, 4635]	[4593,4735]
	0	0.4	[1.0,1.4]	[4635, 4635]	[4706,4990]	1.0	0.4	[1.0,1.4]	[4635, 4635]	[3996,4280]
		0.6	[0.8,1.2]	[4635, 4635]	[4848,5132]		0.6	[0.8,1.2]	[4635, 4635]	[4138,4422]
		1.0	[0.4,0.7]	[4635, 4635]	[5203,5416]		1.0	[0.4,0.7]	[4635, 4635]	[4493,4706]
		1.3	[0.1,0.3]	[4635, 4635]	[5487,5629]	0.5	0.4	[1.0,1.4]	[4635, 4635]	[4351,4635]

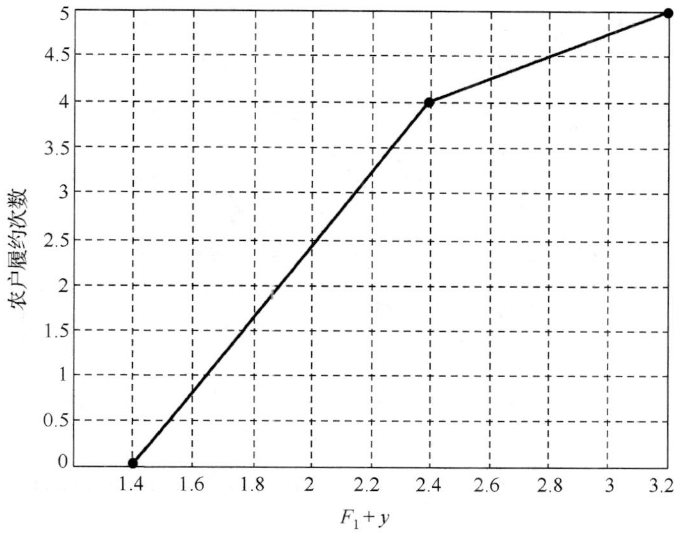

图 4.3　$F_1+\gamma \geqslant (1-\theta)(P_{1H}-P)$ 时，农户履约的变化趋势

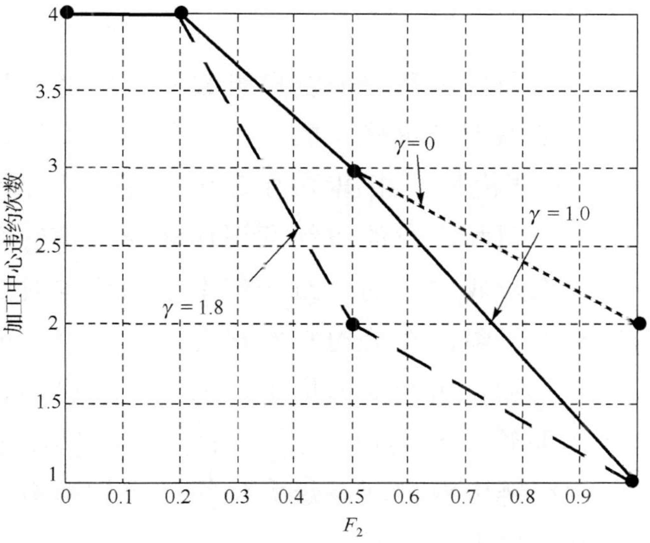

图 4.4　当 $F_2 < P - P_{2L}$ 时，蔬菜加工中心违约的变化趋势

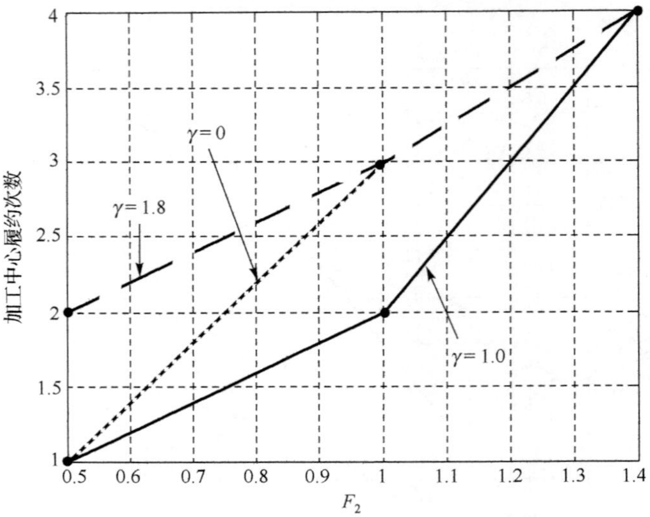

图 4.5　当 $F_2 \geqslant P - P_{2L}$ 时，蔬菜加工中心履约的变化趋势

4.6　本章小结

本章分析了由一个公司和一个农户组成的二级链式生鲜农产品供应链系统，在灰色动态市场价格下的动态合作问题，通过研究“公司+农户”之间的灰博弈模型，指出了当双方的违约风险较小且利益共享合约不完善时，公司和农户的履约意识均淡薄，违约率高。强化违约风险，使公司和农户履约时的收益一定不小于违约时的收益，是公司和农户履约的基本保障。在公司与农户之间建立有效的利益连接，在强化公司的生存力和竞争力的前提下，增强对农民的让利空间，并对公司进行有效的监管，是实现“公司+农户”的供需模式占主导地位的生鲜农产品供应链中双方利益最大化的最优均衡策略和措施。

本章的主要内容和成果如下。

(1) 根据生鲜农产品市场价格动态特性，引入灰色概念，建立了“公司+农户”二级链式生鲜农产品供应链系统的灰色博弈模型，分析了农户和公司各种决策下的灰色收益。

(2)论证了在市场价格高于契约价格时，如果制定的公司给农户的单位数量的奖励补贴较少、对农户违约时所进行的违约处罚金低、农户违约成本较小时，农户通过违约得到的收益大于履约时的收益，农户一定违约。

(3)论证了在市场价格低于契约价格时，如果制定的对公司进行的违约处罚金较低、公司违约成本较小时，公司通过违约得到的收益大于履约时的收益，公司一定违约。

(4)论证了当制定的公司给农户的单位数量的奖励补贴、对公司和农户两者违约时的处罚金使得公司和农户两者的收益大于违约时的收益时，公司和农户合作，生鲜农产品供应链系统整体绩效达到最优。

(5)指出了一个公司和一个农户组成的二级链式生鲜农产品供应链系统中公司和农户在灰色动态市场价格下合作的基本条件。

本章研究了强不确定价格下生鲜农产品供应链系统的动态合作控制问题，对供应链管理的灰色系统方法的研究无论在理论上还是在实践上都是一种全新的尝试。

第 5 章　不确定需求下生鲜农产品供应链中动态合作控制机制

本章针对生鲜农产品的特点和市场需求动态特性，研究灰色不确定需求下以“公司+农户”模式占主导地位的二级链式生鲜农产品供应链系统中的博弈合作问题。利用灰色博弈这一最新研究成果，在建立公司和农户的博弈模型的基础上，探讨在灰色不确定市场需求环境下，影响公司和农户博弈结果的主要因素，设计出使生鲜农产品供应链中双方达到纳什均衡、供应链绩效最大化的最优策略和措施。最后通过实例验证该模型的合理性与有效性。

5.1　引　　言

本章在第 4 章研究的基础上，分析“公司+农户”供需模式占主导地位的生鲜农产品供应链中，在市场需求不确定时，如何解决上游农户和下游公司之间的合作问题。在以往的不确定需求的供应链研究领域中，仅分析了制造业的随机需求情况，而这些研究的模型假设与实际的生鲜农产品市场情况极其不符，生鲜农产品的市场需求和市场价格、产量、品种、季节、自然环境等随机不确定因素有关，很难用现有的某种典型的概率分布进行表示。

由于生鲜农产品时效性强，尤其是近年来农产品市场品种变化快，农产品消费模式已由温饱型向质量型、服务型转变，产品销售困难，整个供应链需求端呈现出高度的不确定性、敏感性和个性化趋势。加上信息的不对称和不完全，公司和农户面临的市场风险或销售风险陡增，不能准确预测市场需求量。由于农产品的市场需求和价格密切相关，从而也就不能准确预测市场价格，而且价格由当期产量决定，而当期产量却由上期价格决定，使得农产品市场需求波动规律很难掌握。公司和农户之间既存在合作的动机，也存在彼此间的利益矛盾，在实际的生鲜农产品供应链中，农产品的分散性生产和季节性供给，极易引发农户和公司的供需矛盾，当供过于求时，农户销售困难，收益降低；供不应求时，公司需求不能满足，其收益同样受到损害。

在现有运作环境下，公司与农户的交易中缺乏一个合理的、有效的利益连接，他们之间很难做到“利益共享、风险共担”，任何一方的利益损失超出其承受范围时，都会发生违约行为，当农产品市场需求波动较大时，公司与农户之间存在严重的双重违约行为，这使得供应链双方以及整个供应链利益下降。博弈论认为：如果一种制度安排不能满足个人理性，就不可能实行下去，而解决个人理性与集体理性之间冲突的办法不是否定个人理性，而是设计一种制度，在满足个人理性的前提下达到集体理性[64]。

本章针对上述生鲜农产品供应链中存在的实际问题，用灰色方法描述市场动态需求，研究供应链成员之间的动态合作博弈问题。5.2 节对系统进行描述；5.3 节建立公司和农户的动态合作灰博弈矩阵模型，分析各种博弈结果；5.4 节详细分析讨论影响动态合作博弈结果的各种因素，设计使公司与农户双方利益达到最优的策略和措施；5.5 节通过实例对动态合作博弈模型进行了验证；最后 5.6 节对本章工作和主要内容进行了总结。

5.2　不确定需求下系统描述

在“公司+农户”模式的二级生鲜农产品供应链系统中，博弈的双方为一个公司和一个农户，公司和农户通过签订契约合同进行供需交易过程的合作，公司在整个供应链中处于龙头核心地位，在契约中约定了合同定价和收购数量。农产品的生产受自然条件影响很大，自然灾害、市场因素、国家宏观政策等未来不确定性的随机波动等因素的影响，导致生鲜农产品的产量不稳定，市场价格和市场需求具有较强的不确定性。本章在第 4 章研究的基础上，重点分析在强不确定的市场需求下公司和农户的博弈问题。设契约签订的收购量和市场需求量相同，考虑市场需求量和农户产量相同、市场需求量大于农户产量和市场需求量小于农户产量的三种情况，同时考虑当市场需求变化时，公司和农户在合同履约过程中的部分违约因素，引入违约率变量。

根据对实际的生鲜农产品市场调查得到：市场需求量高于农户产量或市场需求量低于农户产量时，其仍在一定的范围内变化。只知道大概范围而不知其确切值的数是灰数，则生鲜农产品市场需求量为一区间灰数。公司和农户的收益构成和第 4 章相同：公司的收益为公司的利润减去其成本、公司给农户的奖励补贴以及违约时的处罚金，农户的收益为农户的利润加上公司给农户的奖励补贴减去其成本、农产品自然腐烂的损失以及违约时的处罚金。由于公司根据市场行情、农户履约的质量给农户奖励补贴和不给予奖励补贴以及奖励多少的情况不确定，所以农户和公司在契约收购量时的收益是区间灰数，又因市场需求量为区间灰数，所以农户和公司在市场需求量时的收益也都是区间灰数，公司和农户的博弈支付矩阵是灰矩阵，公司和农户之间的博弈是灰博弈。

5.3　不确定需求下动态合作灰博弈矩阵模型

5.3.1　灰博弈模型的基本假设和符号约定

灰博弈模型的基本假设和第 4 章相同，见 4.3.1 节。本章使用的符号约定如下。

设生鲜农产品市场需求量为区间灰数 $Q_m(\otimes)$：

$$Q_m(\otimes)=\begin{cases}Q_{1m}(\otimes)\in[Q_{1L},Q_{1H}], & \text{市场需求量(签约量)大于农户产量时}\\ Q_{2m}(\otimes)\in[Q_{2L},Q_{2H}], & \text{市场需求量(签约量)小于农户产量时}\end{cases}$$

C_1 为农户投入的成本；

C_2 为公司投入的成本；

F_1 为农户违约时，对农户进行的单位数量的违约处罚金；

F_2 为公司违约时，对公司进行的单位数量的违约处罚金；

G 为公司利润；

P_{qy} 为契约价格；

P_{m1} 为高于契约价格的市场价格；

P_{m2} 为低于契约价格的市场价格；

Q_1 为农户产量；

γ 为公司给农户的单位数量的奖励补贴；

ϕ 为农户违约率，$0\leqslant\phi\leqslant 1$；

ξ 为公司违约率，$0\leqslant\xi\leqslant 1$；

θ 为生鲜农产品的自然腐烂率；

$\pi_{农户1}(\otimes)$ 为市场需求量和农户产量相同时，农户的收益；

$\pi_{农户2}(\otimes)$ 为市场需求量大于农户产量时，农户的收益；

$\pi_{农户3}(\otimes)$ 为市场需求量小于农户产量时，农户的收益；

$\pi_{公司1}(\otimes)$为市场需求量和农户产量相同时，公司的收益；

$\pi_{公司2}(\otimes)$为市场需求量大于农户产量时，公司的收益；

$\pi_{公司3}(\otimes)$为市场需求量小于农户产量时，公司的收益。

5.3.2 灰博弈模型

在灰色博弈中，F_1，γ，F_2为决策变量。

(1) 当市场需求量（签约量）和农户产量相同时，农户和公司的收益分别为

$$\pi_{农户1}(\otimes)\in[P_{qy}Q_1-C_1-\theta P_{qy}Q_1, P_{qy}Q_1-C_1-\theta P_{qy}Q_1+\gamma Q_1]$$

$$\pi_{公司1}(\otimes)\in[G-(\gamma Q_1+P_{qy}Q_1+C_2), G-(P_{qy}Q_1+C_2)]$$

(2) 当市场需求量（签约量）大于农户产量时，农户和公司的收益分别为

$$\begin{aligned}\pi_{农户2}(\otimes)\in[&P_{qy}(1-\varphi)Q_1-C_1-\theta(1-\varphi)P_{qy}Q_1+P_{m1}\varphi Q_1-F_1\varphi Q_1, P_{qy}(1-\varphi)Q_1\\&-C_1-\theta(1-\varphi)P_{qy}Q_1+P_{m1}\varphi Q_1-F_1\varphi Q_1+\gamma(1-\varphi)Q_1]\end{aligned}$$

$$\begin{aligned}\pi_{公司2}(\otimes)\in[&G-\gamma(1-\phi)Q_1-P_{qy}(1-\phi)Q_1-C_2-P_{m1}(Q_{1L}-(1-\phi)Q_1)+\phi F_1Q_1,\\&G-\gamma(1-\phi)Q_1-P_{qy}(1-\phi)Q_1-C_2-P_{m1}(Q_{1H}-(1-\phi)Q_1)+\phi F_1Q_1]\end{aligned}$$

(3) 当市场需求量（签约量）小于农户产量时，农户和公司的收益分别为

$$\begin{aligned}\pi_{农户3}(\otimes)\in[&P_{qy}(1-\xi)Q_{2L}-C_1-\theta(1-\xi)P_{qy}Q_{2L}+\gamma(1-\xi)Q_{2L}\\&+P_{m2}(Q_1-(1-\xi)Q_{2L})+F_2\xi Q_{2L}, P_{qy}(1-\xi)Q_{2H}-C_1\\&-\theta(1-\xi)P_{qy}Q_{2H}+\gamma(1-\xi)Q_{2H}+P_{m2}(Q_1-(1-\xi)Q_{2H})+F_2\xi Q_{2H}]\end{aligned}$$

$$\begin{aligned}\pi_{公司3}(\otimes)\in[&G-\gamma(1-\xi)Q_{2H}-P_{qy}(1-\xi)Q_{2H}-C_2-P_{m2}\xi Q_{2H}-\xi F_2Q_{2H},\\&G-\gamma(1-\xi)Q_{2L}-P_{qy}(1-\xi)Q_{2L}-C_2-P_{m2}\xi Q_{2L}-\xi F_2Q_{2L}]\end{aligned}$$

公司和农户的灰博弈支付矩阵如图 5.1 所示。

		公司：履约	公司：不履约
农户	履约	$\pi_{农户1}(\otimes)$, $\pi_{公司1}(\otimes)$	$\pi_{农户3}(\otimes)$, $\pi_{公司3}(\otimes)$
	不履约	$\pi_{农户2}(\otimes)$, $\pi_{公司2}(\otimes)$	0, 0

图 5.1　公司和农户灰博弈支付矩阵

由图 5.1 可以看出，若二者都违约，收益均为 0，所以公司和农户之间的博弈情况只有三种：①市场需求量(签约量)和农户产量相同，市场价格稳定，二者合作，其收益分别为$\pi_{农户1}(\otimes)$，$\pi_{公司1}(\otimes)$；②市场需求量(签约量)大于农户产量，市场价格上升，农户违约，农户的收益大于履约时的收益，公司的收益减少，其收益分别为$\pi_{农户2}(\otimes)$，$\pi_{公司2}(\otimes)$，并且$\pi_{农户2}(\otimes) > \pi_{农户1}(\otimes)$，$\pi_{公司2}(\otimes) < \pi_{公司1}(\otimes)$；③市场需求量(签约量)小于农户产量，市场价格下降，公司违约，农户的收益减少，其收益分别为$\pi_{农户3}(\otimes)$，$\pi_{公司3}(\otimes)$，$\pi_{公司3}(\otimes) > \pi_{公司1}(\otimes)$，$\pi_{农户3}(\otimes) > \pi_{农户1}(\otimes)$。若要使公司和农户之间的博弈达到二者合作时的纳什均衡，必须采取措施使得二者的收益大于其任何不合作时的收益，即$\pi_{农户1}(\otimes) \geqslant \pi_{农户2}(\otimes)$且$\pi_{农户1}(\otimes) \geqslant \pi_{农户3}(\otimes)$，$\pi_{公司1}(\otimes) \geqslant \pi_{公司2}(\otimes)$且$\pi_{公司1}(\otimes) \geqslant \pi_{公司3}(\otimes)$。

5.4　不确定需求下动态合作灰博弈模型分析

定理 5.1　在市场需求量大于农户产量、市场价格上升时，若制定的农户违约处罚金F_1、公司给农户的奖励津贴γ满足：

$$F_1 + \gamma < P_{m1} - (1-\theta)P_{qy},\quad F_1 + \frac{\gamma}{\phi} > P_{m1} - (1-\theta)P_{qy}$$

则农户违约。

证明：令$\pi_{农户2}(\otimes) \in [a_{21}, b_{21}]$，$\pi_{农户1}(\otimes) \in [a_{11}, b_{11}]$，则

$$\begin{aligned}\pi_{农户2}(\otimes)&\in[a_{21},b_{21}]\\&=[P_{qy}(1-\phi)Q_1-C_1-\theta(1-\phi)P_{qy}Q_1+P_{m1}\phi Q_1-F_1\phi Q_1,\\&\quad P_{qy}(1-\phi)Q_1-C_1-\theta(1-\phi)P_{qy}Q_1+P_{m1}\phi Q_1-F_1\phi Q_1+\gamma(1-\phi)Q_1]\end{aligned}$$

$$\pi_{农户1}(\otimes)\in[a_{11},b_{11}]=[P_{qy}Q_1-C_1-\theta P_{qy}Q_1,P_{qy}Q_1-C_1-\theta P_{qy}Q_1+\gamma Q_1]$$

灰数 $\pi_{农户2}(\otimes)$ 相对于灰数 $\pi_{农户1}(\otimes)$ 的优势度：

$$\mathrm{SPD}=\frac{b_{21}-b_{11}}{b_{21}-\mathrm{a}_{21}}=\frac{P_{m1}-(1-\theta)P_{qy}-(F_1+\gamma)}{\gamma(1-\phi)Q_1}$$

因为 $F_1+\gamma<P_{m1}-(1-\theta)P_{qy}$， $0\leqslant\phi\leqslant1$， $\Rightarrow\mathrm{SPD}>0$，这种情况下灰数 $\pi_{农户2}(\otimes)$ 相对于灰数 $\pi_{农户1}(\otimes)$ 的劣势度 $\mathrm{IPD}=0$，$\Rightarrow\mathrm{SPD}+\mathrm{IPD}>0$，而

$$b_{21}-b_{11}=P_{m1}-(1-\theta)P_{qy}-(F_1+\gamma)>0,\ \Rightarrow b_{21}>b_{11}$$

$$b_{21}-a_{21}=\phi\left\{\left(F_1+\frac{\gamma}{\phi}\right)-[P_{m1}-(1-\theta)P_{qy}]\right\}$$

又因为

$$F_1+\frac{\gamma}{\phi}>P_{m1}-(1-\theta)P_{qy},\Rightarrow b_{21}-a_{21}>0,\Rightarrow b_{21}>a_{21},\Rightarrow\pi_{农户2}(\otimes)>\pi_{农户1}(\otimes)$$

即农户的收益大于合作时的收益且公司的收益小于合作时的收益，农户违约。证毕。

定理 5.2 在市场需求量小于农户产量、市场价格下降时，若制定的公司违约处罚金 F_2、公司给农户的奖励津贴 γ 满足：

$$\frac{P_{qy}Q_1}{\xi Q_{2H}}-\frac{\gamma(1-\xi)}{\xi}-\frac{P_{qy}(1-\xi)}{\xi}-P_{m2}<F_2<\frac{P_{qy}Q_1}{\xi Q_{2L}}-\frac{\gamma(1-\xi)}{\xi}-\frac{P_{qy}(1-\xi)}{\xi}-P_{m2}$$

则公司违约。

证明： 设 $\pi_{公司3}(\otimes)\in[a_{32},b_{32}]$， $\pi_{公司1}(\otimes)\in[a_{12},b_{12}]$， 则

$$\begin{aligned}\pi_{公司3}(\otimes)&\in[a_{32},b_{32}]\\&=[G-\gamma(1-\xi)Q_{2H}-P_{qy}(1-\xi)Q_{2H}-C_2-P_{m2}\xi Q_{2H}-\xi F_2Q_{2H},\\&\quad G-\gamma(1-\xi)Q_{2L}-P_{qy}(1-\xi)Q_{2L}-C_2-P_{m2}\xi Q_{2L}-\xi F_2Q_{2L}]\end{aligned}$$

$$\pi_{公司1}(\otimes)\in[a_{12},b_{12}]=[G-(\gamma Q_1+P_{qy}Q_1+C_2),G-(P_{qy}Q_1+C_2)]$$

灰数 $\pi_{公司3}(\otimes)$ 相对于灰数 $\pi_{公司1}(\otimes)$ 的优势度：

$$\mathrm{SPD}=\frac{b_{32}-b_{12}}{b_{32}-a_{32}}=\frac{\left[\dfrac{P_{qy}Q_1}{\xi Q_{2L}}-\dfrac{\gamma(1-\xi)}{\xi}-\dfrac{P_{qy}(1-\xi)}{\xi}-P_{m2}\right]-F_2}{(\gamma+P_{qy})(1-\xi)(Q_{2H}-Q_{2L})+\xi(Q_{2H}-Q_{2L})(F_2+P_{m2})}$$

因为 $0\leqslant\xi\leqslant1\Rightarrow(\gamma+P_{qy})(1-\xi)(Q_{2H}-Q_{2L})+\xi(Q_{2H}-Q_{2L})(F_2+P_{m2})>0$。

又因为

$$F_2<\frac{P_{qy}Q_1}{\xi Q_{2L}}-\frac{\gamma(1-\xi)}{\xi}-\frac{P_{qy}(1-\xi)}{\xi}-P_{m2}$$

$$\Rightarrow\left[\frac{P_{qy}Q_1}{\xi Q_{2L}}-\frac{\gamma(1-\xi)}{\xi}-\frac{P_{qy}(1-\xi)}{\xi}-P_{m2}\right]-F_2>0，\ \Rightarrow\mathrm{SPD}>0$$

这种情况下灰数 $\pi_{公司3}(\otimes)$ 相对于灰数 $\pi_{公司1}(\otimes)$ 的劣势度 $\mathrm{IPD}=0$，$\Rightarrow\mathrm{SPD}+\mathrm{IPD}>0$。

又因为

$$b_{32}-b_{12}=\left[P_{m2}+\frac{P_{qy}Q_1}{\xi Q_{2H}}-\frac{\gamma(1-\xi)}{\xi}-\frac{P_{qy}(1-\xi)}{\xi}\right]-F_2>0，\ \Rightarrow b_{32}>b_{12}$$

$$b_{12}-a_{32}=F_2-\left[\frac{P_{qy}Q_1}{\xi Q_{2H}}-\frac{\gamma(1-\xi)}{\xi}-\frac{P_{qy}(1-\xi)}{\xi}-P_{m2}\right]$$

而

$$F_2>\frac{P_{qy}Q_1}{\xi Q_{2H}}-\frac{\gamma(1-\xi)}{\xi}-\frac{P_{qy}(1-\xi)}{\xi}-P_{m2}，\ \Rightarrow b_{12}-a_{32}>0，\ \Rightarrow b_{12}>a_{32}$$

$$\Rightarrow\pi_{公司3}(\otimes)>\pi_{公司1}(\otimes)$$

即公司在违约时的收益大于履约时的收益，公司违约。证毕。

定理 5.3　若制定的农户违约处罚金 F_1、公司给农户的奖励津贴 γ、公司违约处罚金 F_2 满足：

$$P_{m1}-(1-\theta)P_{qy}\leqslant F_1+\gamma\leqslant P_{m1}-(1-\theta)P_{qy}+\frac{\gamma}{\phi}$$

$$\frac{P_{qy}Q_1}{\xi Q_{2L}}-\frac{\gamma(1-\xi)}{\xi}-\frac{P_{qy}(1-\xi)}{\xi}-P_{m2}\leqslant F_2\leqslant$$
$$\frac{P_{qy}Q_1}{\xi Q_{2L}}-\frac{\gamma(1-\xi)}{\xi}-\frac{P_{qy}(1-\xi)}{\xi}-P_{m2}+\frac{\gamma Q_1}{\xi Q_{2L}}$$

公司和农户都履约，二者合作。

证明： 因为 $F_1+\gamma\geqslant P_{m1}-(1-\theta)P_{qy}$，

$$\pi_{农户1}(\otimes)\in[a_{11},b_{11}]=[P_{qy}Q_1-C_1-\theta P_{qy}Q_1,P_{qy}Q_1-C_1-\theta P_{qy}Q_1+\gamma Q_1]$$

$$\pi_{农户2}(\otimes)\in[a_{21},b_{21}]=[P_{qy}(1-\phi)Q_1-C_1-\theta(1-\phi)P_{qy}Q_1+P_{m1}\phi Q_1-F_1\phi Q_1,$$
$$P_{qy}(1-\phi)Q_1-C_1-\theta(1-\phi)P_{qy}Q_1+P_{m1}\phi Q_1-F_1\phi Q_1+\gamma(1-\phi)Q_1]$$

灰数 $\pi_{农户1}(\otimes)$ 相对于灰数 $\pi_{农户2}(\otimes)$ 的优势度：

$$\mathrm{SPD}=\frac{b_{11}-b_{21}}{b_{11}-a_{11}}=\frac{\phi}{\gamma}[(F_1+\gamma)-(P_{m1}-(1-\theta)P_{qy})],\quad\Rightarrow\mathrm{SPD}\geqslant 0$$

这种情况下灰数 $\pi_{农户1}(\otimes)$ 相对于灰数 $\pi_{农户2}(\otimes)$ 的劣势度：

$$\mathrm{IPD}=0,\quad\Rightarrow\mathrm{SPD}+\mathrm{IPD}\geqslant 0$$

又因为

$$b_{11}-b_{21}=\phi Q_1[(F_1+\gamma)-(P_{m1}-(1-\theta)P_{qy})]\geqslant 0,\Rightarrow b_{11}\geqslant b_{21}$$

而

$$b_{21}-a_{11}=\gamma Q_1+\phi Q_1[P_{m1}-(1-\theta)P_{qy}-(F_1+\gamma)]$$

因为

$$F_1+\gamma\leqslant P_{m1}-(1-\theta)P_{qy}+\frac{\gamma}{\phi}\Rightarrow b_{21}-a_{11}\geqslant 0\Rightarrow b_{11}\geqslant a_{11}$$

所以 $b_{11}\geqslant b_{21}\geqslant a_{11}$，$\Rightarrow\pi_{农户1}(\otimes)\geqslant\pi_{农户2}(\otimes)$，农户合作时的收益大于或等于其违约时的收益，所以农户履约。

由

$$\pi_{公司1}(\otimes)\in[a_{12},b_{12}]=[G-(\gamma Q_1+P_{qy}Q_1+C_2),G-(P_{qy}Q_1+C_2)]$$

$$\begin{aligned}\pi_{公司3}(\otimes)&\in[a_{32},b_{32}]\\&=[G-\gamma(1-\xi)Q_{2H}-P_{qy}(1-\xi)Q_{2H}-C_2-P_{m2}\xi Q_{2H}-\xi F_2Q_{2H},\\&\quad G-\gamma(1-\xi)Q_{2L}-P_{qy}(1-\xi)Q_{2L}-C_2-P_{m2}\xi Q_{2L}-\xi F_2Q_{2L}]\end{aligned}$$

可得灰数 $\pi_{公司1}(\otimes)$ 相对于灰数 $\pi_{公司3}(\otimes)$ 的优势度：

$$\text{SPD}=\frac{b_{12}-b_{32}}{b_{12}-a_{12}}=\frac{\xi Q_{2L}F_2-[P_{qy}Q_1-\gamma(1-\xi)Q_{2L}-P_{qy}(1-\xi)Q_{2L}-\xi Q_{2L}P_{m2}]}{\gamma Q_1}$$

因为

$$F_2\geqslant\frac{P_{qy}Q_1}{\xi Q_{2L}}-\frac{\gamma(1-\xi)}{\xi}-\frac{P_{qy}(1-\xi)}{\xi}-P_{m2}，\Rightarrow\text{SPD}\geqslant 0$$

这种情况下灰数 $\pi_{公司1}(\otimes)$ 相对于灰数 $\pi_{公司3}(\otimes)$ 的劣势度：

$$\text{IPD}=0，\Rightarrow\text{SPD}+\text{IPD}\geqslant 0$$

又因为

$$\begin{aligned}b_{12}-b_{32}&=\xi Q_{2L}F_2-[P_{qy}Q_1-\gamma(1-\xi)Q_{2L}-P_{qy}(1-\xi)Q_{2L}-\xi Q_{2L}P_{m2}]\\&=\xi Q_{2L}\left\{F_2-\left[\frac{P_{qy}Q_1}{\xi Q_{2L}}-\frac{\gamma(1-\xi)}{\xi}-\frac{P_{qy}(1-\xi)}{\xi}-P_{m2}\right]\right\}\\&\Rightarrow b_{12}-b_{32}\geqslant 0，\Rightarrow b_{12}\geqslant b_{32}\end{aligned}$$

$$b_{32}-a_{12}=\gamma Q_1+\xi Q_{2L}\left[\frac{P_{qy}Q_1}{\xi Q_{2L}}-\frac{\gamma(1-\xi)}{\xi}-\frac{P_{qy}(1-\xi)}{\xi}-P_{m2}-F_2\right]$$

而

$$F_2\leqslant\frac{P_{qy}Q_1}{\xi Q_{2L}}-\frac{\gamma(1-\xi)}{\xi}-\frac{P_{qy}(1-\xi)}{\xi}-P_{m2}+\frac{\gamma Q_1}{\xi Q_{2L}}\Rightarrow b_{32}-a_{12}\geqslant 0，\Rightarrow b_{32}\geqslant a_{12}$$

所以

$$\Rightarrow b_{12} \geqslant b_{32} \geqslant a_{12} \Rightarrow \pi_{\text{公司}1}(\otimes) \geqslant \pi_{\text{公司}3}(\otimes)$$

公司合作时的收益大于或等于其违约时的收益，所以公司履约。

综上所述，如果公司和农户之间制定的对农户违约处罚金 F_1、公司给农户的奖励津贴 γ 满足：$P_{m1}-(1-\theta)P_{qy} \leqslant F_1+\gamma \leqslant P_{m1}-(1-\theta)P_{qy}+\dfrac{\gamma}{\phi}$，当公司违约处罚金 F_2 同时满足：$\dfrac{P_{qy}Q_1}{\xi Q_{2L}}-\dfrac{\gamma(1-\xi)}{\xi}-\dfrac{P_{qy}(1-\xi)}{\xi}-P_{m2} \leqslant F_2 \leqslant \dfrac{P_{qy}Q_1}{\xi Q_{2L}}-\dfrac{\gamma(1-\xi)}{\xi}-\dfrac{P_{qy}(1-\xi)}{\xi}-P_{m2}+\dfrac{\gamma Q_1}{\xi Q_{2L}}$ 时，则公司和农户都履约，二者合作，证毕。

定理 5.4 $(F_1+\gamma)_{\min}=P_{m1}-(1-\theta)P_{qy}$, $(F_2)_{\min}=\dfrac{P_{qy}Q_1}{\xi Q_{2L}}-\dfrac{\gamma(1-\xi)}{\xi}-\dfrac{P_{qy}(1-\xi)}{\xi}-P_{m2}$ 是公司和农户在不确定灰色市场需求下长期合作的基本保障。

证明：由定理 5.3 可知，若

$$F_1+\gamma \geqslant P_{m1}-(1-\theta)P_{qy}，\quad F_2 \geqslant \frac{P_{qy}Q_1}{\xi Q_{2L}}-\frac{\gamma(1-\xi)}{\xi}-\frac{P_{qy}(1-\xi)}{\xi}-P_{m2}$$

公司和农户合作，$\Rightarrow (F_1+\gamma)_{\min}=P_{m1}-(1-\theta)P_{qy}$，证毕。

$$(F_2)_{\min}=\frac{P_{qy}Q_1}{\xi Q_{2L}}-\frac{\gamma(1-\xi)}{\xi}-\frac{P_{qy}(1-\xi)}{\xi}-P_{m2}$$

定理 5.1 和定理 5.2 论证了在市场需求变化时，当双方的违约风险较小，并且签订的利益共享合约不完善时，公司和农户的履约意识均淡薄，违约率高。定理 5.3 论证了加强公司和农户的履约意识，强化违约承担风险，加大对公司违约处罚力度以及在市场需求量大于农户产量引起市场价格高于契约价格的情况下，若公司提高对农户的奖励补贴，加强和完善公司和农户之间签订的利益共享合约，使公司和农户合作时的收益一定不小于他们违约时的收益，公司和农户履约合作，这是公司和农户之间灰博弈的纳什均衡，也是生鲜农产品供应链中双方利益最大化的最优均衡策略和措施。

5.5　实 例 验 证

某水果加工批发中心和农户签订草莓、桃、梨等水果收购合同，签订的数量分 3 次交易完成。已知水果加工批发中心利润 $G=7000$，高于契约价格的市场价格 $P_{m1}=5$，低于契约价格的市场价格 $P_{m2}=1.5$，农户违约率 ψ=0.3，中心违约率 $\xi=0.7$，签订的契约价格 $P_{qy}=2.0$，双方投入的成本 $C_1=100$，$C_2=500$，农户产量 $Q_1=700$，水果的自然腐烂率 $\theta=0.05$，市场需求量 $Q_{1m}\in\{[1000,1500],[800,950]\}$，$Q_{2m}\in\{[500,650],[300,350]\}$，公司给农户的单位数量的奖励补贴 $\gamma=(1.8,1.0,0)$，$F_1=(1.8,1.4)$，$F_2=(6,3,1)$，分析农户和公司合作情况。

农户和水果加工批发中心各种情况下的收益值如表 5.1～表 5.4 所示。农户和中心在履约、违约情况下的收益变化趋势如图 5.2～图 5.5 所示。

由表 5.1 和图 5.2 可知：当 $F_1+\gamma<P_{m1}-(1-\theta)P_{qy}$，且 $F_1+\dfrac{\gamma}{\phi}>P_{m1}-(1-\theta)P_{qy}$ 时，农户违约时的收益大于合作时的收益，随着公司给农户的单位数量的奖励补贴 γ 的增大，农户违约呈下降趋势；当 F_1 和 γ 同时增大时，农户违约下降趋势加快。

由表 5.1 和图 5.3 可知：$F_1+\gamma>P_{m1}-(1-\theta)P_{qy}$，农户履约时的收益大于不合作时的收益，随着 γ 增大，农户履约上升；当 F_1 和 γ 同时增大时，农户履约上升趋势加快。

由表 5.2～表 5.4 和图 5.4 可知：当 $F_2<\dfrac{P_{qy}Q_1}{\xi Q_{2L}}-\dfrac{\gamma(1-\xi)}{\xi}-\dfrac{P_{qy}(1-\xi)}{\xi}-P_{m2}$ 时，水果加工批发中心违约时的收益大于合作时的收益，中心违

约，随着公司违约处罚金 F_2 的增大，中心违约趋势下降，并且随着 γ 和市场需求量 Q_m 的减小，水果加工批发中心违约趋势下降加快。

由表 5.2～表 5.4 和图 5.5 可知：当 $F_2 > \dfrac{P_{qy}Q_1}{\xi Q_{2L}} - \dfrac{\gamma(1-\xi)}{\xi} - \dfrac{P_{qy}(1-\xi)}{\xi} - P_{m2}$ 时，水果加工批发中心合作时的收益大于违约时的收益，水果加工批发中心履约，随着公司违约处罚金 F_2 的增大，水果加工批发中心履约趋势上升，并且随着公司给农户的单位数量的奖励补贴 γ 和市场需求量 Q_m 的减小，上升趋势加快。

由表 5.1～表 5.4 计算结果和图 5.4、图 5.5 可知：当 $F_1 + \gamma > P_{m1} - (1-\theta)P_{qy}$，并且 $F_2 > \dfrac{P_{qy}Q_1}{\xi Q_{2L}} - \dfrac{\gamma(1-\xi)}{\xi} - \dfrac{P_{qy}(1-\xi)}{\xi} - P_{m2}$ 时，农户和水果加工批发中心合作，随着 F_1、γ、F_2 的同时增大，二者合作成上升趋势。

表 5.1　不同 $F_1+\gamma$ 值下，$\pi_{农户1}(\otimes)$、$\pi_{农户2}(\otimes)$ 的值

F_1	γ	$F_1+\gamma$	$P_{m1}-(1-\theta)P_{qy}$	$\pi_{中心1}(\otimes)$	$\pi_{中心2}(\otimes)$	农户履约收益大于违约收益比	农户违约收益大于履约收益比
1.4	1.8	3.2	3.1（农户履约）	[1230,2490]	[1587,2469]	0.02	0
	1.0	2.4	3.1（农户违约）	[1230,1930]	[1587,2273]	0	0.5
	0	1.4	3.1（农户违约）	[1230,1230]	[1587,1587]	0	1.2
2.5	1.8	4.3	3.1（农户履约）	[1230,2490]	[1356,2238]	0.2	0
	1.0	3.5	3.1（农户履约）	[1230,1930]	[1356,1846]	0.07	0
	0	2.5	3.1（农户违约）	[1230,1230]	[1356,1356]	0	1

表 5.2　$\gamma = 1.8$ 时，$\pi_{中心1}(\otimes)$、$\pi_{中心3}(\otimes)$ 的值

Q_{2m}	F_2	$\dfrac{P_{qy}Q_1}{\xi Q_{2L}} - \dfrac{\gamma(1-\xi)}{\xi} - \dfrac{P_{qy}(1-\xi)}{\xi} - P_{m2}$	$\pi_{中心1}(\otimes)$	$\pi_{中心3}(\otimes)$	中心履约收益大于违约收益比	中心违约收益大于履约收益比
[500,650]	6	0.87（公司履约）	[3840,5100]	[2346.5,3575]	1.21	0
[500,650]	3	0.87（公司履约）	[3840,5100]	[3711.5,4940]	0.13	0
[500,650]	1	0.87（公司履约）	[3840,5100]	[4621.5,5055]	0.04	0
[300,350]	6	3.54（公司履约）	[3840,5100]	[4263.5,5083]	0.01	0
[300,350]	3	3.54（公司违约）	[3840,5100]	[4998.5,5213]	0	0.53
[300,350]	1	3.54（公司违约）	[3840,5100]	[5488.5,5633]	0	3.69

表 5.3　$\gamma=1.0$ 时，$\pi_{中心1}(\otimes)$、$\pi_{中心3}(\otimes)$ 的值

Q_{2m}	F_2	$\frac{P_{qy}Q_1}{\xi Q_{2L}}-\frac{\gamma(1-\xi)}{\xi}-\frac{P_{qy}(1-\xi)}{\xi}-P_{m2}$	$\pi_{中心1}(\otimes)$	$\pi_{中心3}(\otimes)$	中心履约收益大于违约收益比	中心违约收益大于履约收益比
[500,650]	6	1.21（公司履约）	[4400,5100]	[2502.5,3425]	2.39	0
[500,650]	3	1.21（公司履约）	[4400,5100]	[3867.5,4475]	0.89	0
[500,650]	1	1.21（公司违约）	[4400,5100]	[4777.5,5175]	0	0.19
[300,350]	6	3.88（公司履约）	[4400,5100]	[4347.5,4655]	0.64	0
[300,350]	3	3.88（公司违约）	[4400,5100]	[5082.5,5285]	0	0.91
[300,350]	1	3.88（公司违约）	[4400,5100]	[5572.5,5705]	0	4.57

表 5.4　$\gamma=0$ 时，$\pi_{中心1}(\otimes)$、$\pi_{中心3}(\otimes)$ 的值

Q_{2m}	F_2	$\frac{P_{qy}Q_1}{\xi Q_{2L}}-\frac{\gamma(1-\xi)}{\xi}-\frac{P_{qy}(1-\xi)}{\xi}-F_{m2}$	$\pi_{中心1}(\otimes)$	$\pi_{中心3}(\otimes)$	中心履约收益大于违约收益比	中心违约收益大于履约收益比
[500,650]	6	1.64（公司履约）	[5100,5100]	[2697.5,3575]	4	0
[500,650]	3	1.64（公司履约）	[5100,5100]	[4062.5,4625]	3	0
[500,650]	1	1.64（公司违约）	[5100,5100]	[4972.5,5325]	0	0.64
[300,350]	6	4.31（公司履约）	[5100,5100]	[4452.5,4745]	1	0
[300,350]	3	4.31（公司违约）	[5100,5100]	[5187.5,5375]	0	1.46
[300,350]	1	4.31（公司违约）	[5100,5100]	[5677.5,5795]	0	5.91

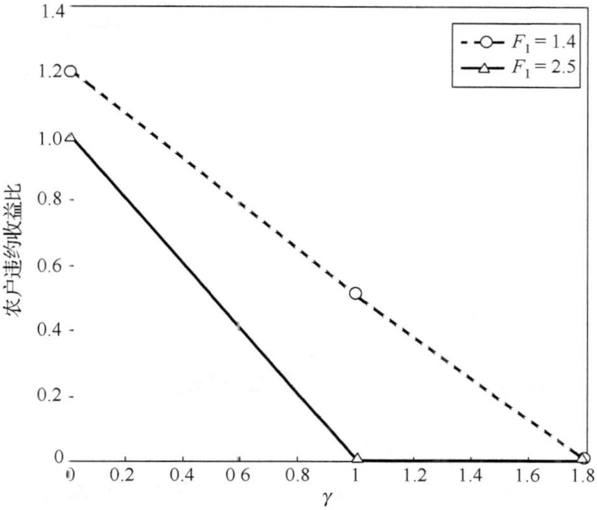

图 5.2　随着 γ 的变化农户违约变化趋势

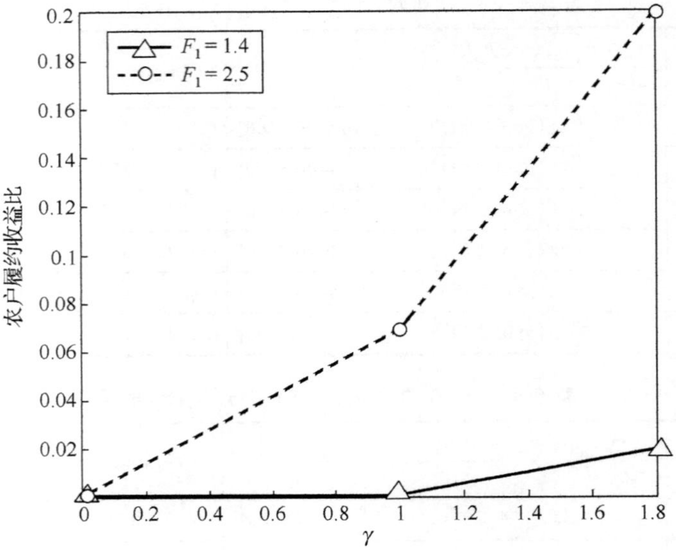

图 5.3　随着 γ 的变化农户履约变化趋势

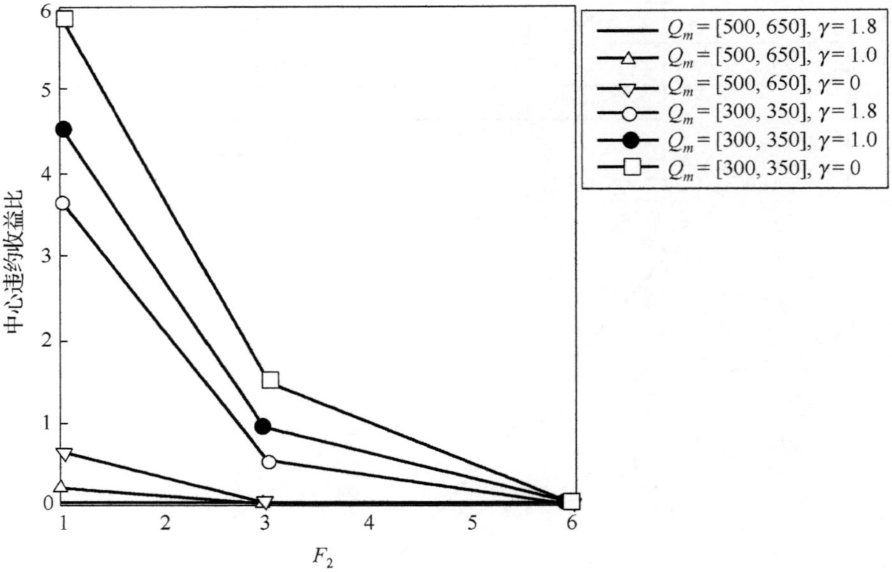

图 5.4　随着 F_2 的变化中心违约收益变化趋势

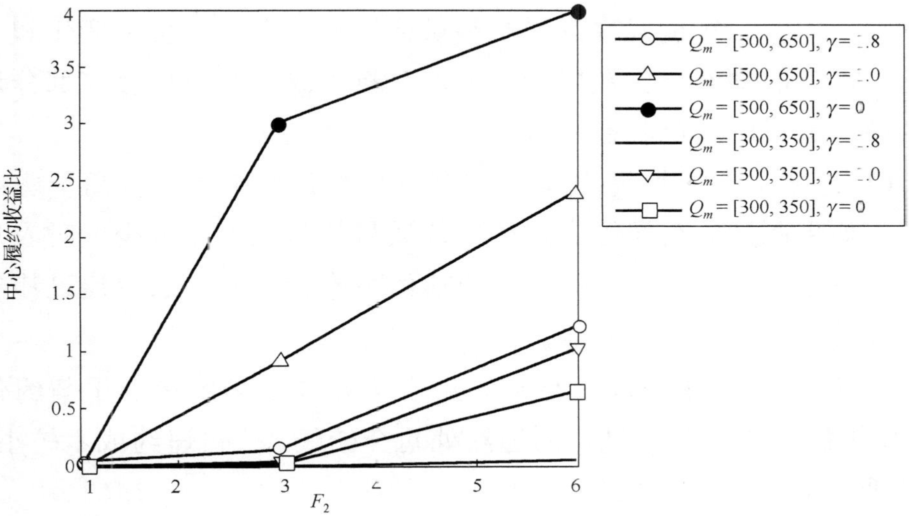

图 5.5　随着 F_2 的变化中心履约收益变化趋势

5.6　本 章 小 结

本章分析了由一个公司和一个农户组成的二级链式生鲜农产品供应链系统，在灰色不确定市场需求下的动态合作博弈问题，通过研究“公司+农户”在动态市场价格和灰色不确定市场需求下的动态合作灰色博弈，论证了公司给农户的奖励补贴、对农户违约时所进行的违约处罚金、对公司进行的违约处罚金这三个决策变量对博弈结果的影响。定量的论证了在公司与农户之间建立有效的利益连接，在强化公司的生存力和竞争力的前提下，增强对农民的让利空间，并对公司进行有效的监管，建立有效的动态合作关系，是实现“公司+农户”供需模式占主导地位的生鲜农产品供应链中双方利益最大化的最优均衡策略和措施。

本章的主要内容和成果如下。

(1) 根据生鲜农产品具有的灰色特性的不确定市场需求，建立了

“公司+农户”二级链式生鲜农产品供应链系统在市场价格变化和灰色市场需求下的动态合作灰博弈模型，分析了农户和公司存在部分违约的各种决策下的灰色收益。

(2) 论证了在市场需求量大于农户产量并且市场价格高于契约价格时，如果制定的公司给农户的单位数量的奖励补贴较少、对农户违约时所进行的违约处罚金低、农户违约成本较小时，农户通过违约得到的收益大于履约时的收益，农户一定违约。

(3) 论证了市场需求量小于农户产量并且市场价格低于契约价格时，如果制定的对公司进行的违约处罚金较低、公司违约成本较小时，公司通过违约得到的收益大于履约时的收益，公司一定违约。

(4) 论证了当制定的公司给农户的单位数量的奖励补贴、对公司和农户两者违约时的处罚金使得公司和农户两者的收益大于违约时的收益时，公司和农户合作，生鲜农产品供应链系统整体绩效达到最优。

(5) 指出了一个公司和一个农户组成的二级链式生鲜农产品供应链系统中公司和农户在灰色不确定市场需求下合作的基本条件。

本章在第 4 章研究的基础上，进一步分析了在市场价格变化和灰色不确定市场需求下的博弈问题，研究结果对二级链式生鲜农产品供应链的管理无论在理论上还是在实践上都有一定的借鉴作用。

第6章　生鲜农产品供应链一次签约多次交易下动态合作控制机制

本章针对生鲜农产品的特点和市场需求动态特性，把博弈论和灰色系统理论知识应用到供应链系统中，建立公司和农户之间的动态合作灰博弈矩阵，通过进一步分析未来不确定性和随机波动等因素对博弈策略选择的影响，研究以“公司+农户”模式占主导地位的二级链式生鲜农产品供应链系统一次签约多次交易下的动态合作灰博弈的灰色动态规划问题，设计灰色不确定需求下，公司和农户一次签约多次交易过程中，使生鲜农产品供应链整体绩效达到最优的策略组合和最优转移路径，并通过算例进一步论述最优策略组合和最优转移路径的算法。

6.1　引　　言

本章在第 4 章和第 5 章研究的基础上，进一步分析在以“公司+农户”模式占主导地位的生鲜农产品供应链系统中，公司和农户一次签约多次交易过程的博弈问题，探讨其最优的策略组合和最优转移路径。在公司与农户的合作过程中，追求个人理性，选择自身效用最大化的行为与集体理性往往是冲突的，导致合作难以实现，使得公司与农户的长期合作难以建立。利益共享是其发展的核心和基础，如何借助于利益驱动让公司和农户纳入到一体化体系中使公司和农户成为利益共同体，建立良好的合作关系，是提高生鲜农产品供应链绩效的关键。

生鲜农产品的生长周期较长，同时受自然灾害、环境等因素影响较大，且受市场因素、国家宏观政策等因素的影响，使得生鲜农产品的市场需求具有极强的不确定性，无法事先对其做出十分精确的判断，致使对农户和公司的利润以及公司和农户之间合约的履约结果都无法事先做出十分精确的判断。根据上述供应链中存在的实际问题，综合考虑生鲜农产品的生长特性和市场需求的动态特性，利用博弈论知识，同时将灰色系统理论和优化方法理论相结合，应用于供应链管理中，研究公司和农户之间在完成一次签约量需要多次交易过程的最优策略组合和应采取的措施。把市场需求等不确定性因素看作灰数，建立公司和农户之间的动态合作灰矩阵博弈模型，考虑到未来不确定性、随机波动等因素的影响，使得公司和农户在实际的博弈策略选择中存在不确定性，把公司和农户之间的合作过程按交易次数划分为若干个彼此关联的阶段，将公司和农户之间由动态合作灰博弈问题进一步转化为灰色动态规划问题。在每次的灰博弈过程中根据实际市场需求以及公司和农户履约的情况选择一个合理的方案，进一步建立整个交易过程的灰色动态规划模型，运用灰色动态规划的思想和方法，计算出灰博弈的灰色动态规划问题最优解，进而得到生鲜农产品供应链中公司和农户在多次交易合作过程中双方利益最大化的策略和措施，设计出在灰色动态市场需求下多次交易合作过程中，生鲜农产品供应链整体绩效达到最优的策略组合和最优的转移路径。

6.2 节对生鲜农产品供应链一次签约多次交易系统进行描述；6.3 节建立公司和农户一次交易的动态合作灰博弈矩阵模型，分析各种动态合作博弈结果；6.4 节建立灰色市场需求下，一次签约多次交易的灰博弈问题的灰色动态规划模型；6.5 节给出灰色动态规划模型最优解的算法；6.6 节通过实例进一步详细论述灰色动态规划模型最优解的求解步骤和计算方法；6.7 节对本章工作进行了总结。

6.2　一次签约多次交易的系统描述

通过对河南省郑州市几个大型蔬菜种植基地和陈寨等蔬菜、水果批发市场 15 个月的跟踪调查统计分析发现：生鲜农产品在生长周期内产量分为逐步增长、稳定和减少 3 个阶段，如图 6.1 所示。生鲜农产品的市场供应随其生长周期的变化而变化，并且存在一个典型的生长供应周期：供应增长期、供应稳定期和供应减少期 3 个阶段，如图 6.2 所示。

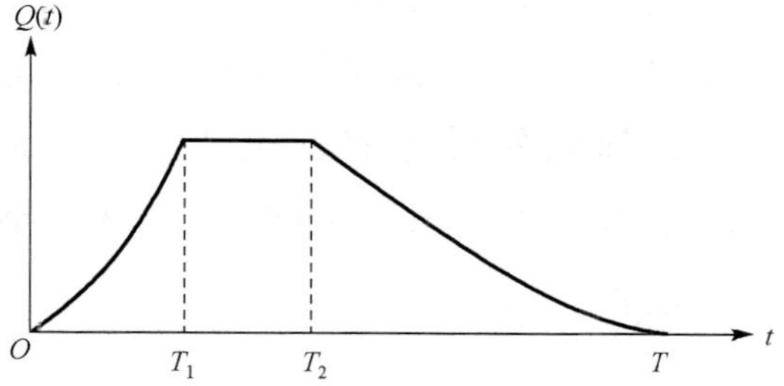

图 6.1　农产品产量随时间变化关系

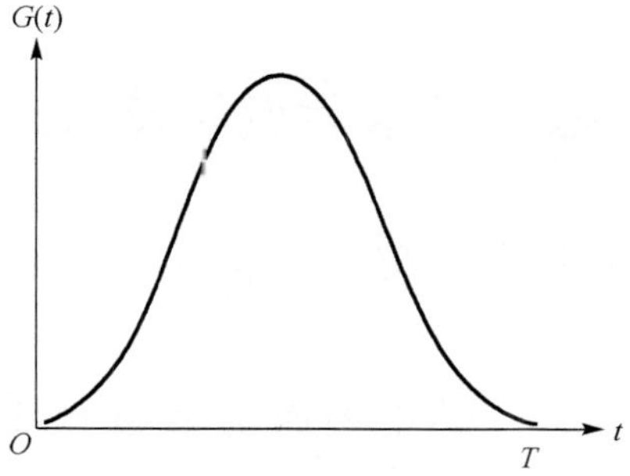

图 6.2　农产品市场供应随时间变化关系

由于上述生鲜农产品的生长特性，生鲜农产品在产量逐步增长和减少阶段不能满足市场动态需求量，而在生鲜农产品大面积成熟时，产量达到稳定阶段并且常常大于市场需求量。这使得在实际的“公司+农户”模式占主导地位的二级链式生鲜农产品供应链中，公司和农户签订的供销合同通过一次交易很难完成，常常存在一次签约需多次进行交易的情况。在单次交易时由于受自然灾害、市场因素、国家政策等未来不确定性的随机波动等因素的影响，生鲜农产品市场需求具有较强不确定性，市场需求量在大于农户供应量或小于农户供应量时，其仍在一定的范围内变化，公司和农户每一次的交易都是一次灰博弈过程。

根据生鲜农产品的市场供应变化情况，假定交易次数为 3 次，公司和农户之间的合作过程分为 3 个彼此关联的阶段，则公司和农户之间由动态合作灰博弈问题进一步延伸为灰色动态规划问题。通过求出灰博弈的灰色动态规划问题的最优解，设计出灰色动态市场需求下多次交易合作过程中，生鲜农产品供应链整体绩效达到最优的控制策略组合和最优的转移路径。

6.3 生鲜农产品供应链单次交易的动态合作模型建立

6.3.1 动态合作模型的基本假设和符号约定

灰博弈模型的基本假设和第 4 章相同，见 4.3.1 节。本章使用的符号约定如下。

设单次交易时生鲜农产品市场需求量为一区间灰数 $Q_{mn}(\otimes)$，其变化趋势为

$$Q_{mn}(\otimes)=\begin{cases}Q_{1mn}(\otimes)\in[Q_{1L},Q_{1H}], & \text{市场需求量大于农户供应量}\\ Q_{2mn}(\otimes)\in[Q_{2L},Q_{2H}], & \text{市场需求量小于农户供应量}\end{cases}$$

C_1 为农户投入的成本；

C_2 为公司投入的成本；

F_1 为农户违约时，对农户进行的单位数量的违约处罚金；

F_2 为公司违约时，对公司进行的单位数量的违约处罚金；

G 为公司利润；

P_{qy} 为契约价格；

P_{m1} 为高于契约价格的市场价格；

P_{m2} 为低于契约价格的市场价格；

Q_s 为农户供应量；

γ 为公司给农户的单位数量的奖励补贴；

ϕ 为农户违约率，$0 \leqslant \phi \leqslant 1$；

ξ 为公司违约率，$0 \leqslant \xi \leqslant 1$；

θ 为生鲜农产品的自然腐烂率；

$\pi_{农户s1}(\otimes)$ 为市场需求量和农户供应量相同时，农户的收益；

$\pi_{农户s2}(\otimes)$ 为市场需求量大于农户供应量时，农户的收益；

$\pi_{农户s3}(\otimes)$ 为市场需求量小于农户供应量时，农户的收益；

$\pi_{公司s1}(\otimes)$ 为市场需求量和农户供应量相同时，公司的收益；

$\pi_{公司s2}(\otimes)$ 为市场需求量大于农户供应量时，公司的收益；

$\pi_{公司s3}(\otimes)$ 为市场需求量小于农户供应量时，公司的收益；

S 为灰色动态规划的状态集；

s_i 为状态，其中，$i=1$，2，3；

U 为灰博弈策略集；

u_j 为灰博弈策略，其中，$j=1, 2, 3, 4$；

a_{gh} 为状态转移矩阵变量，其中，$g=1, 2, 3$，$h=1, 2, 3, 4$；

T 为状态转移函数；

$\boldsymbol{S}(u)$ 为状态转移矩阵。

6.3.2　动态合作模型

(1) 当市场需求量和农户供应量相同时，农户和公司的收益分别为

$$\pi_{\text{农户}s1}(\otimes)\in[P_{qy}Q_s-C_1-\theta P_{qy}Q_s,P_{qy}Q_s-C_1-\theta P_{qy}Q_s+\gamma Q_s]$$

$$\pi_{\text{公司}s1}(\otimes)\in[G-(\gamma Q_s+P_{qy}Q_s+C_2),G-(P_{qy}Q_s+C_2)]$$

(2) 当市场需求量大于农户供应量时，农户和公司的收益分别为

$$\begin{aligned}\pi_{\text{农户}s2}(\otimes)\in[&P_{qy}(1-\phi)Q_s-C_1-\theta(1-\phi)P_{qy}Q_s+P_{m1}\phi Q_s-F_1\phi Q_s,\\&P_{qy}(1-\phi)Q_s-C_1-\theta(1-\phi)P_{qy}Q_s+P_{m1}\phi Q_s-F_1\phi Q_s+\gamma(1-\phi)Q_s]\end{aligned}$$

$$\begin{aligned}\pi_{\text{公司}s2}(\otimes)\in[&G-\gamma(1-\phi)Q_s-P_{qy}(1-\phi)Q_s-C_2-P_{m1}(Q_{1L}-(1-\phi)Q_s)+\phi F_1Q_s,\\&G-\gamma(1-\phi)Q_s-P_{qy}(1-\phi)Q_s-C_2-P_{m1}(Q_{1H}-(1-\phi)Q_s)+\phi F_1Q_s]\end{aligned}$$

(3) 当市场需求量小于农户供应量时，农户和公司的收益分别为

$$\begin{aligned}\pi_{\text{农户}s3}(\otimes)\in[&P_{qy}(1-\xi)Q_{2L}-C_1-\theta(1-\xi)P_{qy}Q_{2L}+\gamma(1-\xi)Q_{2L}\\&+P_{m2}(Q_s-(1-\xi)Q_{2L})+F_2\xi Q_{2L},P_{qy}(1-\xi)Q_{2H}\\&-C_1-\theta(1-\xi)P_{qy}Q_{2H}+\gamma(1-\xi)Q_{2H}\\&+P_{m2}(Q_s-(1-\xi)Q_{2H})+F_2\xi Q_{2H}]\end{aligned}$$

$$\begin{aligned}\pi_{\text{公司}s3}(\otimes)\in[&G-\gamma(1-\xi)Q_{2H}-P_{qy}(1-\xi)Q_{2H}-C_2-P_{m2}\xi Q_{2H}-F_2\xi Q_{2H},\\&G-\gamma(1-\xi)Q_{2L}-P_{qy}(1-\xi)Q_{2L}-C_2-P_{m2}\xi Q_{2L}-\xi F_2Q_{2L}]\end{aligned}$$

单次交易时公司和农户的灰博弈支付矩阵如图 6.3 所示。

		公司	
		履约	不履约
农户	履约	$\pi_{\text{农户}1}(\otimes)$, $\pi_{\text{公司}1}(\otimes)$	$\pi_{\text{农户}3}(\otimes)$, $\pi_{\text{公司}3}(\otimes)$
	不履约	$\pi_{\text{农户}2}(\otimes)$, $\pi_{\text{公司}2}(\otimes)$	0, 0

图 6.3　公司和农户单次交易的灰博弈支付矩阵

由图 6.3 灰博弈支付矩阵可以看出，若二者都违约，收益均为 0，

所以公司和农户之间的博弈情况只有三种：①市场需求量和农户供应量相同，市场价格等于契约价格，二者合作，其收益分别为 $\pi_{农户s1}(\otimes)$，$\pi_{公司s1}(\otimes)$；②市场需求量大于农户供应量时，市场价格高于契约价格，农户违约，农户的收益大于履约时的收益，公司的收益减少，其收益分别为 $\pi_{农户s2}(\otimes)$，$\pi_{公司s2}(\otimes)$，$\pi_{农户s2}(\otimes) > \pi_{农户s1}(\otimes)$；③市场需求量小于农户供应量时，市场价格低于契约价格，公司违约，农户的收益减少，其收益分别为 $\pi_{农户s3}(\otimes)$，$\pi_{公司s3}(\otimes)$，$\pi_{公司s3}(\otimes) > \pi_{公司s1}(\otimes)$。

二者的合作是公司和农户之间的博弈达到纳什均衡，所以必须采取措施使得二者合作的收益大于或等于其任何不合作时的收益，即 $\pi_{农户s1}(\otimes) \geqslant \pi_{农户s2}(\otimes)$ 且 $\pi_{农户s1}(\otimes) \geqslant \pi_{农户s3}(\otimes)$，$\pi_{公司s1}(\otimes) \geqslant \pi_{公司s2}(\otimes)$ 且 $\pi_{公司s1}(\otimes) \geqslant \pi_{公司s3}(\otimes)$。

6.4　动态合作的灰色动态规划模型

根据生鲜农产品的生产供应特性和生鲜特点，公司和农户之间一次签约量要多次交易才完成。设交易次数和生鲜农产品产量以及供应量的变化阶段一致，公司和农户之间完成一次签约量需要 3 次交易，把公司和农户之间在完成一次签约量进行 3 次交易的整个过程分为 3 个彼此关联的阶段：第一阶段为在签约开始阶段，假设市场需求量和农户产量相同；第二阶段为市场需求量大于农户产量阶段；第三阶段为市场需求量小于农户产量阶段。

6.4.1　灰色动态规划的灰博弈策略集

由于国家宏观政策、自然灾害等未来不确定性的随机波动等因素的影响，使得公司和农户在各个阶段对博弈策略的选择也存在不确定性，下面分析公司和农户之间一次签约量 3 次交易完成过程的灰色动态规划问题。

根据动态市场需求的变化，灰博弈策略有四种。

设灰博弈策略集$U=\{u_1,u_2,u_3,u_4\}$：

$u_1=\{$农户供应量和市场需求量相等时，F_1，γ，F_2的取值满足公司和农户的收益不小于其违约时的收益$\}$；

$u_2=\{$市场需求量大于农户供应量时，F_1，γ，F_2的取值满足农户的收益大于合作时的收益且公司的收益小于合作时的收益$\}$；

$u_3=\{$市场需求量小于农户供应量时，F_1，γ，F_2的取值满足公司的收益大于合作时的收益且农户的收益小于合作时的收益$\}$；

$u_4=\{$使得公司和农户的合作最后达到纳什均衡，调整F_1，γ，F_2的值，使各自的收益大于其他任何不合作时的收益$\}$。

在博弈策略中，F_1，γ，F_2为决策变量。

(1) 由灰策略u_1的定义可得：$\pi_{农户s1}(\otimes)\geqslant\pi_{农户s2}(\otimes)$、$\pi_{公司s1}(\otimes)\geqslant\pi_{公司s3}(\otimes)$，设

$$\pi_{农户s1}(\otimes)\in[a_1,b_1]=[P_{qy}Q_s-C_1-\theta P_{qy}Q_s,P_{qy}Q_s-C_1-\theta P_{qy}Q_s+\gamma Q_s]$$

$$\begin{aligned}\pi_{农户s2}(\otimes)&\in[c_1,d_1]\\&=[P_{qy}(1-\phi)Q_s-C_1-\theta(1-\phi)P_{qy}Q_s+P_{m1}\phi Q_s-F_1\phi Q_s,P_{qy}(1-\phi)Q_s\\&\quad-C_1-\theta(1-\phi)P_{qy}Q_s+P_{m1}\phi Q_s-F_1\phi Q_s+\gamma(1-\phi)Q_s]\end{aligned}$$

灰数$\pi_{农户s1}(\otimes)$相对于灰数$\pi_{农户s2}(\otimes)$的优势度SPD$\geqslant0$并且$b_1\geqslant d_1\geqslant a_1$：

$$\text{SPD}=\frac{b_1-d_1}{b_1-a_1}=\frac{(F_1+\gamma)-[P_{m1}-(1-\theta)P_{qy}]}{\gamma Q_s}\geqslant0$$

$$\Rightarrow F_1+\gamma\geqslant P_{m1}-(1-\theta)P_{qy}$$

由$b_1\geqslant d_1\geqslant a_1$，$\Rightarrow F_1-\gamma\left(\dfrac{1}{\phi}-1\right)\leqslant P_{m1}-(1-\theta)P_{qy}$，设

$$\pi_{公司s1}(\otimes)\in[a_2,b_2]=[G-(\gamma Q_s+P_{qy}Q_s+C_2),G-(P_{qy}Q_s+C_2)]$$

$$\pi_{公司s3}(\otimes)\in[c_2,d_2]$$
$$=[G-\gamma(1-\xi)Q_{2H}-P_{qy}(1-\xi)Q_{2H}-C_2-P_{m2}\xi Q_{2H}-F_2\xi Q_{2H},$$
$$G-\gamma(1-\xi)Q_{2L}-P_{qy}(1-\xi)Q_{2L}-C_2-P_{m2}\xi Q_{2L}-F_2\xi Q_{2L}]$$

灰数 $\pi_{公司s1}(\otimes)$ 相对于灰数 $\pi_{公司s3}(\otimes)$ 的优势度 SPD ⩾ 0 并且 $b_2 \geqslant d_2 \geqslant a_2$：

$$\mathrm{SPD}=\frac{b_2-d_2}{b_2-a_2}$$
$$=\frac{1}{\gamma Q_s}\{F_2\xi Q_{2L}-[P_{qy}Q_S-\gamma(1-\xi)Q_{2L}-P_{qy}(1-\xi)Q_{2L}-P_{m2}\xi Q_{2L}]\}\geqslant 0$$

$$\Rightarrow F_2\geqslant\frac{P_{qy}Q_s}{\xi Q_{2L}}-\frac{\gamma(1-\xi)}{\xi}-\frac{P_{qy}(1-\xi)}{\xi}-P_{m2}$$

所以，策略 u_1 为

$$u_1=\left\{F_1+\gamma\geqslant P_{m1}-(1-\theta)P_{qy},\ F_1-\gamma\left(\frac{1}{\phi}-1\right)\leqslant P_{m1}-(1-\theta)P_{qy},\right.$$
$$\left.F_2\geqslant\frac{P_{qy}Q_s}{\xi Q_{2L}}-\frac{\gamma(1-\xi)}{\xi}-\frac{P_{qy}(1-\xi)}{\xi}-P_{m2}\right\}$$

(2) 由灰策略 u_2 的定义可得：$\pi_{农户s2}(\otimes)>\pi_{农户s1}(\otimes)$，$\pi_{公司s1}(\otimes)>\pi_{公司s2}(\otimes)$。灰数 $\pi_{农户s2}(\otimes)$ 相对于灰数 $\pi_{农户s1}(\otimes)$ 的优势度 SPD > 0：

$$\mathrm{SPD}=\frac{d_1-b_1}{d_1-c_1}=\frac{\{[P_{m1}-(1-\theta)P_{qy}]-(F_1+\gamma)\}\phi}{\gamma(1-\phi)}>0\Rightarrow F_1+\gamma<P_{m1}-(1-\theta)P_{qy}$$

由 $d_1>b_1>c_1$ 可得：

$$b_1-c_1=\left\{\left(F_1+\frac{\gamma}{\phi}\right)-[P_{m1}-(1-\theta)P_{qy}]\right\}\phi Q_s>0,\ \Rightarrow F_1+\frac{\gamma}{\phi}>P_{m1}-(1-\theta)P_{qy}\right\}$$

设

$$\pi_{公司s2}(\otimes) \in [a_3, b_3]$$
$$= [G - \gamma(1-\phi)Q_s - P_{qy}(1-\phi)Q_s - C_2 - P_{m1}(Q_{1L} - (1-\phi)Q_s) + \phi F_1 Q_s,$$
$$G - \gamma(1-\phi)Q_s - P_{qy}(1-\phi)Q_s - C_2 - P_{m1}(Q_{1H} - (1-\phi)Q_s) + \phi F_1 Q_s]$$

$$\pi_{公司s1}(\otimes) \in [a_2, b_2] = [G - (\gamma Q_s + P_{qy}Q_s + C_2), G - (P_{qy}Q_s + C_2)]$$

灰数 $\pi_{公司s2}(\otimes)$ 相对于灰数 $\pi_{公司s1}(\otimes)$ 的优势度SPD $\geqslant 0$：

$$\text{SPD} = \frac{b_3 - b_2}{b_3 - a_3} = \frac{F_1\phi Q_s - \gamma(1-\phi)Q_s + \phi P_{qy}Q_s - P_{m1}(Q_{1H} - (1-\phi)Q_s)}{P_{m1}(Q_{1L} - Q_{1H})} > 0$$

$$\Rightarrow F_1 - \gamma\frac{(1-\phi)}{\phi} < P_{m1}\frac{Q_{1H} - (1-\phi)Q_s}{\phi Q_s} - P_{qy}$$

由 $b_3 > b_2 > a_3$ 可得：

$$b_2 - a_3 = \gamma(1-\phi)Q_s - F_1\phi Q_s - \phi P_{qy}Q_s + P_{m1}(Q_{1L} - (1-\phi)Q_s) > 0$$

$$\Rightarrow F_1 - \gamma\frac{(1-\phi)}{\phi} < P_{m1}\frac{Q_{1L} - (1-\phi)Q_s}{\phi Q_s} - P_{qy}$$

所以，策略 u_2 为

$$u_2 = \left\{F_1 + \gamma < P_{m1} - (1-\theta)P_{qy}, F_1 + \frac{\gamma}{\phi} > P_{m1} - (1-\theta)P_{qy},\right.$$
$$\left. F_1 - \gamma\frac{(1-\phi)}{\phi} < P_{m1}\frac{Q_{1L} - (1-\phi)Q_s}{\phi Q_s} - P_{qy}\right\}$$

（3）由灰策略 u_3 的定义可得：$\pi_{公司s3}(\otimes) > \pi_{公司s1}(\otimes)$，$\pi_{农户s1}(\otimes) > \pi_{农户s3}(\otimes)$。设

$$\pi_{公司s1}(\otimes) \in [a_2, b_2] = [G - (\gamma Q_s + P_{qy}Q_s + C_2), G - (P_{qy}Q_s + C_2)]$$

$$\pi_{公司s3}(\otimes) \in [c_2, d_2]$$
$$= [G - \gamma(1-\xi)Q_{2H} - P_{qy}(1-\xi)Q_{2H} - C_2 - P_{m2}\xi Q_{2H} - F_2\xi Q_{2H},$$
$$G - \gamma(1-\xi)Q_{2L} - P_{qy}(1-\xi)Q_{2L} - C_2 - P_{m2}\xi Q_{2L} - F_2\xi Q_{2L}]$$

灰数 $\pi_{公司s3}(\otimes)$ 相对于灰数 $\pi_{公司s1}(\otimes)$ 的优势度SPD > 0：

$$\mathrm{SPD}=\frac{d_2-b_2}{d_2-c_2}=\frac{\left[\frac{P_{qy}Q_s}{\xi Q_{2L}}-\frac{\gamma(1-\xi)}{\xi}-\frac{P_{qy}(1-\xi)}{\xi}-P_{m2}\right]-F_2}{(\gamma+P_{qy})(1-\xi)(Q_{2H}-Q_{2L})+\xi(Q_{2H}-Q_{2L})(F_2+P_{m2})}>0$$

因为

$$0\leqslant\xi\leqslant 1,\ \Rightarrow(\gamma+P_{qy})(1-\xi)(Q_{2H}-Q_{2L})+\xi(Q_{2H}-Q_{2L})(F_2+P_{m2})>0$$

$$\Rightarrow F_2<\frac{P_{qy}Q_s}{\xi Q_{2L}}-\frac{\gamma(1-\xi)}{\xi}-\frac{P_{qy}(1-\xi)}{\xi}-P_{m2}$$

又因为 $d_2>b_2>c_2$，

$$b_2-c_2=F_2-\left[\frac{P_{qy}Q_s}{\xi Q_{2H}}-\frac{\gamma(1-\xi)}{\xi}-\frac{P_{qy}(1-\xi)}{\xi}-P_{m2}\right]>0$$

$$\Rightarrow F_2>\frac{P_{qy}Q_s}{\xi Q_{2H}}-\frac{\gamma(1-\xi)}{\xi}-\frac{P_{qy}(1-\xi)}{\xi}-P_{m2}$$

设

$$\pi_{农户s1}(\otimes)\in[a_1,b_1]=[P_{qy}Q_s-C_1-\theta P_{qy}Q_s,P_{qy}Q_s-C_1-\theta P_{qy}Q_s+\gamma Q_s]$$

$$\begin{aligned}\pi_{农户s3}(\otimes)\in[c_3,d_3]=[&P_{qy}(1-\xi)Q_{2L}-C_1-\theta(1-\xi)P_{qy}Q_{2L}+\gamma(1-\xi)Q_{2L}\\&+P_{m2}(Q_s-(1-\xi)Q_{2L})+F_2\xi Q_{2L},\ P_{qy}(1-\xi)Q_{2H}\\&-C_1-\theta(1-\xi)P_{qy}Q_{2H}+\gamma(1-\xi)Q_{2H}\\&+P_{m2}(Q_s-(1-\xi)Q_{2H})+F_2\xi Q_{2H}]\end{aligned}$$

由灰数 $\pi_{农户s1}(\otimes)$ 相对于灰数 $\pi_{农户s3}(\otimes)$ 的优势度 $\mathrm{SPD}>0$，$d_3>b_1>c_3$ 可得：

$$\frac{P_{qy}Q_s}{\xi Q_{2H}}-\frac{\gamma(1-\xi)}{\xi}-\frac{P_{qy}(1-\xi)}{\xi}-P_{m2}<F_2<\frac{P_{qy}Q_s}{\xi Q_{2L}}-\frac{\gamma(1-\xi)}{\xi}-\frac{P_{qy}(1-\xi)}{\xi}-P_{m2}$$

所以，策略 u_3 为

$$u_3=\left\{\frac{P_{qy}Q_s}{\xi Q_{2H}}-\frac{\gamma(1-\xi)}{\xi}-\frac{P_{qy}(1-\xi)}{\xi}-P_{m2}<F_2\right.$$
$$\left.<\frac{P_{qy}Q_s}{\xi Q_{2L}}-\frac{\gamma(1-\xi)}{\xi}-\frac{P_{qy}(1-\xi)}{\xi}-P_{m2}\right\}$$

(4) 由灰策略 u_4 的定义可得：$\pi_{农户s1}(\otimes)\geqslant\pi_{农户s2}(\otimes)$ 且 $\pi_{农户s1}(\otimes)\geqslant\pi_{农户s3}(\otimes)$，$\pi_{公司s1}(\otimes)\geqslant\pi_{公司s3}(\otimes)$ 且 $\pi_{公司s1}(\otimes)\geqslant\pi_{公司s2}(\otimes)$，由以上(1)、(2)、(3)推导可得：

$$u_4=\left\{F_1+\gamma>P_{m1}-(1-\theta)P_{qy},\ F_1-\gamma\left(\frac{1}{\phi}-1\right)<P_{m1}-(1-\theta)P_{qy},\right.$$
$$\left.F_2>\frac{P_{qy}Q_s}{\xi Q_{2H}}-\frac{\gamma(1-\xi)}{\xi}-\frac{P_{qy}(1-\xi)}{\xi}-P_{m2}\right\}$$

6.4.2　动态合作的灰色动态规划状态转移矩阵

在实际的“公司+农户”模式占主导地位的二级链式生鲜农产品供应链中，在 3 次交易过程中公司和农户之间共有 3 种不同的状态：公司和农户合作；农户违约；公司违约。

设状态集 $S=\{s_1$ 为合作，s_2 为农户违约，s_3 为公司违约$\}$。灰博弈的动态规划状态转移方程：

$$a_{gh}=T(s_g,u_h)$$

其中，$g=1,2,3$，$h=1,2,3,4$，T 为状态转移函数。

状态转移矩阵：

$$\boldsymbol{S}(u)=\begin{bmatrix}a_{11}&a_{12}&a_{13}&a_{14}\\a_{21}&a_{22}&a_{23}&a_{24}\\a_{31}&a_{32}&a_{33}&a_{34}\end{bmatrix}$$

其中，$a_{gh}\in\boldsymbol{S}$，a_{gh} 表示处于 $s_g\in\boldsymbol{S}$，采取策略 u_h 时，状态转移至 a_{gh}，

且状态的转移与所处时间段无关，仅受状态转移矩阵 $\boldsymbol{S}(u)$ 的支配，则"公司+农户"的整个合作过程中的状态转移矩阵 $\boldsymbol{S}(u)$ 为

$$\boldsymbol{S}(u)=\begin{bmatrix} s_1 & s_2 & s_3 & s_1 \\ s_2 & s_2 & s_2 & s_1 \\ s_3 & s_3 & s_3 & s_1 \end{bmatrix}$$

6.5　动态合作的灰博弈的灰色动态规划最优解

通过考虑国家宏观政策、自然灾害等未来不确定性的随机波动等因素对实际决策的影响，对相关"公司+农户"履约实际情况的历史数据进行统计，计算在整个"公司+农户"的灰色动态规划过程中，当农户产量和市场需求量相同时，市场价格稳定，公司和农户选择合作策略的概率分布区间，及在此种情况下选择违约策略的概率分布区间；当农户产量小于市场需求量时，市场价格上升，农户在此时选择违约策略的概率分布区间；当农户的产量大于市场需求量时，市场价格下降，公司在此时选择违约策略的概率分布区间，由此得到在每个阶段采取各种策略的概率灰矩阵 $\boldsymbol{P}(\otimes)$：

$$\boldsymbol{P}(\otimes)=\begin{bmatrix} p_{11}(\otimes) & p_{12}(\otimes) & p_{13}(\otimes) & p_{14}(\otimes) \\ p_{21}(\otimes) & p_{22}(\otimes) & p_{23}(\otimes) & p_{24}(\otimes) \\ p_{31}(\otimes) & p_{32}(\otimes) & p_{33}(\otimes) & p_{34}(\otimes) \end{bmatrix}$$

设在合作过程最终达到纳什均衡状态的概率分布灰矩阵 $\boldsymbol{B}(\otimes)$ 为

$$\boldsymbol{B}(\otimes)=\begin{bmatrix} b_{31}(\otimes) & b_{32}(\otimes) & b_{33}(\otimes) \end{bmatrix}$$

设 $C_g(u_h)(\otimes)$ 为在 g 状态下，选择策略 u_h 的可能度，$b_3(s_g)$ 为最终达到纳什均衡时处于状态 s_g 的可能度，设 $p_{gh}(\otimes)=C_g(u_h)(\otimes)$，$b_{3g}(\otimes)=b_3(s_g)$，进而可以确定在各个阶段采取各种策略的可能度以及在合作过程最终达到理想状态的可能度，如表 6.1 和表 6.2 所示。

表 6.1 在 3 个阶段采取各种策略的可能度

	u_1	u_2	u_3	u_4
$C_1(u_h)$	$C_1(u_1)$	$C_1(u_2)$	$C_1(u_3)$	$C_1(u_4)$
	$[\underline{c}_{11},\overline{c}_{11}]$	$[\underline{c}_{12},\overline{c}_{12}]$	$[\underline{c}_{13},\overline{c}_{13}]$	$[\underline{c}_{14},\overline{c}_{14}]$
$C_2(u_h)$	$C_2(u_1)$	$C_2(u_2)$	$C_2(u_3)$	$C_2(u_4)$
	$[\underline{c}_{21},\overline{c}_{21}]$	$[\underline{c}_{22},\overline{c}_{22}]$	$[\underline{c}_{23},\overline{c}_{23}]$	$[\underline{c}_{24},\overline{c}_{24}]$
$C_3(u_h)$	$C_3(u_1)$	$C_3(u_2)$	$C_3(u_3)$	$C_3(u_4)$
	$[\underline{c}_{31},\overline{c}_{31}]$	$[\underline{c}_{32},\overline{c}_{32}]$	$[\underline{c}_{33},\overline{c}_{33}]$	$[\underline{c}_{34},\overline{c}_{34}]$

表 6.2 合作过程最终达到 s_g 状态的可能度

	s_1	s_2	s_3
$B_3(s_g)$	$b_3(s_1)$	$b_3(s_2)$	$b_3(s_3)$
	$[\underline{b}_{31},\overline{b}_{31}]$	$[\underline{b}_{32},\overline{b}_{32}]$	$[\underline{b}_{33},\overline{b}_{33}]$

通过上述的分析讨论，可以得到各个阶段灰博弈的策略集 $U=\{u_1,u_2,u_3,u_4\}$、状态转移矩阵 $\boldsymbol{S}(u)$，以及在各个阶段采取各种策略的可能度和最终达到理想状态的可能度。

在已知初始状态 s_1 的情况下，利用计算灰色动态规划最优解的方法依次计算出公司和农户合作过程中各阶段最优的灰博弈策略 $u^*\in U$，以及整个合作过程为最后达到纳什均衡所采取的策略的组合 $U^*=(u_1^*,u_2^*,u_3^*)$ 和最优转移路径。并且设计出“公司+农户”模式的二级链式生鲜农产品供应链在灰色不确定市场需求和未来不确定性、随机波动等因素影响下供应链整体绩效最终达到最优的控制策略和措施。

6.6 实 例 研 究

某水果加工批发中心和果农签订草莓、桃、梨等水果收购合同，签订的数量分 3 次交易完成。已知水果加工批发中心利润 $G=5800$，高于契约价格的市场价格 $P_{m1}=2.5$，低于契约价格的市场价格 $P_{m2}=1.5$，果农违约率 $\phi=0.3$，中心违约率 $\xi=0.7$，签订的契约价格 $P_{qy}=2.0$，双方投入的成本 $C_1=100$，$C_2=500$，果农产量 $Q_1=700$，水果的腐烂率 $\theta=0.05$。当果农产量和市场需求量相同时，水果加工批发中心和果农合作的概率不小于 90%，违约的概率小于 10%；当果农产量小于市场需求量时，果农违约的概率不小于 30%但不超过 70%，合作的概率不超过 30%；当果农的产量大于市场需求量时，水果加工批发中心违约的概率不小于 70%，其余概率不超过 10%；在公司或果农违约时，及时采取措施，保证公司和果农合作时的收益最大，最后达到纳什均衡，其概率分别为 30%～60%和 60%～70%；在合作过程最终达到均衡时各种状态的概率分别为：不小于 90%、不大于 10%、不大于 10%。分析求解在双方合作过程中，保证双方利益最大化，达到纳什均衡应采取的策略和措施。

求解的方法和步骤如下。

(1) 根据已知条件计算出水果加工批发中心和果农在各种情况下的收益：

$$\pi_{果农s1}(\otimes)=[1230, 1230-700\gamma]$$

$$\pi_{中心s1}(\otimes)=[439500-700\gamma,\ 439500]$$

$$\pi_{果农s2}(\otimes)=[1356-210F_1,\ 1356+490\gamma-210F_1]$$

$$\begin{aligned}\pi_{中心s2}(\otimes)=[&57745+210F_1-2.5Q_{1L}-490\gamma,\\ &57745+210F_1-2.5Q_{1H}-490\gamma]\end{aligned}$$

$$\begin{aligned}\pi_{果农s3}(\otimes)=[&950+0.12Q_{2L}+0.3\gamma Q_{2L}+0.7F_2Q_{2L},\\ &950+0.12Q_{2H}+0.3\gamma Q_{2H}+0.7F_2Q_{2L}]\end{aligned}$$

$$\begin{aligned}\pi_{中心s3}(\otimes)=[&579500-1.65Q_{2L}-0.3\gamma Q_{2L}-0.7F_2Q_{2L},\\ &579500-1.65Q_{2L}-0.3\gamma Q_{2H}-0.7F_2Q_{2H}]\end{aligned}$$

(2) 建立水果加工批发中心和果农灰博弈支付矩阵，如图 6.4 所示。

		水果加工批发中心：合作	水果加工批发中心：不合作
果农	合作	$\pi_{果农s1}(\otimes)$, $\pi_{中心1}(\otimes)$	$\pi_{果农s3}(\otimes)$, $\pi_{中心3}(\otimes)$
	不合作	$\pi_{果农s2}(\otimes)$, $\pi_{中心2}(\otimes)$	0, 0

图 6.4　水果加工批发中心和果农灰博弈支付矩阵

(3) 由灰博弈支付矩阵计算出灰博弈策略集 U： $U=\{u_1,u_2,u_3,u_4\}$，其中，

$$u_1=\left\{F_1+\gamma\geqslant 0.6,\ F_1-2.33\gamma\leqslant 0.6,\ F_2\geqslant\frac{2000}{Q_{2\mathrm{L}}}-\frac{3}{7}\gamma-\frac{33}{14}\right\}$$

$$u_2=\{F_1+\gamma<0.6,\ F_1+3.33\gamma>0.6,\ F_1-2.33\gamma<0.01Q_{1L}-7.83\}$$

$$u_3=\left\{\frac{2000}{Q_{2H}}-\frac{3}{7}\gamma-\frac{33}{14}<F_2<\frac{2000}{Q_{2L}}-\frac{3}{7}\gamma-\frac{33}{14}\right\}$$

$$u_4=\left\{F_1+\gamma\geqslant P_{m1}-(1-\theta)P_{qy},\ F_1-\gamma\left(\frac{1}{\phi}-1\right)\leqslant P_{m1}-(1-\theta)P_{qy},\right.$$

$$\left.F_2>\frac{P_{qy}Q_s}{\xi Q_{2H}}-\frac{\gamma(1-\xi)}{\xi}-\frac{P_{qy}(1-\xi)}{\xi}-P_{m2}\right\}$$

$$=\left\{F_1+\gamma>0.6,\ F_1-2.33\gamma<0.6,\ F_2>\frac{2000}{Q_{2\mathrm{L}}}-\frac{3}{7}\gamma-\frac{33}{14}\right\}$$

(4) 分析水果加工批发中心和果农整个合同完成过程中的状态转移，写出状态转移矩阵 $\boldsymbol{S}(u)$：

$$\boldsymbol{S}(u)=\begin{bmatrix} s_1 & s_2 & s_3 & s_1 \\ s_2 & s_2 & s_2 & s_1 \\ s_3 & s_3 & s_3 & s_1 \end{bmatrix}$$

(5) 写出在每个阶段水果加工批发中心和果农采取各种策略的概率分布灰矩阵 $\boldsymbol{P}(\otimes)$：

$$\boldsymbol{P}(\otimes)=\begin{bmatrix}[0.9,1] & [0,0.1] & [0,0.1] & [0,0.1]\\ [0,0.3] & [0.3,0.7] & [0,0.1] & [0.3,0.6]\\ [0,0.1] & [0,0.1] & [0.7,1] & [0.6,0.7]\end{bmatrix}$$

(6) 写出水果加工批发中心和果农合作过程最终达到纳什均衡状态的概率分布灰矩阵 $\boldsymbol{B}(\otimes)$：

$$\boldsymbol{B}(\otimes)=\left[[0.9,1]\quad[0,0.1]\quad[0,0.1]\right]$$

(7) 根据水果加工批发中心和果农策略的概率分布灰矩阵 $\boldsymbol{P}(\otimes)$、状态的概率分布灰矩阵 $\boldsymbol{B}(\otimes)$ 确定在各个阶段采取各种策略的可能度以及合作过程最终达到理想状态的可能度，如表 6.3 和表 6.4 所示。

表 6.3　中心和果农在各个阶段采取各种策略的可能度

	u_1	u_2	u_3	u_4
$C_1(u_h)$	$C_1(u_1)$	$C_1(u_2)$	$C_1(u_3)$	$C_1(u_4)$
	[0.9,1]	[0,0.1]	[0,0.1]	[0,0.1]
$C_2(u_h)$	$C_2(u_1)$	$C_2(u_2)$	$C_2(u_3)$	$C_2(u_4)$
	[0,0.1]	[0.3,0.7]	[0,0.1]	[0.3,0.6]
$C_3(u_h)$	$C_3(u_1)$	$C_3(u_2)$	$C_3(u_3)$	$C_3(u_4)$
	[0,0.1]	[0,0.1]	[0.7,1]	[0.6,0.7]

表 6.4　中心和果农合作过程最终达到 s_g 状态的可能度

	s_1	s_2	s_3
$B_3(s_g)$	$b_3(s_1)$	$b_3(s_2)$	$b_3(s_3)$
	[0.9,1]	[0,0.1]	[0,0.1]

(8) 利用灰色动态规划最优解的算法，依次计算出各阶段最优的策略，如表 6.5 所示。

表 6.5　中心和果农各阶段最优的灰博弈策略

	s_1	s_2	s_3
$B_2(s_g)$	[0.6,0.7]	[0.6,0.7]	[0.6,0.7]
$u_3(g)$	u_4	u_4	u_4
$B_1(s_g)$	[0.3,0.7]	[0.3,0.7]	[0.3,0.7]
$u_2(g)$	u_2	u_2	u_2
$B_0(s_g)$	[0.3,0.7]	[0.3,0.7]	[0.3,0.7]
$u_1(g)$	u_1	u_1	u_1

(9) 取定初始状态后，利用表 6.5 和状态转移矩阵 $\boldsymbol{S}(u)$ 可得在上述已知条件下，水果加工批发中心和果农整个合作过程中为达到纳什均衡所采取的策略和先后顺序，策略组合 $u^* = (u_1, u_2, u_4)$，假设初始状态分别为 s_1，s_2，s_3，则最优的转移状态过程分别为

$$s_1 \xrightarrow{u_1} s_1 \xrightarrow{u_2} s_2 \xrightarrow{u_4} s_1，\quad s_2 \xrightarrow{u_1} s_1 \xrightarrow{u_2} s_2 \xrightarrow{u_4} s_1$$

$$s_3 \xrightarrow{u_1} s_1 \xrightarrow{u_2} s_2 \xrightarrow{u_4} s_1$$

6.7　本 章 小 结

本章研究了“公司+农户”模式的二级链式生鲜农产品供应链中，公司和农户在灰色不确定市场需求下，一次签约多次交易情况下的动态合作问题。首先利用博弈论知识和灰色系统理论构建了双方之间单次交易的动态合作灰博弈模型；然后在分析了未来不确定性、随机波动等因素对动态合作灰博弈策略选择影响的基础上，把动态合作灰博弈问题转化为灰色动态规划问题；随后构建了公司和农户交易过程中动态合作灰博弈模型的灰色动态规划模型，设计出二者达到纳什均衡、

双方利益最大化和生鲜农产品供应链整体绩效达到最优的策略组合和转移路径；最后，通过对水果加工批发中心和农户之间合作过程的实例研究，进一步详细论述了该动态合作灰博弈模型的灰色动态规划问题最优解的算法。

本章的主要内容和成果如下。

(1) 根据生鲜农产品具有的灰色特性的不确定市场需求，首先建立了“公司+农户”二级链式生鲜农产品供应链系统、在市场价格变化和灰色市场需求下的单次交易的动态合作灰博弈模型，分析了各种博弈结果下的灰色收益。

(2) 由于生鲜农产品的生产供应特性和生鲜特点，公司和农户之间一次签约量要多次交易才能完成，把公司和农户之间的动态合作灰博弈问题转化为灰色动态规划问题进行研究。

(3) 在 (1) 和 (2) 分析研究的基础上，建立了灰色动态规划的动态合作灰博弈策略集。

(4) 假设公司和农户之间的合作过程分 3 次交易，给出了该灰色动态规划的状态转移方程和状态转移矩阵。

(5) 给出了一个公司和一个农户组成的二级链式生鲜农产品供应链系统中，公司和农户之间的合作过程分 3 次交易时，动态合作灰色动态规划最优解的算法。

(6) 通过果农和水果加工批发中心之间的合作实例，对该动态合作灰色动态规划最优解的算法进行了具体论述。

本章在第 4 章、第 5 章研究的基础上，进一步分析了在市场价格变化和灰色不确定市场需求下，一次签约多次交易的动态合作问题，研究结果对二级链式生鲜农产品供应链的实际管理具有一定的借鉴作用。

第7章　一对多环境下生鲜农产品供应链中动态合作控制机制

本章研究在“公司+多个农户”组织模式组成的二级生鲜农产品供应链中，在农户之间存在竞争关系下，公司和农户的动态合作问题。在建立多个农户和公司的动态合作灰色博弈模型后，分析多个农户之间的竞争对公司和农户之间的合作和双重违约的影响，分析表明：在灰色市场价格下，公司的违约处罚金和农户奖励补贴的设置是他们合作与否的关键因素；多个农户之间的竞争仅影响农户的违约，公司违约和农户之间竞争无关。最后提出了生鲜农产品供应链中双方达到纳什均衡、供应链绩效最大化的最优动态合作策略和措施，并通过实例对该模型进行了验证。

7.1　引　　言

在供应链中上下游之间建立以合作和信任为基础的长期战略合作伙伴关系，才有可能使整条供应链增值能力增强，提高供应链的竞争力。为稳定和巩固这种长期的战略合作伙伴关系，双方在交易过程中应建立合理的、完善的利益分配制度，使违约一方承担的违约处罚超过获得的利益。

本章在第4章～第6章研究的基础上，进一步研究具有竞争关系的多个农户和公司之间的动态合作问题。目前在供应链研究的文献中，对多个零售商的研究较多[415-420]，考虑供应链系统中多个供应商的情况[421]在生鲜农产品供应链的研究中较少，而且同时在供应链中把不确定的风险因素考虑在模型里也很少有人涉及。

本章主要考虑自然灾害、市场因素、国家宏观政策等未来不确定性的随机波动因素对多个具有竞争关系的农户和公司合作情况的影响，根据生鲜农产品供应链中存在的实际问题，进一步研究具有竞争关系的多个农户和公司之间的动态合作问题，分析在价格波动下影响二者合作的主要因素，在契约中合理设置参数使“多个农户+公司”模式的生鲜农产品供应链中双方利益最大化，设计使整体供应链绩效达到最优的均衡策略和措施。

7.2 节对系统进行描述；7.3 节建立公司和每一个农户的动态合作灰博弈矩阵模型，分析各种动态合作博弈结果；7.4 节详细讨论在多个农户之间竞争环境下，影响博弈结果的各种因素，设计使公司与农户双方利益达到最优的策略和措施；7.5 节通过实例对动态合作博弈模型分析结果进行了验证；最后 7.6 节对本章工作和主要内容进行了总结。

7.2 竞争环境下一对多系统描述

考虑由一个公司和具有竞争关系的多个农户组成的“公司+农户”模式的二级生鲜农产品供应链系统，设农户 i（$i=1,2,\cdots,n$）和公司组成的供应链称为渠道 i，当多个农户处于同一个销售区域时，假设农户投入的成本相同，生鲜农产品可以相互替代，在公司和农户的履约过程中，由于农产品和资源的相对确定性，农户之间常常存在竞争关系，即一个农户的违约行为常常会造成另外一个农户履约量的增加。假设农户之间的竞争影响大小相同，农户之间的竞争影响为线性关系，通过引入影响因子表示农户之间的竞争关系。

在公司和农户组成的每个供应链渠道中，市场变化情况相同，设市场变化有两种情况：市场价格高于契约价格和市场价格低于契约价格，市场价格在高于契约价格或低于契约价格时，其仍在一定的范围内变化，则市场价格为区间灰数。由于公司根据市场行情、农户履约的质量给农户奖励补贴和不给予奖励补贴以及奖励多少的情况不确定，则设农户和公司在契约价格时的收益是区间灰数，又因市场价格为区间灰数，所以农户在市场价格高于契约价格时的收益和公司在市场价格低于契约价格时的收益也都是区间灰数，则公司和每个农户之间的博弈支付矩阵都是灰矩阵，公司和农户之间的博弈是灰博弈。

7.3　一对多环境下生鲜农产品供应链动态合作模型

7.3.1　动态合作灰博弈模型的基本假设和符号约定

动态合作灰博弈模型的基本假设如下：

①在公司和农户组成的每个供应链渠道中，博弈双方都是理性的经济人；

②市场价格属于博弈双方的共有信息；

③博弈双方的行为有两种选择：违约与不违约；

④进行违约处罚时不需要成本；

⑤局中人是公司和农户 i；

⑥各个农户投入的成本相同；

⑦各个农户和公司签订的契约价格相同；

⑧公司给各个农户的单位数量的奖励补贴相同；

⑨公司和农户的支付函数是其收益，收益是利润与成本的差。

本章使用的符号约定如下：

C_f 为农户投入的成本；

C_c 为公司投入的成本；

F_f 为农户违约时，对农户进行的单位数量的违约处罚金；

F_c 为公司违约时，对公司进行的单位数量的违约处罚金；

G_i 为公司在渠道 i 的利润（$i=1,2,\cdots,n$）；

P 为农户 i 与公司签订的契约价格；

$P_m(\otimes)$ 为生鲜农产品市场价格：

$$P_m(\otimes)=\begin{cases}P_{1m}(\otimes)\in[P_{1L},P_{1H}], & \text{高于契约价格}\\ P_{2m}(\otimes)\in[P_{2L},P_{2H}], & \text{低于契约价格}\end{cases}$$

$P_{1m}(\otimes)$ 为高于契约价格时的市场价格；

$P_{2m}(\otimes)$ 为低于契约价格时的市场价格；

P_{1L} 为市场价格高于契约价格时的最小值；

P_{1H} 为市场价格高于契约价格时的最大值；

P_{2L} 为市场价格低于契约价格时的最小值；

P_{2H} 为市场价格低于契约价格时的最大值；

δ_{ji} 为农户 j 的行为对农户 i 的竞争影响因子，$0<\delta_{ji}<1$（$i, j=1,2,\cdots,n$）；

Q_i 为农户 i 与公司签订的契约收购数量；

θ 为生鲜农产品的自然腐烂率；

γi 为公司给农户的单位数量的奖励补贴；

$\pi_{农户i1}(\otimes)$ 为农户 i 在契约价格时的灰色收益；

$\pi_{农户i2}(\otimes)$ 为农户 i 在市场价格高于契约价格时的灰色收益；

$\pi_{农户i3}(\otimes)$ 为农户 i 在市场价格低于契约价格时的灰色收益；

$\pi_{公司i1}(\otimes)$ 为契约价格时公司在渠道 i 的灰色收益；

$\pi_{公司i2}(\otimes)$ 为市场价格高于契约价格时公司在渠道 i 的灰色收益；

$\pi_{公司i3}(\otimes)$ 为市场价格低于契约价格时公司在渠道 i 的灰色收益。

7.3.2　动态合作灰博弈模型

农户 i 和公司组成的渠道 i 在各种情况下的收益如下。

(1) 在市场价格等于契约价格时，农户 i 和公司的灰色收益分别为

$$\pi_{农户i1}(\otimes)\in[PQ_i-C_f-\theta PQ_i,\ PQ_i-C_f-\theta PQ_i+\gamma Q_i]$$

$$\pi_{公司i1}(\otimes)\in[G_i-(PQ_i+C_c+\gamma Q_i),G_i-(PQ_i+C_c)]$$

(2) 在市场价格高于契约价格、农户 i 违约时，农户 i 和公司的灰色收益分别为

$$\pi_{农户i2}(\otimes) \in [P_{1L}(Q_i - \delta_{ji}Q_i) + P\delta_{ji}Q_i - C_f - \theta P_{1L}(Q_i - \delta_{ji}Q_i) - F_f(Q_i - \delta_{ji}Q_i),$$

$$P_{1H}(Q_i - \delta_{ji}Q_i) + P\delta_{ji}Q_i - C_f - \theta P_{1H}(Q_i - \delta_{ji}Q_i) - F_f(Q_i - \delta_{ji}Q_i)]$$

$$\pi_{公司i2} = F_f(Q_i - \delta_{ji}Q_i)$$

(3) 在市场价格低于契约价格、公司违约时，农户 i 和公司的灰色收益分别为

$$\pi_{农户i3} = F_c Q_i$$

$$\pi_{公司i3}(\otimes) \in [G_i - (P_{2H}Q_i + C_c + F_c Q_i), G_i - (P_{2L}Q_i + C_c + F_c Q_i)]$$

公司和农户 i 的动态合作灰博弈矩阵如图 7.1 所示。

由图 7.1 灰博弈支付矩阵可以看出，若公司和农户都违约，收益均为 0，公司和农户 i 之间的博弈情况只有三种：①市场价格和契约价格相同，二者合作，其收益分别为 $\pi_{农户i1}(\otimes)$、$\pi_{公司i1}(\otimes)$；②市场价格高于契约价格，农户违约，农户的收益大于履约时的收益，公司的收益减少，其收益分别为 $\pi_{农户i2}(\otimes)$、$F_f(Q_i - \delta_{ji}Q_i)$；③市场价格低于契约价格，公司违约，农户的收益减少，其收益分别为 $F_c Q_i$ 、$\pi_{公司i3}(\otimes)$。若要使公司和农户 i 之间的博弈达到合作时的纳什均衡，必须采取措施使得合作时的收益大于其任何不合作时的收益，即 $\pi_{农户i1}(\otimes) \geqslant \pi_{农户i2}(\otimes)$，$\pi_{公司i1}(\otimes) \geqslant \pi_{公司i3}(\otimes)$。

		公司：履约	公司：不履约
农户 i	履约	$\pi_{农户i1}(\otimes), \pi_{公司i1}(\otimes)$	$F_c Q_i, \pi_{公司i3}(\otimes)$
	不履约	$\pi_{农户i2}(\otimes), F_f(Q_i - \delta_{ji}Q_i)$	0, 0

图 7.1　公司和农户 i 的灰博弈支付矩阵

7.4　公司和农户 i 的动态合作灰博弈模型分析

定理 7.1　市场价格大于契约价格时，若公司给农户 i 的奖励补贴 γ 和对农户的违约处罚金 F_f 满足：

$$(1-\delta_{ji})(P_{1L}-\theta P_{1L}-F_f-P)+\theta P<\gamma<(1-\delta_{ji})(P_{1H}-\theta P_{1H}-F_f-P)+\theta P$$

$$(1-\theta)P_{1L}-P<F_f<(1-\theta)P_{1H}-P$$

则 $\pi_{农户i2}(\otimes)>\pi_{农户i1}(\otimes)$，博弈结果是多个农户都同时违约，公司履约。

证明：设 a_{i1} 为灰数 $\pi_{农户i1}(\otimes)$ 所在区间的最小值，b_{i1} 为灰数 $\pi_{农户i1}(\otimes)$ 所在区间的最大值；a_{i2} 灰数 $\pi_{农户i2}(\otimes)$ 所在区间的最小值，b_{i2} 为灰数 $\pi_{农户i2}(\otimes)$ 所在区间的最大值，则

$$\pi_{农户i2}(\otimes)\in[a_{i2},b_{i2}]=[P_{1L}(Q_i-\delta_{ji}Q_i)+P\delta_{ji}Q_i-C_f-\theta P_{1L}(Q_i-\delta_{ji}Q_i)-F_f(Q_i-\delta_{ji}Q_i),$$
$$P_{1H}(Q_i-\delta_{ji}Q_i)+P\delta_{ji}Q_i-C_f-\theta P_{1H}(Q_i-\delta_{ji}Q_i)-F_f(Q_i-\delta_{ji}Q_i)]$$

$$\pi_{农户i1}(\otimes)\in[a_{i1},b_{i1}]=[PQ_i-C_f-\theta PQ_i,\ PQ_i-C_f-\theta PQ_i+\gamma Q_i]$$

灰数 $\pi_{农户i2}(\otimes)$ 相对于灰数 $\pi_{农户i1}(\otimes)$ 的优势度：

$$\text{SPD}=\frac{b_{i2}-b_{i1}}{b_{i2}-a_{i2}}=\frac{Q_i[(1-\delta_{ji})(P_{1H}-\theta P_{1H}-F_f-P)+\theta P-\gamma]}{(1-\theta)(Q_i-\delta_{ji}Q_i)(P_{1H}-P_{1L})}$$

因为 $(1-\theta)(Q_i-\delta_{ji}Q_i)(P_{1H}-P_{1L})>0$，$\gamma<(1-\delta_{ji})(P_{1H}-\theta P_{1H}-F_f-P)+\theta P$，$Q_i>0$，$0<\delta_{ji}<1$，$\Rightarrow \text{SPD}>0$，这种情况下灰数 $\pi_{农户i2}(\otimes)$ 相对于灰数 $\pi_{农户i1}(\otimes)$ 的劣势度 $\text{IPD}=0$，$\Rightarrow \text{SPD}+\text{IPD}>0$。

然而

$$b_{i2}-b_{i1}=Q_i[(1-\delta_{ji})(P_{1H}-\theta P_{1H}-F_f-P)+\theta P-\gamma]>0,\ \Rightarrow b_{i2}>b_{i1}$$

$$b_{i1}-a_{i2}=Q_i\{(\gamma-\theta P)+(1-\delta_{ji})[F_f+P-(P_{1L}-\theta P_{1L})]\}>0,\ \Rightarrow b_{i1}>a_{i2}$$

所以 $\Rightarrow b_{i2}>b_{i1}>a_{i2}$，$\Rightarrow \pi_{农户i2}(\otimes)>\pi_{农户i1}(\otimes)$，证毕。

定理 7.1 表明：在市场价格高于契约价格时，具有竞争关系的多个

农户，在农户的违约风险较小、利益共享制度不完善、相互之间的竞争影响因子较小时，农户违约率高。

定理 7.2　在市场价格大于契约价格时，如果

$$(1-\theta)P_{1H}-P\leqslant F_f\leqslant(1-\theta)P_{1H}-P+\frac{\theta P}{1-\delta_{ji}}$$

$$\gamma\geqslant(1-\delta_{ji})(P_{1H}-\theta P_{1H}-F_f-P)+\theta P$$

则 $\pi_{农户i1}(\otimes)\geqslant\pi_{农户i2}(\otimes)$，博弈结果是多个农户都履约。

证明：设 a_{i1} 为灰数 $\pi_{农户i1}(\otimes)$ 所在区间的最小值，b_{i1} 为灰数 $\pi_{农户i1}(\otimes)$ 所在区间的最大值；a_{i2} 为灰数 $\pi_{农户i2}(\otimes)$ 所在区间的最小值，b_{i2} 为灰数 $\pi_{农户i2}(\otimes)$ 所在区间的最大值，则

$$\pi_{农户i1}(\otimes)\in[a_{i1},b_{i1}]=[PQ_i-C_f-\theta PQ_i,\ PQ_i-C_f-\theta PQ_i+\gamma Q_i]$$

$$\begin{aligned}\pi_{农户i2}(\otimes)\in[a_{i2},b_{i2}]=[&P_{1L}(Q_i-\delta_{ji}Q_i)+P\delta_{ji}Q_i-C_f-\theta P_{1L}(Q_i-\delta_{ji}Q_i)\\&-F_f(Q_i-\delta_{ji}Q_i),P_{1H}(Q_i-\delta_{ji}Q_i)+P\delta_{ji}Q_i-C_f\\&-\theta P_{1H}(Q_i-\delta_{ji}Q_i)-F_f(Q_i-\delta_{ji}Q_i)]\end{aligned}$$

灰数 $\pi_{农户i1}(\otimes)$ 相对于灰数 $\pi_{农户i2}(\otimes)$ 的优势度：

$$\mathrm{SPD}=\frac{b_{i1}-b_{i2}}{b_{i1}-a_{i1}}=\frac{Q_i[\gamma-(1-\delta_{ji})(P_{1H}-\theta P_{1H}-F_f-P)-\theta P]}{\gamma Q_i}$$

因为 $\gamma\geqslant(1-\delta_{ji})(P_{1H}-\theta P_{1H}-F_f-P)+\theta P$，$\Rightarrow \mathrm{SPD}\geqslant 0$。

这种情况下灰数 $\pi_{农户i1}(\otimes)$ 相对于灰数 $\pi_{农户i2}(\otimes)$ 的劣势度 $\mathrm{IPD}=0$，$\Rightarrow \mathrm{SPD}+\mathrm{IPD}\geqslant 0$。

$$b_{i1}-b_{i2}=Q_i[\gamma-(1-\delta_{ji})(P_{1H}-\theta P_{1H}-F_f-P)-\theta P]\geqslant 0,\ \Rightarrow b_{i1}\geqslant b_{i2}$$

$$b_{i2}-a_{i1}=Q_i[(1-\delta_{ji})((P_{1H}-\theta P_{1H}-F_f-P)+\theta P)]$$

因为 $(1-\theta)P_{1H}-P\leqslant F_f\leqslant(1-\theta)P_{1H}-P+\dfrac{\theta P}{1-\delta_{ji}}$，$\Rightarrow b_{i2}\geqslant a_{i1}$，所以 $b_{i1}\geqslant b_{i2}\geqslant a_{i1}$，$\Rightarrow \pi_{农户i1}(\otimes)>\pi_{农户i2}(\otimes)$，证毕。

定理 7.2 表明：在市场价格大于契约价格时，如果加大对农户违约

的惩罚力度，完善利益共享制度，可以杜绝农户违约行为，使公司和农户达到合作的效果。

定理 7.3　当市场价格大于契约价格时，农户之间的竞争可以降低农户的违约率，随着竞争影响因子 δ_{ji} 的增大，违约率下降。

证明：由第 5 章定理 5.3 可知：没有竞争时，农户履约的条件为

$$F_f + \gamma_{\text{无竞争}} \geqslant (1-\theta)(P_{1H}-P) \quad \Rightarrow \gamma_{\text{无竞争}} \geqslant (1-\theta)(P_{1H}-P) - F_f$$

由本章定理 7.2 可知，有竞争时农户履约的条件是：

$$F_f \geqslant (1-\theta)P_{1H} - P \text{ 且 } \gamma_{\text{竞争}} \geqslant (1-\delta_{ji})(P_{1H}-\theta P_{1H}-F_f-P)+\theta P$$

$$\Rightarrow \gamma_{\text{竞争}} \geqslant (1-\theta)(P_{1H}-P) - F_f + \delta_{ji}[F_f-(P_{1H}-\theta P_{1H}-P)]$$

由以上可知：有竞争时为使农户达到履约的目的，公司给予农户的奖励力度大于没有竞争时，随着竞争影响因子 δ_{ji} 的增大，γ 也增大，农户履约时的收益增加。所以，随着竞争影响因子 δ_{ji} 的增大，农户违约率下降。证毕。

定理 7.4　在市场价格低于契约价格时，如果 $P-P_{2H}<F_c<P-P_{2L}$，则 $\pi_{\text{公司}i3}(\otimes)>\pi_{\text{公司}i1}(\otimes)$，博弈结果是公司违约，和农户之间竞争影响因子无关。

证明：设 a_{i3} 为灰数 $\pi_{\text{公司}i3}(\otimes)$ 所在区间的最小值，b_{i3} 为灰数 $\pi_{\text{公司}i3}(\otimes)$ 所在区间的最大值；a_{i4} 为灰数 $\pi_{\text{公司}i1}(\otimes)$ 所在区间的最小值，b_{i4} 为灰数 $\pi_{\text{公司}i1}(\otimes)$ 所在区间的最大值。则

$$\pi_{\text{公司}i3}(\otimes)\in[a_{i3},b_{i3}]=[G_i-(P_{2H}Q_i+C_c+F_cQ_i),G_i-(P_{2L}Q_i+C_c+F_cQ_i)]$$

$$\pi_{\text{公司}i1}(\otimes)\in[a_{i4},b_{i4}]=[G_i-(PQ_i+C_c+\gamma Q_i),G_i-(PQ_i+C_c)]$$

灰数 $\pi_{\text{公司}i3}(\otimes)$ 相对于灰数 $\pi_{\text{公司}i1}(\otimes)$ 的优势度：

$$\text{SPD}=\frac{b_{i3}-b_{i4}}{b_{i3}-a_{i3}}=\frac{[G_i-(P_{2H}Q_i+C_c+F_2Q_i)]-[G_i-(PQ_i+C_c)]}{[G_i-(P_{2H}Q_i+C_c+F_2Q_i)]-[G_i-(P_{2H}Q_i+C_c+F_2Q_i)]}$$

$$=\frac{P-P_{2L}-F_c}{P_{2H}-P_{2L}}$$

由已知 $P-P_{2H}<F_c<P-P_{2L}$ 可得：$\mathrm{SPD}>0$。

这种情况下灰数 $\pi_{公司i3}(\otimes)$ 相对于灰数 $\pi_{公司i1}(\otimes)$ 的劣势度 $\mathrm{IPD}=0$，$\Rightarrow \mathrm{SPD}+\mathrm{IPD}>0$。

又因为

$$b_{i3}-b_{i4}=(P-P_{2L}-F_c)Q_i>0\text{，}\quad \Rightarrow b_{i3}>b_{i4}$$

$$\begin{aligned}b_{i4}-a_{i3}&=[G_i-(PQ_i+C_c)]-[G_i-(P_{2H}Q_i+C_c+F_cQ_i)]\\&=[F_c-(P-P_{2H})]Q_i>0\Rightarrow b_{i4}>a_{i3}\end{aligned}$$

所以 $\Rightarrow b_{i3}>b_{i4}>a_{i3}$，可得：$\pi_{公司i3}(\otimes)>\pi_{公司i1}(\otimes)$，证毕。

定理 7.4 表明：在市场价格低于契约价格时，如果对在供应链中处于核心地位的公司的违约惩罚力度小，则公司违约率高，且公司的违约率和农户之间的竞争无关。

定理 7.5 如果制定的对公司违约处罚金 F_c 满足：$P-P_{2L}\leqslant F_c\leqslant P-P_{2L}+\gamma$，对农户违约处罚金 F_f 满足 $(1-\theta)P_{1H}-P\leqslant F_f\leqslant(1-\theta)P_{1H}-P+\dfrac{\theta P}{1-\delta_{ji}}$，同时公司给农户的奖励补贴 γ 满足：$\gamma\geqslant(1-\delta_{ji})(P_{1H}-\theta P_{1H}-F_f-P)+\theta P$，则 $\pi_{农户i1}(\otimes)\geqslant\pi_{农户i2}(\otimes)$，$\pi_{公司i1}(\otimes)\geqslant\pi_{公司i3}(\otimes)$，博弈结果是公司和农户都履约。

证明：定理 7.2 已证明：若 $(1-\theta)P_{1H}-P\leqslant F_f\leqslant(1-\theta)P_{1H}-P+\dfrac{\theta P}{1-\delta_{ji}}$，并且 $\gamma\geqslant(1-\delta_{ji})(P_{1H}-\theta P_{1H}-F_f-P)+\theta P$，则 $\pi_{农户i1}(\otimes)\geqslant\pi_{农户i2}(\otimes)$。同上述定理 7.4 证明相似，因为 $P-P_{2L}\leqslant F_c\leqslant P-P_{2L}+\gamma$，可证灰数 $\pi_{公司i1}(\otimes)$ 相对于灰数 $\pi_{公司3}(\otimes)$ 的优势度 $\mathrm{SPD}=\dfrac{b_{i4}-b_{i3}}{b_{i4}-a_{i4}}=\dfrac{F_c-(P-P_{2L})}{\gamma}\geqslant 0$，这种情况下灰数 $\pi_{公司i1}(\otimes)$ 相对于灰数 $\pi_{公司i3}(\otimes)$ 的劣势度 $\mathrm{IPD}=0$，$\Rightarrow \mathrm{SPD}+\mathrm{IPD}\geqslant 0$。

又因为

$$b_{i4}-b_{i3}=[F_c-(P-P_{2L})]Q_i\geqslant 0\text{，}\quad \Rightarrow b_{i4}\geqslant b_{i3}$$

$$b_{i3}-a_{i4}=(P-P_{2L}+\gamma-F_c)Q_i\geqslant 0\text{，}\quad \Rightarrow b_{i3}\geqslant a_{i4}$$

所以 $\Rightarrow b_{i4}\geqslant b_{i3}\geqslant a_{i4}$，可得：$\pi_{公司i1}(\otimes)\geqslant\pi_{公司i3}(\otimes)$，证毕。

定理 7.5 表明：加强公司和农户的履约意识，强化违约承担风险，加大违约处罚力度，以及在市场价格高于契约价格的情况下提高公司对农户的奖励补贴，使公司和具有竞争关系的农户履约时的收益一定不小于他们违约时的收益，是保障公司和农户履约合作、使生鲜农产品供应链中双方达到纳什均衡、利益最大化的最优策略。

7.5 实例验证

某蔬菜专业加工中心向农民签订蔬菜购销合同，每月平均单个农户成交量 $Q_i = 710$，$C_f = 200$，$C_c = 100$，契约价格 $P = 1.4$，灰色市场价格 $P_{1m}(\otimes) \in [3.2, 4.7]$，$P_{2m}(\otimes) \in [0.4, 0.7]$，蔬菜自然腐烂率 $\theta = 0.02$，对农户单位数量的违约处罚金 $F_f = 1.4$，对公司单位数量的违约处罚金 $F_c = (1.4, 0.5, 0)$，蔬菜专业加工中心在合作时给农户的单位数量的奖励补贴 $\gamma = (1.8, 1.0, 0)$，农户之间竞争影响系数 $\delta_{ji} = (0.8, 0.4, 0)$，蔬菜专业加工中心平均利润 $G_i = 5800$。

通过计算得到不同条件下 $\pi_{农户i1}(\otimes)$，$\pi_{农户i2}(\otimes)$，$\pi_{中心i1}(\otimes)$，$\pi_{中心i3}(\otimes)$ 的值及其变化趋势如表 7.1～表 7.4 和图 7.2～图 7.4 所示。

由表 7.1 和图 7.2 可知：在市场价格高于契约价格时，当 $(1-\delta_{ji})(P_{1L} - \theta P_{1L} - F_f - P) + \theta P < \gamma < (1-\delta_{ji})(P_{1H} - \theta P_{1H} - F_f - P) + \theta P$ 时，$\pi_{农户i2}(\otimes) > \pi_{农户i1}(\otimes)$，农户违约并且随着 γ 的增大，$\pi_{农户i2}(\otimes) > \pi_{农户i1}(\otimes)$ 呈下降趋势。当 $\gamma \geqslant (1-\delta_{ji})(P_{1H} - \theta P_{1H} - F_f - P) + \theta P$ 时，农户履约，并且随着 γ 的增大，$\pi_{农户i1}(\otimes) \geqslant \pi_{农户i2}(\otimes)$ 呈上升趋势。

由表 7.1 和图 7.3 看到随着竞争影响因子的增大，农户违约呈下降趋势，农户履约呈上升趋势。由表 7.2～表 7.4 和图 7.4 可知：$F_c < P - P_{2L}$ 时，公司违约，随着 F_c 的增大，公司违约呈下降趋势；当 $F_c \geqslant P - P_{2L}$ 时，公司履约，随着 F_c 的增大，公司履约呈上升趋势；公司的违约和履约都和农户之间竞争影响系数无关。

表 7.1 $\pi_{农户i1}(\otimes)$、$\pi_{农户i2}(\otimes)$ 的值

δ_{ji}	γ	$(1-\delta_{ji})(P_{1H}-\theta P_{1H}-F_f-P)+\theta P$	$P_{1m}(\otimes)$	$\pi_{农户i1}(\otimes)$	$\pi_{农户i2}(\otimes)$	农户履约收益大于违约收益比	农户违约收益大于履约收益比
0.8	1.8	0.39(农户履约)	[3.2, 4.7]	[843.7, 2052.1]	[841.7, 1050.5]	0.83	0
	1.0	0.39(农户履约)	[3.2, 4.7]	[843.7,1553.7]	[841.7,1050.5]	0.71	0
	0	0.39(农户违约)	[3.2, 4.7]	[843.7, 843.7]	[841.7,1050.5]	0	0.99
0.4	1.8	1.11(农户履约)	[3.2, 4.7]	[843.7, 2052.1]	[937.1, 1563.4]	0.40	0
	1.0	1.11(农户违约)	[3.2, 4.7]	[843.7,1553.7]	[937.1,1563.4]	0	0.02
	0	1.11(农户违约)	[3.2, 4.7]	[843.7, 843.7]	[937.1,1563.4]	0	1.15
0	1.8	1.83(农户违约)	[3.2, 4.7]	[843.7, 2052.1]	[1032.6,2076.3]	0	0.02
	1.0	1.83(农户违约)	[3.2, 4.7]	[843.7,1553.7]	[1032.6,2076.3]	0	0.50
	0	1.83(农户违约)	[3.2, 4.7]	[843.7, 843.7]	[1032.6,2076.3]	0	1.18

表 7.2 $\gamma=1.8$ 时 $\pi_{中心i1}(\otimes)$、$\pi_{中心i3}(\otimes)$ 的值

δ_{ji}	$P_{2m}(\otimes)$	F_c	$P-P_{2L}$	$\pi_{中心i1}(\otimes)$	$\pi_{中心i3}(\otimes)$	中心履约收益大于违约收益比	中心违约收益大于履约收益比
0	[0.4,0.7]	1.4	1.0	[3357,4635]	[4309,4522]	0.09	0
	[0.4,0.7]	0.5	1.0	[3357,4635]	[4848,5061]	0	2
	[0.4,0.7]	0	1.0	[3357,4635]	[5203,5416]	0	3.67
0.4	[0.4,0.7]	1.4	1.0	[3357,4635]	[4309,4522]	0.09	0
	[0.4,0.7]	0.5	1.0	[3357,4635]	[4848,5061]	0	2
	[0.4,0.7]	0	1.0	[3357,4635]	[5203,5416]	0	3.67
0.8	[0.4,0.7]	1.4	1.0	[3357,4635]	[4309,4522]	0.09	0
	[0.4,0.7]	0.5	1.0	[3357,4635]	[4848,5061]	0	2
	[0.4,0.7]	0	1.0	[3357,4635]	[5203,5416]	0	3.67

表 7.3 $\gamma=1.0$ 时 $\pi_{中心i1}(\otimes)$、$\pi_{中心i3}(\otimes)$ 的值

δ_{ji}	$P_{2m}(\otimes)$	F_c	$P-P_{2L}$	$\pi_{中心i1}(\otimes)$	$\pi_{中心i3}(\otimes)$	中心履约收益大于违约收益比	中心违约收益大于履约收益比
0	[0.4,0.7]	1.4	1.0	[3925,4635]	[4309,4522]	0.16	0
	[0.4,0.7]	0.5	1.0	[3925,4635]	[4848,5061]	0	2
	[0.4,0.7]	0	1.0	[3925,4635]	[5203,5416]	0	3.67
0.4	[0.4,0.7]	1.4	1.0	[3925,4635]	[4309,4522]	0.16	0
	[0.4,0.7]	0.5	1.0	[3925,4635]	[4848,5061]	0	2
	[0.4,0.7]	0	1.0	[3925,4635]	[5203,5416]	0	3.67
0.8	[0.4,0.7]	1.4	1.0	[3925,4635]	[4309,4522]	0.16	0
	[0.4,0.7]	0.5	1.0	[3925,4635]	[4848,5061]	0	2
	[0.4,0.7]	0	1.0	[3925,4635]	[5203,5416]	0	3.67

表 7.4　$\gamma=0$ 时　$\pi_{中心i1}(\otimes)$、$\pi_{中心i3}(\otimes)$ 的值

δ_{ji}	$P_{2m}(\otimes)$	F_c	$P-P_{2L}$	$\pi_{中心i1}(\otimes)$	$\pi_{中心i3}(\otimes)$	中心履约收益大于违约收益比	中心违约收益大于履约收益比
0	[0.4,0.7]	1.4	1.0	[4635,4635]	[4309,4522]	0.16	0
	[0.4,0.7]	0.5	1.0	[4635,4635]	[4848,5061]	0	2
	[0.4,0.7]	0	1.0	[4635,4635]	[5203,5416]	0	3.67
0.4	[0.4,0.7]	1.4	1.0	[4635,4635]	[4309,4522]	0.16	0
	[0.4,0.7]	0.5	1.0	[4635,4635]	[4848,5061]	0	2
	[0.4,0.7]	0	1.0	[4635,4635]	[5203,5416]	0	3.67
0.8	[0.4,0.7]	1.4	1.0	[4635,4635]	[4309,4522]	0.16	0
	[0.4,0.7]	0.5	1.0	[4635,4635]	[4848,5061]	0	2
	[0.4,0.7]	0	1.0	[4635,4635]	[5203,5416]	0	3.67

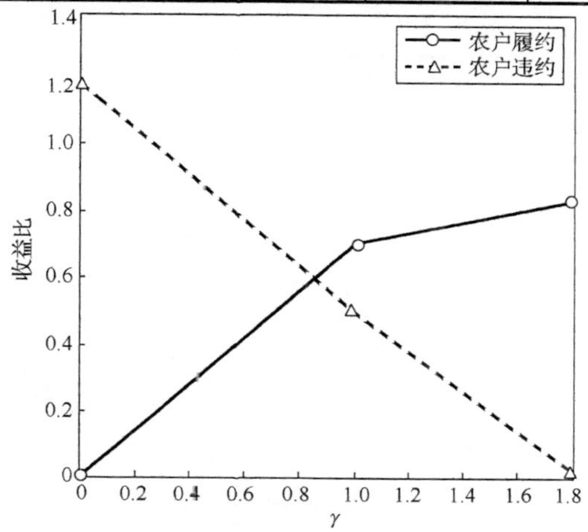

图 7.2　农户履约/违约收益比随 γ 的变化

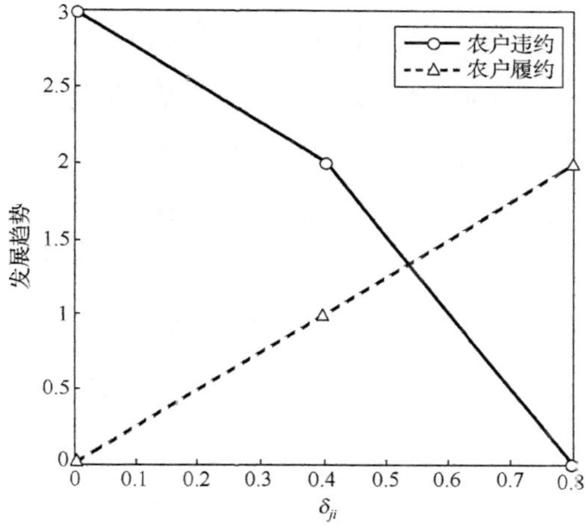

图 7.3　随 δ_{ji} 的变化农户履约/违约变化趋势

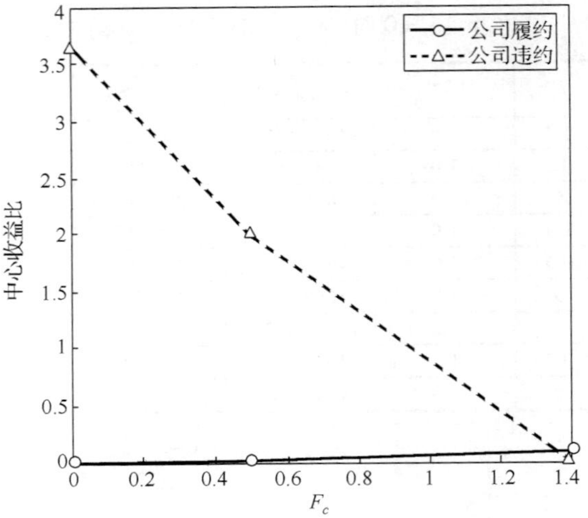

图 7.4　中心履约/违约收益比随 F_c 的变化

7.6　本 章 小 结

本章将博弈论和灰色系统理论相结合研究了在多个农户具有竞争关系的环境下，生鲜农产品供应链中“公司+农户”一对多形式的动态合作博弈问题。通过引入影响因子表示农户之间竞争的影响，分析了在价格波动下，公司和多个农户不同的博弈结果和违约处罚力度、利益共享之间的关系，研究表明：在市场价格高于契约价格时，在公司与农户之间建立有效的利益连接，增强对农民的让利空间，加大违约惩罚力度；在市场价格低于契约价格时，在强化公司的生存力和竞争力的前提下，加大对在供应链中处于核心地位公司的违约惩罚力度，强化违约风险承担，使公司和具有竞争关系的农户履约时的收益一定不小于他们违约时的收益，博弈结果是公司和农户合作，供应链绩效达到最优。农户之间的竞争可以降低农户的违约率，随着竞争影响因子的增大，违约率呈下降趋势，而对公司的履约无影响。

本章的主要内容和成果如下。

(1) 首先对一个公司和具有竞争关系的多个农户组成的“公司+农

户”模式的二级生鲜农产品供应链系统进行了分析描述。

(2) 建立公司和多个农户的动态合作灰色博弈模型，分析了多个农户和公司在各种博弈结果下的灰色收益。

(3) 分析了在市场价格高于契约价格时，具有竞争关系的多个农户，在农户的违约风险较小、利益共享合约不完善、相互之间的竞争影响因子较小时，农户通过违约得到的收益大于履约时的收益，农户违约率高。

(4) 分析了在市场价格高于契约价格时，如果同时加大对多个农户违约惩罚力度，增加农户的违约成本，使农户通过违约得到的收益小于履约时的收益，可以杜绝农户违约行为，使公司和农户达到合作效果。

(5) 论证了当市场价格高于契约价格时，农户之间的竞争可以降低农户的违约率，而且随着竞争影响因子的增大，竞争影响增强，农户违约率下降。

(6) 分析论证了在市场价格低于契约价格时，如果对在供应链中处于核心地位的公司违约惩罚力度小，公司违约率高，而且公司的违约率和农户之间的竞争无关。

(7) 分析论证了如果强化公司和多个农户的违约风险，加大公司和多个农户的违约处罚力度，在市场价格高于契约价格的情况下公司提高对农户的奖励补贴，使公司和具有竞争关系的农户履约时的收益一定不小于他们违约时的收益，是保障公司和农户履约合作、双方利益达到最大化的最优策略。

(8) 最后通过具体实例对动态合作博弈模型进行了验证。

第 8 章　多对一环境下生鲜农产品供应链中动态合作控制机制

本章研究在“多个公司+农户”组织模式组成的二级生鲜农产品供应链中，在灰色价格下，当多个公司之间存在竞争关系时生鲜农产品供应链系统中动态合作机制问题，建立“多个公司+农户”的动态合作灰色博弈模型，运用灰色系统理论，分析多个公司之间的竞争对公司和农户合作的影响，分析表明：在灰色市场价格下，公司的违约处罚金和农户奖励补贴的设置是他们合作与否的关键因素；多个公司之间的竞争可以降低公司的违约率，随着竞争影响因子的增大，违约率呈下降趋势，公司之间的竞争对农户的履约无影响。最后提出了生鲜农产品供应链中双方达到纳什均衡、供应链绩效最大化的最优动态合作策略和措施，并通过实例对该模型进行了验证。

8.1　引　　言

本章主要根据生鲜农产品供应链中存在的实际问题，在第 4 章～第 7 章研究基础上，进一步研究具有竞争关系的多个公司和农户之间的动态合作问题，分析在价格波动下影响公司和农户合作的主要因素，在契约中合理设置参数使“多个公司+农户”模式的生鲜农产品供应链中双方利益最大化，设计使整体供应链绩效达到最优的动态合作机制。

8.2 节对多对一环境下生鲜农产品供应链系统进行描述；8.3 节建立农户和每个公司的动态合作灰博弈矩阵模型，分析各种动态合作博弈结果；8.4 节详细分析讨论多个公司之间存在竞争的环境下，影响生鲜农产品供应链动态合作结果的各种因素，设计使公司与农户双方利益达到最优的策略和措施；8.5 节通过实例对动态合作博弈模型分析结果进行了验证；最后 8.6 节对本章工作和主要内容进行了总结。

8.2　多对一环境下生鲜农产品供应链系统描述

考虑由多个竞争关系的公司和一个农户组成的多对一模式的二级生鲜农产品供应链系统，设公司 j（$j=1,2,\cdots,n$）和农户组成的供应链称为渠道 j，当多个公司处于同一个区域时，收购的生鲜农产品相同，农产品和资源相对确定，多个公司之间常常存在竞争关系，即一个公司的违约行为常常会造成另外一个公司履约量的增加。假设公司之间的竞争影响大小相同，公司之间的竞争影响为线性关系，引入影响因子表示公司之间的竞争关系。

在公司和农户组成的每个供应链渠道中，市场变化情况相同，设市场变化有两种情况：市场价格高于契约价格和市场价格低于契约价格，市场价格在高于契约价格或低于契约价格的时，其仍在一定的范围内变化，则市场价格为区间灰数。由于公司根据市场行情、农户履约的质量给农户奖励补贴和不给予奖励补贴以及奖励多少的情况不确定，则设农户和公司在契约价格时的收益是区间灰数，又因市场价格为区间灰数，所以农户在市场价格高于契约价格时的收益和公司在市场价格低于契约价格时的收益也都是区间灰数，则每个公司和农户之间的动态合作博弈支付矩阵都是灰矩阵，公司和农户之间的动态合作博弈是灰博弈。

8.3　多对一环境下生鲜农产品供应链动态合作模型

8.3.1　动态合作灰博弈模型的基本假设和符号约定

灰博弈模型的基本假设如下：

①在公司和农户组成的每个供应链渠道中，博弈双方都是理性的经济人；

②市场价格属于博弈双方的共有信息；

③博弈双方的行为有两种选择：违约与不违约；

④进行违约处罚时不需要成本；

⑤局中人是农户和公司 j；

⑥每个公司和农户签订的契约价格相同；

⑦公司和农户的支付函数是其收益，收益是利润与成本的差；

⑧对每个公司进行的单位数量的违约处罚金相同。

使用的符号约定如下：

C_f 为农户投入的成本；

C_{cj} 为公司 j 投入的成本；

F_f 为农户违约时，对农户进行的单位数量的违约处罚金；

F_c 为公司违约时，对公司进行的单位数量的违约处罚金；

G_j 为公司 j 的利润（$j=1,2,\cdots,n$）；

P 为农户与公司 j 签订的契约价格；

$P_m(\otimes)$ 为生鲜农产品市场价格：

$$P_m(\otimes)=\begin{cases}P_{1m}(\otimes)\in[P_{1L},P_{1H}], & \text{高于契约价格}\\ P_{2m}(\otimes)\in[P_{2L},P_{2H}], & \text{低于契约价格}\end{cases}$$

$P_{1m}(\otimes)$ 为高于契约价格时的市场价格；

$P_{2m}(\otimes)$ 为低于契约价格时的市场价格；

P_{1L} 为市场价格高于契约价格时的最小值；

P_{1H} 为市场价格高于契约价格时的最大值；

P_{2L} 为市场价格低于契约价格时的最小值；

P_{2H} 为市场价格低于契约价格时的最大值；

β_{ji} 为公司 j 的行为对公司 i 的影响因子，$0<\beta_{ji}<1$（$i,j=1,2,\cdots,n$）；

Q_j 为农户与公司 j 签订的契约收购数量；

θ 为生鲜农产品的自然腐烂率；

γ_j 为公司 j 给农户的单位数量的奖励补贴；

$\pi_{f1}(\otimes)$ 为在契约价格时农户在渠道 j 的灰色收益；

$\pi_{f2}(\otimes)$ 为在市场价格高于契约价格时农户在渠道 j 的灰色收益；

$\pi_{f3}(\otimes)$ 为在市场价格低于契约价格时农户在渠道 j 的灰色收益；

$\pi_{c1}(\otimes)$ 为契约价格时公司 j 的灰色收益；

$\pi_{c2}(\otimes)$ 为市场价格高于契约价格时公司 j 的灰色收益；

$\pi_{c3}(\otimes)$ 为市场价格低于契约价格时公司 j 的灰色收益。

8.3.2 动态合作灰博弈模型

公司 j 和农户组成的渠道在各种情况下的收益如下。

(1) 在市场价格等于契约价格时，农户和公司 j 的灰色收益分别为

$$\pi_{f1}(\otimes) \in [PQ_j - C_f - \theta PQ_j,\ PQ_j - C_f - \theta PQ_j + \gamma_j Q_j]$$

$$\pi_{c1}(\otimes) \in [G_j - (PQ_j + C_{cj} + \gamma_j Q_j), G_j - (PQ_j + C_{cj})]$$

(2) 在市场价格高于契约价格、农户违约时，农户和公司 j 的灰色收益分别为

$$\pi_{f2}(\otimes) \in [P_{1L}Q_j - C_f - \theta P_{1L}Q_j - F_f Q_j,\ P_{1H}Q_j - C_f - \theta P_{1H}Q_j - F_f Q_j]$$

$$\pi_{c2} = F_f Q_j$$

(3) 在市场价格低于契约价格、公司违约时，农户和公司 j 的灰色收益分别为

$$\pi_{f3} = F_c(Q_j - \beta_{ji}Q_j)$$

$$\begin{aligned}\pi_{c3}(\otimes) \in [&G_j - (P_{2H}(Q_j - \beta_{ji}Q_j) + C_{cj} + F_c(Q_i - \beta_{ji}Q_j)),\\ &G_j - (P_{2L}(Q_j - \beta_{ji}Q_j) + C_{cj} + F_c(Q_i - \beta_{ji}Q_j))]\end{aligned}$$

农户和公司 j 的灰博弈矩阵，如图 8.1 所示。

由图 8.1 灰博弈支付矩阵可以看出，若农户和公司都违约，收益均为 0，农户和公司 j 之间的博弈情况只有三种：①市场价格和契约相同，二者合作，其收益分别为 $\pi_{f1}(\otimes)$、$\pi_{c1}(\otimes)$；②市场价格高于契约价格，农户违约，农户的收益大于履约时的收益，公司的收益减少，其收益分

别为$\pi_{f2}(\otimes)$、F_fQ_j；③市场价格高于契约价格，公司违约，农户的收益减少，其收益分别为$F_c(Q_j-\beta_{ji}Q_j)$、$\pi_{c3}(\otimes)$。若要使公司和农户i之间的博弈达到合作时的纳什均衡，必须采取措施使得合作时的收益大于其任何不合作时的收益，即$\pi_{f1}(\otimes)\geqslant\pi_{f2}(\otimes)$，$\pi_{c1}(\otimes)\geqslant\pi_{c3}(\otimes)$。

		公司 j 履约	公司 j 违约
农户	履约	$\pi_{f1}(\otimes)$，$\pi_{c1}(\otimes)$	$F_c(Q_j-\beta_{ji}Q_j)$，$\pi_{c3}(\otimes)$
	违约	$\pi_{f2}(\otimes)$，F_fQ_j	0,0

图 8.1　农户和公司j的灰博弈支付矩阵

8.4　公司j和农户的动态合作灰博弈模型分析

定理 8.1　若公司j给农户的奖励补贴γ_j、对农户的违约处罚金F_f满足$\gamma_j<(1-\theta)(P_{1H}-P)$ $F_f>(1-\theta)(P_{1L}-P)-\gamma_j$，则在市场价格大于契约价格时，$\pi_{f2}(\otimes)>\pi_{f1}(\otimes)$，博弈结果是农户违约，和公司之间的竞争影响无关。

证明：设

$$\pi_{f2}(\otimes)\in[a_2,b_2]=[P_{1L}Q_j-C_f-\theta P_{1L}Q_j-F_fQ_j,\ P_{1H}Q_j-C_f-\theta P_{1H}Q_j-F_fQ_j]$$

$$\pi_{f1}(\otimes)\in[a_1,b_1]=[PQ_j-C_f-\theta PQ_j,\ PQ_j-C_f-\theta PQ_j+\gamma_jQ_j]$$

灰数$\pi_{f2}(\otimes)$相对于灰数$\pi_{f1}(\otimes)$的优势度：

$$\mathrm{SPD}=\frac{b_2-b_1}{b_2-a_2}=\frac{[(1-\theta)(P_{1H}-P)-\gamma_j]Q_j}{(1-\theta)(P_{1H}-P_{1L})Q_j}$$

因为$(1-\theta)(P_{1H}-P_{1L})Q_j>0$，$\gamma_j<(1-\theta)(P_{1H}-P)$，$\Rightarrow\mathrm{SPD}>0$，根据灰色系统理论，这种情况下灰数$\pi_{f2}(\otimes)$相对于灰数$\pi_{f1}(\otimes)$的劣势度$\mathrm{IPD}=0$，$\Rightarrow\mathrm{SPD}+\mathrm{IPD}>0$，而$b_2-b_1=[(1-\theta)(P_{1H}-P)-\gamma_j]Q_j>0$，$\Rightarrow b_2>b_1$，又因为$F_f>(1-\theta)(P_{1L}-P)-\gamma_j$，$b_1-a_2=Q_j\{F_f-[(1-\theta)(P_{1L}-P)-\gamma_j]\}>0$，$\Rightarrow b_1>a_2$，所以$\Rightarrow b_2>b_1>a_2$根据灰数大小判断规则，$\Rightarrow\pi_{f2}(\otimes)>\pi_{f1}(\otimes)$，证毕。

定理 8.1 表明：在市场价格高于契约价格时，农户的违约风险较小，利益共享机制不完善，农户违约率高，农户违约行为和公司之间的竞争无关。

定理 8.2　如果$\gamma_j \geqslant (1-\theta)(P_{1H}-P)$，$F_f < (1-\theta)(P_{1H}-P)$，在市场价格大于契约价格时，$\pi_{f1}(\otimes) \geqslant \pi_{f2}(\otimes)$，则博弈结果是农户履约。

证明：灰数$\pi_{f1}(\otimes)$相对于灰数$\pi_{f2}(\otimes)$的优势度：

$$\mathrm{SPD}=\frac{b_1-b_2}{b_1-a_1}=\frac{[\gamma_j-(1-\theta)(P_{1H}-P)]Q_j}{\gamma_j Q_j}$$

因为$\gamma_j \geqslant (1-\theta)(P_{1H}-P)$，$\Rightarrow \mathrm{SPD} \geqslant 0$，根据灰色系统理论，这种情况下灰数$\pi_{f1}(\otimes)$相对于灰数$\pi_{f2}(\otimes)$的劣势度$\mathrm{IPD}=0$，$\Rightarrow \mathrm{SPD}+\mathrm{IPD} \geqslant 0$，而$b_1-b_2=[\gamma_j-(1-\theta)(P_{1H}-P)]Q_j \geqslant 0, \Rightarrow b_1 \geqslant b_2 b_2-a_1=[(1-\theta)(P_{1H}-P)-F_f]Q_j$，又因为$F_f<(1-\theta)(P_{1H}-P)$，$\Rightarrow b_2 \geqslant a_1$，所以$b_1 \geqslant b_2 \geqslant a_1$，根据灰数大小判断规则，$\Rightarrow \pi_{f1}(\otimes) > \pi_{f2}(\otimes)$，证毕。

定理 8.2 表明：在市场价格大于契约价格时，如果加大对农户违约惩罚力度，完善利益共享机制，可以杜绝农户违约行为，使公司和农户达到合作效果。

定理 8.3　如果$\dfrac{P}{1-\beta_{ji}}-P_{2H} < F_c < \dfrac{P}{1-\beta_{ji}}-P_{2L}$，在市场价格低于契约价格时，$\pi_{c3}(\otimes) > \pi_{c1}(\otimes)$，博弈结果是公司违约。

证明：设

$$\pi_{c3}(\otimes) \in [a_3,b_3]=[G_j-(P_{2H}(Q_j-\beta_{ji}Q_j)+C_{cj}+F_c(Q_j-\beta_{ji}Q_j)),$$
$$G_j-(P_{2L}(Q_j-\beta_{ji}Q_j)+C_{cj}+F_c(Q_j-\beta_{ji}Q_j))]$$
$$\pi_{c1}(\otimes) \in [a_4,b_4]=[G_j-(PQ_j+C_{cj}+\gamma_j Q_j),G_j-(PQ_j+C_{cj})]$$

灰数$\pi_{c3}(\otimes)$相对于灰数$\pi_{c1}(\otimes)$的优势度：

$$\mathrm{SPD}=\frac{b_3-b_4}{b_3-a_3}=\frac{[P-(1-\beta_{ji})P_{2L}-F_c(1-\beta_{ji})]Q_j}{(1-\beta_{ji})(P_{2H}-P_{2L})Q_j}$$

因为$\dfrac{P}{1-\beta_{ji}}-P_{2H}<F_c<\dfrac{P}{1-\beta_{ji}}-P_{2L}$，$\Rightarrow \text{SPD}>0$，根据灰色系统理论，这种情况下灰数$\pi_{c3}(\otimes)$相对于灰数$\pi_{c1}(\otimes)$的劣势度$\text{IPD}=0$，$\Rightarrow \text{SPD}+\text{IPD}>0$，又因为$b_3-b_4=[P-(1-\beta_{ji})P_{2L}-F_c(1-\beta_{ji})]Q_j>0$，$\Rightarrow b_3>b_4$，$b_4-a_3=\{F_c(1-\beta_{ji})-[P-P_{2H}(1-\beta_{ji})]\}Q_j>0$，$\Rightarrow b_4>a_3$，所以$\Rightarrow b_3>b_4>a_3$，根据灰数大小判断规则，可得：$\pi_{c3}(\otimes)>\pi_{c1}(\otimes)$，证毕。

定理 8.3 表明：在市场价格低于契约价格时，如果对在供应链中处于核心地位的公司违约惩罚力度小，公司违约率高。

定理 8.4　如果$\gamma_j \geqslant (1-\theta)(P_{1H}-P)$，$F_f<(1-\theta)(P_{1H}-P)$，$\dfrac{P}{1-\beta_{ji}}-P_{2L}\leqslant F_c\leqslant \dfrac{P}{1-\beta_{ji}}-P_{2L}+\dfrac{\gamma_j}{1-\beta_{ji}}$，则$\pi_{f1}(\otimes)\geqslant\pi_{f2}(\otimes)$，$\pi_{c1}(\otimes)\geqslant\pi_3(\otimes)$，博弈结果是公司$j$和农户都履约。

证明：定理 8.2 已证明：若$\gamma_j \geqslant (1-\theta)(P_{1H}-P)$，并且$F_f<(1-\theta)(P_{1H}-P)$，则$\pi_{f1}(\otimes)\geqslant\pi_{f2}(\otimes)$。

同定理 8.3 证明相似，因为$F_c\geqslant\dfrac{P}{1-\beta_{ji}}-P_{2L}$，可证灰数$\pi_{c1}(\otimes)$相对于灰数$\pi_{c3}(\otimes)$的优势度$\text{SPD}=\dfrac{b_4-b_3}{b_4-a_4}=\dfrac{\{F_c(1-\beta_{ji})-[P-(1-\beta_{ji})P_{2L}]\}Q_j}{\gamma_jQ_j}\geqslant 0$，根据灰色系统理论，这种情况下灰数$\pi_{c1}(\otimes)$相对于灰数$\pi_{c3}(\otimes)$的劣势度$\text{IPD}=0$，$\Rightarrow \text{SPD}+\text{IPD}>0$。

又因为

$$b_4-b_3=\{F_c(1-\beta_{ji})-[P-(1-\beta_{ji})P_{2L}]\}Q_j\geqslant 0,\quad \Rightarrow b_4\geqslant b_3$$

$$b_3-a_4=[P-(1-\beta_{ji})P_{2L}+\gamma_j-F_c(1-\beta_{ji})]Q_j\geqslant 0,\quad \Rightarrow b_3\geqslant a_4$$

所以$\Rightarrow b_4\geqslant b_3\geqslant a_4$，根据灰数大小判断规则，可得：$\pi_{c1}(\otimes)\geqslant\pi_{c3}(\otimes)$，证毕。

定理 8.4 表明：加强公司和农户的履约意识，强化违约风险承担机制，加大违约处罚力度以及在市场价格高于契约价格的情况下提高公司对农户的奖励补贴，使具有竞争关系的公司和农户履约时的收益一定不小于他们违约时的收益，是保障公司和农户履约合作、使生鲜农产品供应链中双方达到纳什均衡、利益最大化的最优控制策略。

定理 8.5　当市场价格小于契约价格时，公司之间的竞争可以降低公司的违约率，随着竞争影响因子 β_{ji} 的增大，公司的违约率下降。

证明：没有竞争时，公司的履约条件是 $F_c \geqslant P - P_{2L}$，由定理 8.4 可知，有竞争时公司的履约条件是 $F_c \geqslant \dfrac{P}{1-\beta_{ji}} - P_{2L}$，而 $0 < \beta_{ji} < 1$，$\Rightarrow P < \dfrac{P}{1-\beta_{ji}}$，由以上可知：有竞争时对公司的违约处罚金大于没有竞争时的违约处罚金，更进一步加大了对公司的违约处罚力度，随着竞争影响因子 β_{ji} 的增大，公司违约处罚金增加。所以，随着竞争影响因子 β_{ji} 的增大，公司违约率下降。证毕。

8.5　实 例 验 证

几个加工中心分别与农民签订蔬菜购销合同，$Q_j = 710$，$C_f = 200$，$C_{cj} = 100$，$P = 1.4$，$P_{1m}(\otimes) \in [3.2, 4.7]$，$P_{2m}(\otimes) \in [0.4, 0.7]$，$\theta = 0.02$，$F_f = 1.4$，对公司单位数量的违约处罚金 $F_c = (1.4, 0.5, 0)$，蔬菜专业加工中心给农户的单位数量的奖励补贴 $\gamma_j = (1.8, 1.0, 0)$。加工中心之间竞争影响系数 $\beta_{ji} = (0.8, 0.4, 0)$，蔬菜专业加工中心平均利润 $G_j = 5800$。

通过计算得到不同条件下 $\pi_{c1}(\otimes)$，$\pi_2(\otimes)$，$\pi_{c1}(\otimes)$，$\pi_{c3}(\otimes)$ 的变化趋势如图 8.2～图 8.4 所示。

由图 8.2 可知：在市场价格高于契约价格时，当 $\gamma_j < (1-\theta)(P_{1H} - P)$，$F_f > (1-\theta)(P_{1L} - P) - \gamma_j$ 时，$\pi_{c2}(\otimes) > \pi_{c1}(\otimes)$，农户违约，并且随着 γ_j 的增大 $\pi_{c2}(\otimes) > \pi_{c1}(\otimes)$ 呈下降趋势。当 $\gamma_j \geqslant (1-\theta)(P_{1H} - P)$，$F_f < (1-\theta)(P_{1H} - P)$ 时，农户履约，并且随着 γ_j 的增大，$\pi_{c1}(\otimes) \geqslant \pi_{c2}(\otimes)$ 呈上升趋势。农户的违约和履约都与公司之间的竞争影响系数无关。

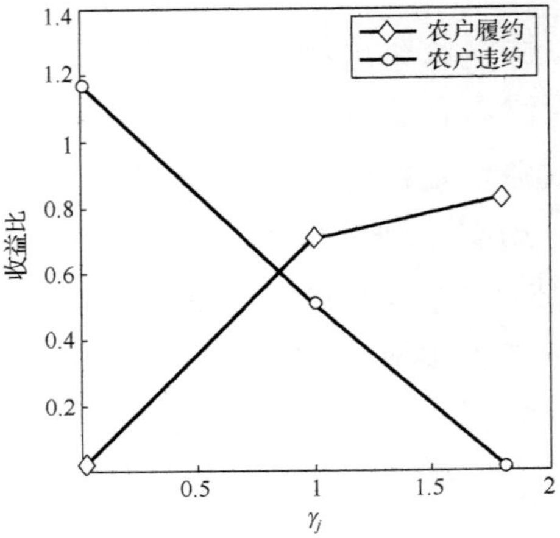

图 8.2　农户履约/违约收益比随 γ 的变化

由图 8.3 可知：$\dfrac{P}{1-\beta_{ji}}-P_{2H}<F_c<\dfrac{P}{1-\beta_{ji}}-P_{2L}$ 时，公司违约，随着 F_c 的增大，公司违约呈下降趋势；当 $\dfrac{P}{1-\beta_{ji}}-P_{2L}\leqslant F_c\leqslant\dfrac{P}{1-\beta_{ji}}-P_{2L}+\dfrac{\gamma_j}{1-\beta_{ji}}$ 时，公司履约，随着 F_c 的增大，公司履约呈上升趋势。由图 8.4 可知，随着竞争影响因子的增大，公司违约呈下降趋势，公司履约呈上升趋势。

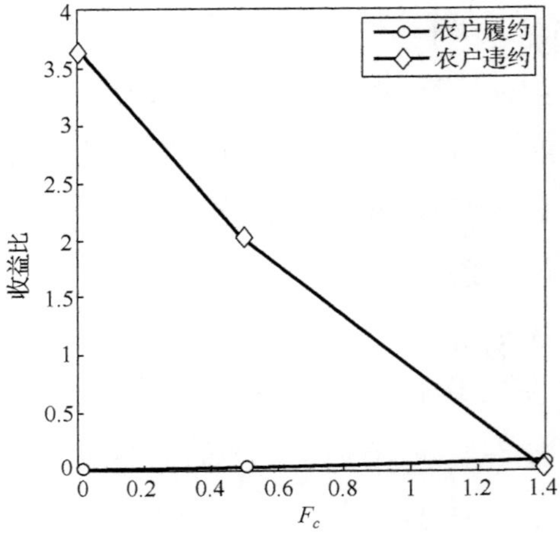

图 8.3　中心履约/违约收益比随 F_c 的变化

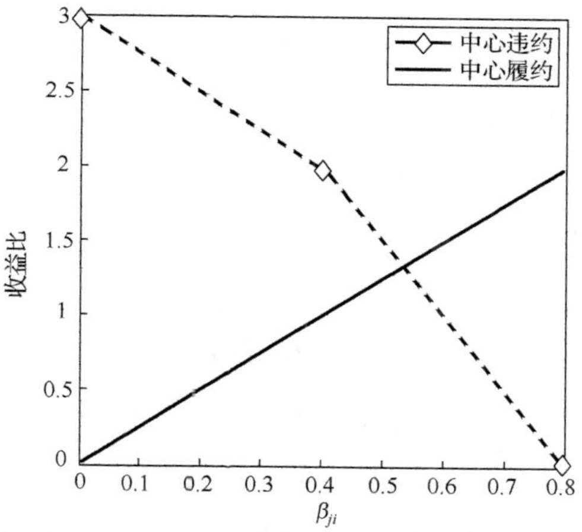

图 8.4　随 β_{ji} 的变化公司履约/违约变化趋势

8.6　本 章 小 结

本章在前几章研究的基础上，研究了在多个公司具有竞争关系的环境下，生鲜农产品供应链中多对一形式的动态合作激励约束机制。通过引入影响因子表示公司之间的竞争影响，分析了在灰色价格波动下，农户和多个公司不同的动态博弈结果，探讨了在多个公司之间具有竞争关系时，多个公司和农户之间利益共享的关系。研究结果表明：公司之间的竞争可以降低公司的违约率，随着竞争影响因子的增大，违约率呈下降趋势，公司之间的竞争对农户的履约无影响。在“多个公司+农户”组成的二级生鲜农产品供应链中，强化违约风险承担机制，加大违约惩罚力度，使农户和具有竞争关系的多个公司在履约时的收益一定不小于他们违约时的收益，供应链动态合作绩效达到最优。

本章的主要内容和成果如下。

(1) 首先对具有竞争关系的多个公司和一个农户组成的多对一模式的二级生鲜农产品供应链系统进行了分析描述。

(2) 建立了多个公司和农户的动态合作灰色博弈模型，分析了多个公司和农户在各种动态合作博弈结果下的灰色收益。

(3) 分析了在市场价格高于契约价格时，在农户的违约风险较小、利益共享机制不完善时，农户违约率高，农户违约行为和公司之间的竞争无关。

(4) 分析了在市场价格高于契约价格时，如果加大对农户违约惩罚力度、增加农户的违约成本、完善生鲜农产品供应链利益共享机制，就可以杜绝农户违约行为，使公司和农户达到合作效果，农户合作行为和公司之间的竞争无关。

(5) 分析了在市场价格低于契约价格时，如果对在供应链中处于核心地位的公司违约惩罚力度小，公司违约率高。

(6) 分析论证了当市场价格低于契约价格时，公司之间的竞争可以降低公司的违约率，随着竞争影响因子的增大，公司的违约率下降。

(7) 分析论证了加强公司和农户的履约意识、强化违约风险承担机制、加大违约处罚力度以及在市场价格高于契约价格的情况下提高公司对农户的奖励补贴，使具有竞争关系的公司和农户履约时的收益一定不小于他们违约时的收益，是保障公司和农户履约合作、使生鲜农产品供应链中双方达到纳什均衡、利益最大化的最优控制策略。

(8) 最后通过具体实例对动态合作博弈模型进行了验证。

第 9 章　两灰色变量下生鲜农产品供应链中动态合作控制机制

本章根据实际生鲜农产品价格和市场需求的特点，把博弈论和灰色理论相结合，研究在价格和市场需求同为灰色变量条件下，二级生鲜农产品供应链中一对一动态合作控制问题，通过分析公司和农户之间的动态合作灰博弈矩阵，设计出了使供应链双方达到纳什均衡、供应链绩效最大化的动态合作机制，并通过其构造性证明和实例论证了该方法的合理性和可行性。

9.1　引　　言

以“公司+农户”供需模式占主导地位的二级生鲜农产品供应链中，公司和农户之间的双重违约行为时有发生，严重制约着生鲜农产品供应链的发展，急需定量地从更深层次研究他们之间科学、有效的协调合作机制。国内外关于生鲜农产品供应链中合作机制的研究主要采用了动态博弈[302,422-424]、契约、委托-代理理论、系统动力学反馈动态复杂性分析技术与委托-代理理论相结合[320,425,426]等方法。国内近年来又有学者提出：“收购补贴+市场保护价+保证金”的契约协调机制以及“B-S 期权定价+生产协作+保证金”的合同机制[427,428]，但未考虑生鲜农产品灰色市场价格和灰色市场需求特性。本书作者根据实际生鲜农产品市场价格和市场需求的动态特性，将灰色系统理论中的成果应用到生鲜农产品供应链管理中，从系统工程和控制论的角度，将博弈论和灰色系统理论相结合，以“公司+农户”模式占主导地位的二级生鲜农产品供应链为主要研究对象，在第 4 章和第 5 章中分别探索了在灰色市场价格下、在灰色市场需求下农户和公司一对一模式动态合作控制机制问题，在第 6 章中进一步探讨了农户和公司一对一模式在灰色市场需求下一次签约多次交易的动态合作机制，在第 7 章、第 8 章中分别研究了在竞争环境下一对多、多对一模式下动态合作控制机制问题。以上研究虽然对供应链管理的灰色系统方法无论在理论上还是在实践上都起到了一定的推动作用，但是，在实际中市场价格和市场需求均为强不确定灰色变量，在对生鲜农产品供应链合作协调问题的研究中，不仅要考虑在单灰色变量下的动态合作控制机制，还要研究市场价格和市场需求均为灰色变量下的动态合作控制问题[332,333,429-433]。

本章在前期研究的基础上，探索实际中在市场价格和市场需求同为灰色变量条件下农户和公司一对一单次交易的动态合作控制机制问题，进一步分析市场价格和市场需求同时为灰色变量下，在契约中如何设置参数使生鲜农产品供应链中双方利益最大化，设计使整体供应链绩效达到最优的控制均衡策略和措施。

9.2 节描述了两灰色变量下，一个公司和一个农户组成的二级生鲜农产品供应链系统中关键变量的结构；9.3 节构建了“公司+农户”灰博弈模型；9.4 节分析了影响公司和农户博弈结果的各种因素，设计了在市场价格和市场需求都为灰色动态不确定变量下，供应链达到最优的策略和措施；9.5 节进行了实例应用；最后 9.6 节对本章工作和主要内容进行了总结。

9.2　两灰色变量下生鲜农产品供应链系统描述

由一个公司和一个农户组成的“公司+农户”模式的二级生鲜农产品供应链系统，在公司和农户的履约过程中，公司利益与农户利益是一个矛盾的统一体。公司与农户都是为了自身利益的最大化而选择相互合作，这种选择与合作是一个博弈的过程。在博弈的过程中由于人的理性有限性，以及双方的主体地位和信息的不对称，使得公司和一个农户在订立交易合约时，难以完全反映未来不确定性。当市场出现波动时，作为市场主体的公司和农户，任何时候都将本人(单位)的利益最大化放在第一位予以考虑，双方总是根据自己的利益选择策略性行为，因此经常发生一方为自身的利益而不惜以损害另一方的利益为代价的行为，在实际的“公司+农户”模式组成的二级链式生鲜农产品供应链系统中，由于受自然灾害、市场因素、国家宏观政策等未来不确定性的随机波动等因素的影响，生鲜农产品市场价格和市场需求量都具有强的不确定性：①市场价格在高于契约价格或市场价格低于契约价格时，其仍在一定的范围内变化；②市场需求量在大于农户产量或市场需求量小于农户产量时，其仍在一定的范围内变化，只知道大概范围而不知其确切值的数是灰数，所以市场价格和市场需求同为灰色变量。与第4章、第6章相同，设市场价格和市场需求均为区间灰数，设公司的收益为公司的利润减去其成本、公司给农户的奖励补贴以及违约时的处罚金，农户的收益为农户的利润加上公司给农户的奖励补贴减去其成本、农产品自然腐烂的损失以及违约时的处罚金。所以农户和公司的收益也都是区间灰数，公司和农户的博弈支付矩阵是灰矩阵，公司和农户之间的博弈是灰博弈。根据实际跟踪调查发现：在市场需求量大于农户产量时，市场价格高于契约价格，农户对公司就产生违约行为。农户将农产品出售给第三者，农户违约造成公司投资损失和交易费用上升，这将导致农户和公司之间出现信任危机。加之，双方缺乏有效的风险分摊和约束监管，导致公司与农户之间的合作关系随时可能终止，生鲜农产品供应链出现中断。而在市场需求量小于农户产量时，市场价格低于契约价格，公司对农户就产生违约行为，公司违约带来的严重后果是对农户生产力的毁灭性破坏。为分析问题方便，仅考虑农户和公司一对一单次交易的情况，设市场需求量即为签约量，在市场价格和契约价格相同时，市场需求量和农户产量相同，公司和农户的支付函数是其收益。

9.3　两灰色变量下生鲜农产品供应链的动态合作控制模型

9.3.1　动态合作灰博弈模型的基本假设和符号约定

模型的基本假设如下：

①博弈双方都是理性的经济人；

②市场价格和市场需求属于博弈双方的共有信息；

③博弈双方的行为有两种选择：违约与不违约；

④进行违约处罚时不需要成本；

⑤局中人是公司和农户，农户设为 1，公司设 2，支付函数是其收益。

本章使用的符号约定如下：

$P_{m1}(\otimes)\in[P_{L1}, P_{H1}]$为高于契约价格时的市场价格；

$P_{m2}(\otimes)\in[P_{L2}, P_{H2}]$为低于契约价格时的市场价格；

P_{L1}为市场价格高于契约价格时的最小值；

P_{H1}为市场价格高于契约价格时的最大值；

P_{L2}为市场价格低于契约价格时的最小值；

P_{H2}为市场价格低于契约价格时的最大值；

$Q_{m1}(\otimes)\in[Q_{L1}, Q_{H1}]$为大于农户产量时的市场需求量；

$Q_{m2}(\otimes)\in[Q_{L2}, Q_{H2}]$为小于农户产量时的市场需求量；

Q_{L1}为市场需求量大于农户产量时的最小值；

Q_{H1}为市场需求量大于农户产量时的最大值；

Q_{L2}为市场需求量小于农户产量时的最小值；

Q_{H2}为市场需求量小于农户产量时的最大值；

C_1为农户投入的成本；

C_2为公司投入的成本；

F_1为给予农户的单位数量的违约处罚金；

F_2为给予公司的单位数量的违约处罚金；

G为公司利润；

P为农户与公司签订的契约价格；

Q为签订的契约收购数量即为农户产量；

θ为生鲜农产品的腐烂率；

γ为公司给农户的单位数量的奖励补贴；

$\pi_{f1}(\otimes)$为市场需求量和农户产量相同，市场价格等于契约价格时，农户收益；

$\pi_{c1}(\otimes)$为市场需求量和农户产量相同，市场价格等于契约价格时，公司收益；

$\pi_{f2}(\otimes)$为市场需求量大于农户产量，市场价格高于契约价格时，农户收益；

$\pi_{c2}(\otimes)$为市场需求量大于农户产量，市场价格高于契约价格时，公司收益；

$\pi_{f3}(\otimes)$为市场需求量小于农户产量，市场价格低于契约价格时，农户收益；

$\pi_{c3}(\otimes)$为市场需求量小于农户产量，市场价格低于契约价格时，公司收益。

在灰色博弈中，$F_i(i=1,2)$，γ为决策变量。

9.3.2　动态合作灰博弈模型

(1) 市场需求量和农户产量相同，且市场价格等于契约价格时，农户和公司的收益分别为

$$\pi_{f1}(\otimes)\in[PQ-C_1-\theta PQ,PQ-C_1-\theta PQ+\gamma Q]$$

$$\pi_{c1}(\otimes)\in[G-(PQ+C_2+\gamma Q),G-(PQ+C_2)]$$

(2) 市场需求量大于农户产量，市场价格高于契约价格时，农户和公司的收益分别为

$$\pi_{f2}(\otimes)=(1-\theta)\times P_{m1}(\otimes)\times Q_{m1}(\otimes)-F_1Q-C_1$$

$$\pi_{c2}(\otimes)=G-C_2+F_1Q$$

(3) 市场需求量小于农户产量，市场价格低于契约价格时，农户和公司的收益分别为

$$\pi_{f3}(\otimes)=F_2Q+\gamma Q-C_1$$

$$\pi_{c3}(\otimes)=G-P_{m2}(\otimes)\times Q_{m2}(\otimes)-C_2-F_2Q$$

由以上分析可知，公司和农户的支付矩阵是灰博弈矩阵，根据博弈理论，合作能否进行，不仅取决于双方的利润，还取决于不合作时的损失。只有在违约利润与违约罚金的差小于履约收益时，公司和农户才可能采取履约行为合作，约束条件全部满足时，合作才是博弈的纳什均衡[391]。公司和农户的灰博弈矩阵如图 9.1 所示。

		公司：履约	公司：违约
农户	履约	$\pi_{f1}(\otimes)$, $\pi_{c1}(\otimes)$	$\pi_{f1}(\otimes)$, $\pi_{c3}(\otimes)$
	违约	$\pi_{f2}(\otimes)$, F_fQ_j	0,0

图 9.1　两灰色变量下公司和农户灰博弈支付矩阵

由图 9.1 可以看出，若公司和农户都违约，其收益均为 0；市场需求量(签约量)和农户产量相同，且市场价格等于契约价格时，二者合作，公司和农户收益分别为 $\pi_{f1}(\otimes)$、$\pi_{c1}(\otimes)$；市场需求量(签约量)大于农户产量、市场价格高于契约价格时，农户违约，公司和农户收益分别为 $\pi_{f2}(\otimes)$、$\pi_{c2}(\otimes)$；市场需求量(签约量)小于农户产量、市场价格低于契约价格时，公司违约，公司和农户收益分别为 $\pi_{f3}(\otimes)$，$\pi_{c3}(\otimes)$。若要使公司和农户之间的博弈达到合作时的纳什均衡，必须采取措施使得合作时的收益大于其任何不合作时的收益，即 $\pi_{f1}(\otimes)\geqslant\pi_{f2}(\otimes)$，$\pi_{c1}(\otimes)\geqslant\pi_{c3}(\otimes)$。

9.4　两灰色变量下生鲜农产品供应链动态合作模型分析

定义 9.1　设 $P_{m1}(\otimes)\times Q_{m1}(\otimes)\in[\min\{P_{L1}Q_{L1},P_{L1}Q_{H1},P_{H1}Q_{L1},P_{H1}Q_{H1}\},\ \max\{P_{L1}Q_{L1},\ P_{L1}Q_{H1},P_{H1}Q_{L1},P_{H1}Q_{H1}\}]$，$P_{m1}(\otimes)\times Q_{m1}(\otimes)=PQ_1(\otimes)\in[PQ_{L1},\ PQ_{H1}]$，$PQ_{L1}=\min\{P_{L1}Q_{L1},P_{L1}Q_{H1},P_{H1}Q_{L1},P_{H1}Q_{H1}\}$，$PQ_{H1}=\max\{P_{L1}Q_{L1},P_{L1}Q_{H1},P_{H1}Q_{L1},P_{H1}Q_{H1}\}$，则 $\pi_{f2}(\otimes)\in[(1-\theta)\times PQ_{L1}-F_1Q,\ (1-\theta)PQ_{H1}-F_1Q]$。

定理 9.1　市场价格和市场需求同为灰色变量下，市场需求量大于农户产量、市场价格高于契约价格时，若

$$(F_1+\gamma)(\otimes)\in[\frac{1}{Q}(1-\theta)(\min\{P_{L1}Q_{L1},P_{L1}Q_{H1},P_{H1}Q_{L1},P_{H1}Q_{H1}\}-PQ),$$

$$\frac{1}{Q}(1-\theta)(\max\{P_{L1}Q_{L1},P_{L1}Q_{H1},P_{H1}Q_{L1},P_{H1}Q_{H1}\}-PQ)]$$

则 $\pi_{f2}(\otimes)>\pi_{f1}(\otimes)$，农户违约。

证明： 因为 $(F_1+\gamma)(\otimes)\in[\frac{1}{Q}(1-\theta)(\min\{P_{L1}Q_{L1},P_{L1}Q_{H1},P_{H1}Q_{L1},P_{H1}Q_{H1}\}-PQ),\ \frac{1}{Q}(1-\theta)(\max\{P_{L1}Q_{L1},\ P_{L1}Q_{H1},P_{H1}Q_{L1},P_{H1}Q_{H1}\}-PQ)]$，并根据定义 9.1 可得 $\Rightarrow \frac{1}{Q}(1-\theta)(PQ_{L1}-PQ)<(F_1+\gamma)<\frac{1}{Q}(1-\theta)(PQ_{H1}-PQ)$。令 $\pi_{f1}(\otimes)\in[a_1,b_1]$，$\pi_{f2}(\otimes)\in[a_2,b_2]$，则

$$\pi_{f1}(\otimes)\in[a_1,b_1]=[PQ-C_1-\theta PQ,PQ-C_1-\theta PQ+\gamma Q]$$

$$\pi_{f2}(\otimes)\in[a_2,b_2]=[(1-\theta)\times PQ_{L1}-F_1Q-C_1,(1-\theta)PQ_{H1}-F_1Q-C_1]$$

$\pi_{f2}(\otimes)$ 相对于 $\pi_{f1}(\otimes)$ 的优势度：

$$\mathrm{SPD}=\frac{b_2-b_1}{b_2-a_2}=\frac{(1-\theta)PQ_{H1}-F_1Q-C_1-(PQ-C_1-\theta PQ+\gamma Q)}{(1-\theta)(PQ_{H1}-PQ_{L1})}$$

$$=\frac{(1-\theta)(PQ_{H1}-PQ)-(F_1+\gamma)Q}{(1-\theta)(PQ_{H1}-PQ_{L1})}$$

因为$(1-\theta)(PQ_{H1}-PQ_{L1})>0$，$F_1+\gamma<\frac{1}{Q}(1-\theta)(PQ_{H1}-PQ)$，所以，$\mathrm{SPD}>0$。$b_2-b_1=(1-\theta)(PQ_{H1}-PQ)-(F_1+\gamma)Q>0$，$\Rightarrow b_2>b_1$，$b_1-a_2=(F_1+\gamma)Q-(1-\theta)(PQ_{L1}-PQ)>0$，$\Rightarrow b_1>a_2$，$\Rightarrow b_2>b_1>a_2$，$\pi_{f2}(\otimes)$相对于$\pi_{f1}(\otimes)$的劣势度 IPD=0，$\Rightarrow \mathrm{SPD}+\mathrm{IPD}>0\Rightarrow \pi_{f2}(\otimes)>\pi_{f1}(\otimes)$，农户违约。

定义 9.2 设$P_{m2}(\otimes)\times Q_{m2}(\otimes)\in[\min\{P_{L2}Q_{L2},P_{L2}Q_{H2},P_{H2}Q_{L2},P_{H2}Q_{H2}\},\max\{P_{L2}Q_{L2},P_{L2}Q_{H2},P_{H2}Q_{L2},P_{H2}Q_{H2}\}]$，$P_{m2}(\otimes)\times Q_{m2}(\otimes)=PQ_2(\otimes)\in[PQ_{L2},PQ_{H2}]$，$PQ_{L2}=\min\{P_{L2}Q_{L2},P_{L2}Q_{H2},P_{H2}Q_{L2},P_{H2}Q_{H2}\}$，$PQ_{H2}=\max\{P_{L2}Q_{L2},P_{L2}Q_{H2},P_{H2}Q_{L2},P_{H2}Q_{H2}\}$，则$\pi_{c3}(\otimes)\in[G-PQ_{H2}-C_2-F_2Q,\ G-PQ_{L2}-C_2-F_2Q]$。

定理 9.2 市场价格和市场需求同为灰色变量下，市场需求量小于农户产量、市场价格低于契约价格时，若$F_2(\otimes)\in[\frac{1}{Q}(PQ-\max\{P_{L2}Q_{L2},P_{L2}Q_{H2},P_{H2}Q_{L2},P_{H2}Q_{H2}\}),\frac{1}{Q}(PQ-\min\{P_{L2}Q_{L2},P_{L2}Q_{H2},P_{H2}Q_{L2},P_{H2}Q_{H2}\})]$，则$\pi_{c3}(\otimes)>\pi_{c1}(\otimes)$，公司违约。

证明： 因为$F_2(\otimes)\in[\frac{1}{Q}(PQ-\max\{P_{L2}Q_{L2},P_{L2}Q_{H2},P_{H2}Q_{L2},P_{H2}Q_{H2}\}),\frac{1}{Q}(PQ-\min\{P_{L2}Q_{L2},P_{L2}Q_{H2},P_{H2}Q_{L2},P_{H2}Q_{H2}\})]$，并根据定义 9.2 可将$\Rightarrow \frac{1}{Q}(PQ-PQ_{H2})<F_2<\frac{1}{Q}(PQ-PQ_{L2})$，令$\pi_{c1}(\otimes)\in[c_1,d_1]$，$\pi_{c3}(\otimes)\in[c_3,d_3]$，则

$$\pi_{c1}(\otimes)\in[c_1,d_1]=[G-(PQ+C_2+\gamma Q),G-(PQ+C_2)]$$

$$\pi_{c3}(\otimes)\in[c_3,d_3]=[G-PQ_{H2}-C_2-F_2Q,G-PQ_{L2}-C_2-F_2Q]$$

$\pi_{c3}(\otimes)$相对于$\pi_{c1}(\otimes)$的优势度$\mathrm{SPD}=\frac{d_3-d_1}{d_3-c_3}=\frac{PQ-PQ_{L2}-F_2Q}{PQ_{H2}-PQ_{L2}}$，因为$F_2<\frac{1}{Q}(PQ-PQ_{L2})$，所以$\mathrm{SPD}>0$，$d_3-d_1=PQ-PQ_{L2}-F_2Q>0$，$\Rightarrow d_3>d_1$，

$d_1 - c_3 = F_2Q - (PQ - PQ_{H2})$，因为 $F_2 > \frac{1}{Q}(PQ - PQ_{H2})$，$\Rightarrow d_1 - c_3 > 0$，$\Rightarrow d_1 > c_3$，$\Rightarrow d_3 > d_1 > c_3$，$\pi_{c3}(\otimes)$ 相对于 $\pi_{c1}(\otimes)$ 的劣势度 IPD=0，$\Rightarrow$ SPD + IPD > 0，$\pi_{c3}(\otimes) > \pi_{c1}(\otimes)$，公司违约。

定理 9.1 和定理 9.2 论证了市场价格和市场需求同为灰色变量下，如果契约中设置的双方违约风险较小，且利益达不到共享时，公司和农户的违约率高。

定理 9.3　市场价格和市场需求同为灰色变量下，

$$(F_1 + \gamma)_{\min} = \frac{1}{Q}(1-\theta)(PQ_{H1} - PQ)$$

并且 $(F_2)_{\min} = \frac{1}{Q}(PQ - PQ_{L2})$ 是公司和农户合作的基本条件。

证明： 由以上可知：公司和农户合作，则 $\pi_{f1}(\otimes) \geqslant \pi_{f2}(\otimes)$，$\pi_{c1}(\otimes) \geqslant \pi_{c3}(\otimes)$，$\pi_{f1}(\otimes)$ 相对于 $\pi_{f2}(\otimes)$ 的优势度：

$$\text{SPD} = \frac{b_1 - b_2}{b_1 - a_1} = \frac{(F_1+\gamma)Q - (1-\theta)(PQ_{H1} - PQ)}{\gamma Q} \geqslant 0$$

$$\Rightarrow F_1 + \gamma \geqslant \frac{1}{Q}(1-\theta)(PQ_{H1} - PQ)$$

$$\Rightarrow (F_1 + \gamma)_{\min} = \frac{1}{Q}(1-\theta)(PQ_{H1} - PQ)$$

$\pi_{c1}(\otimes)$ 相对于 $\pi_{c3}(\otimes)$ 的优势度：

$$\text{SPD} = \frac{d_1 - d_3}{d_1 - c_1} = \frac{F_2Q - (PQ - PQ_{L2})}{\gamma Q} \geqslant 0$$

$$\Rightarrow F_2 \geqslant \frac{1}{Q}(PQ - PQ_{L2}) \Rightarrow (F_2)_{\min} = \frac{1}{Q}(PQ - PQ_{L2})$$

定理 9.3 构建了灰色市场价格和灰色市场需求下，公司和农户合作时供应链绩效达到最优的最基本的动态合作机制。

定理 9.4　在市场价格和市场需求同为灰色变量下，公司和农户违约风险比单灰色变量下更大。

证明：由文献[389]和文献[390]可知，在单灰色变量下农户、公司违约时的收益分别为

$$\pi^*_{f2}(\otimes)=(1-\theta)\times P^*_{m1}(\otimes)\times Q-F_1Q-C_1$$

$$\pi^*_{c3}(\otimes)=G-P\times Q^*_{m2}(\otimes)-C_2-F_2Q$$

在市场价格和市场需求同为灰色变量下，农户违约时的收益为

$$\pi_{f2}(\otimes)=(1-\theta)\times P_{m1}(\otimes)\times Q_{m1}(\otimes)-F_1Q-C_1$$

$$P^*_{m1}(\otimes)\in[P_{L1},\ P_{H1}],\quad P^*_{m1}(\otimes)\times Q\in[P_{L1}Q,P_{H1}Q],\quad Q\leqslant Q_{H1}$$

$$P_{m1}(\otimes)\times Q_{m1}(\otimes)\in[\min\{P_{L1}Q_{L1},P_{L1}Q_{H1},P_{H1}Q_{L1},P_{H1}Q_{H1}\},$$
$$\max\{P_{L1}Q_{L1},P_{L1}Q_{H1},P_{H1}Q_{L1},P_{H1}Q_{H1}\}]$$

$$P_{H1}Q\leqslant\max\{P_{L1}Q_{L1},P_{L1}Q_{H1},P_{H1}Q_{L1},P_{H1}Q_{H1}\}$$

由灰数大小比较规则可知，$P^*_{m1}(\otimes)\times Q\leqslant P_{m1}(\otimes)\times Q_{m1}(\otimes)$，$\pi^*_{f2}(\otimes)\leqslant\pi_{f2}(\otimes)$，即在市场价格和市场需求同为灰色变量下，农户违约时的收益大于等于在单灰色变量下农户违约时的收益。同理可证，$\pi^*_{c3}(\otimes)\leqslant\pi_{c3}(\otimes)$，在市场价格和市场需求同为灰色变量下，公司违约时的收益大于等于在单灰色变量下公司违约时的收益。在市场价格和市场需求同为灰色变量下，公司和农户违约风险比单灰色变量下更大。

9.5　实 例 应 用

北京某水果批发中心和草莓种植农户签订购销合同，合同要求在草莓成熟期农户平均每周供应新鲜草莓 6 千斤，如表 9.1 所示，农户产量、市场波动变化如表 9.2 所示，分析水果批发中心和草莓种植农户博弈的结果。

由表 9.1、表 9.2 可知，对于一级草莓，当 $P_{m1}(\otimes)\in[40,\ 45]$，$Q_{m1}(\otimes)\in[1400,\ 1600]$，$C_1=100$，$C_2=500$，$F_1=18$，$F_2=5$，$G=6300$，$P=20$，$Q=1400$，$Q_1=900$，$\theta=3\%$，$\gamma=3$ 时，可知市场需求量大于农户产量，市场价格高于契约价格。

表 9.1　北京某水果批发中心和草莓种植农户签订购销合同

等级	契约价格（元/斤）	签约量（斤）	草莓自然腐烂率	奖励补贴（元/斤）	农户违约处罚金	批发中心违约处罚金	备注
一级	20	1400	3%	3	18	5	农户违约
二级	15	3000	3%	3	12	5	农户违约
三级	10	3000	3%	7	7	7	批发中心违约

表 9.2　市场波动变化表

等级	市场价格（元）	市场需求量批发（斤）	农户产量（斤）	水果批发中心成本（元）	农户成本（元）	水果中心利润
一级	[40，45]	[1400，1600]	900	500	100	6300
二级	[20，30]	[3000，4200]	2000	400	90	5400
三级	[5，7]	[1200，1300]	5000	300	70	4800

因为

$$F_1+\gamma=21,\ \frac{1}{Q}(1-\theta)(\min\{P_{L1}Q_{L1},\ P_{L1}Q_{H1},\ P_{H1}Q_{L1},\ P_{H1}Q_{H1}\}-PQ)=18.8$$

$$\frac{1}{Q}(1-\theta)(\max\{P_{L1}Q_{L1},\ P_{L1}Q_{H1},\ P_{H1}Q_{L1},\ P_{H1}Q_{H1}\}-PQ=29.9$$

所以

$$(F_1+\gamma)(\otimes)\in[\frac{1}{Q}(1-\theta)(\min\{P_{L1}Q_{L1},P_{L1}Q_{H1},P_{H1}Q_{L1},P_{H1}Q_{H1}\}-PQ),$$

$$\frac{1}{Q}(1-\theta)(\max\{P_{L1}Q_{L1},P_{L1}Q_{H1},P_{H1}Q_{L1},P_{H1}Q_{H1}\}-PQ)]$$

$$\pi_{f1}(\otimes)\in[PQ-C_1-\theta PQ,PQ-C_1-\theta PQ+\gamma Q]\in[27060,\ 31260]$$

$$\pi_{f2}(\otimes)=(1-\theta)\times P_{m1}(\otimes)\times Q_{m1}(\otimes)-F_1Q-C_1$$

$$\in[(1-\theta)\min\{P_{L1}Q_{L1},P_{L1}Q_{H1},P_{H1}Q_{L1},P_{H1}Q_{H1}\}-F_1Q-C_1,$$

$$(1-\theta)\max\{P_{L1}Q_{L1},P_{L1}Q_{H1},P_{H1}Q_{L1},P_{H1}Q_{H1}\}-F_1Q-C_1]$$

$$\in[36020,\ 51540]$$

所以，$\pi_{f2}(\otimes)>\pi_{f1}(\otimes)$这种情况下农户违约。同理可以计算出：对于二级草莓的情况，农户违约。

对于三级草莓，当 $P_{m2}(\otimes)\in[5, 7]$，$Q_{m2}(\otimes)\in[1200, 1300]$，$C_1=70$，$C_2=300$，$F_2=7$，$G=4800$，$P=10$，$Q=3000$，$Q_1=5000$，$\theta=3\%$，$\gamma=5$ 时，可知市场需求量小于农户产量，市场价格低于契约价格。

$$\pi_{c1}(\otimes)\in[G-(PQ+C_2+\gamma Q),G-(PQ+C_2)]$$

$$\pi_{c3}(\otimes)\in[G-PQ_{H2}-C_2-F_2Q,G-PQ_{L2}-C_2-F_2Q]$$

$$\frac{1}{Q}(PQ-\max\{P_{L2}Q_{L2},P_{L2}Q_{H2},P_{H2}Q_{L2},P_{H2}Q_{H2}\}=6.5$$

$$\frac{1}{Q}(PQ-\min\{P_{L2}Q_{L2}, P_{L2}Q_{H2}, P_{H2}Q_{L2}, P_{H2}Q_{H2}\}=8,\quad F_2=7$$

所以

$$F_2(\otimes)\in[\frac{1}{Q}(PQ-\max\{P_{L2}Q_{L2},P_{L2}Q_{H2},P_{H2}Q_{L2},P_{H2}Q_{H2}\}),$$

$$\frac{1}{Q}(PQ-\min\{P_{L2}Q_{L2},P_{L2}Q_{H2},P_{H2}Q_{L2},P_{H2}Q_{H2}\})]$$

$$\pi_{c1}(\otimes)\in[G-(PQ+C_2+\gamma Q),G-(PQ+C_2)]\in[2700, 17700]$$

$$\pi_{c3}(\otimes)\in[G-\max\{P_{L2}Q_{L2},P_{L2}Q_{H2},P_{H2}Q_{L2},P_{H2}Q_{H2}\}-C_2-F_2Q,$$

$$G-\min\{P_{L2}Q_{L2}, P_{L2}Q_{H2}, P_{H2}Q_{L2}, P_{H2}Q_{H2}\}-C_2-F_2Q]\in[5700, 17700]$$

$$\Rightarrow \pi_{c3}(\otimes)>\pi_{c1}(\otimes)$$

公司违约。

同理可以计算出：若 $(F_1+\gamma)_{\min}=24$，$(F_2)_{\min}=7.5$ 时，二者合作。

9.6 本章小结

本章探讨了由一个公司和一个农户组成的二级链式生鲜农产品供应链系统，在市场价格和市场需求同为灰色变量下的生鲜农产品供应链动态合作控制问题。通过研究“公司+农户”之间的动态合作灰博弈模型，论证了若对公司和农户违约处罚力度较小，且利益共享机制不完善时，二者违约；若加大对二者违约处罚力度，建立有效的利益连接机制，使公司和农户履约时的收益一定不小于他们违约时的收益，是保障双方博弈合作的基本措施。同时分析了在市场价格和市场需求同为灰色变量下，公司和农户违约风险比单灰色变量下更大，利益连接机制更复杂。研究成果可为生鲜农产品供应链的实际运作管理与优化控制提供新的理论与方法支持。

本章的主要内容和成果如下。

(1) 根据实际生鲜农产品市场价格和市场需求的动态特性，建立了“公司+农户”二级链式生鲜农产品供应链系统在两灰色变量下的动态合作灰色博弈模型，分析了农户和公司各种决策下的灰色收益。

(2) 论证了市场需求量大于农户产量、市场价格高于契约价格时，如果制定的公司给农户的单位数量的奖励补贴较少、对农户违约时所进行的违约处罚金低、农户违约成本较小时，农户通过违约得到的收益大于履约时的收益，农户一定违约。

(3) 论证了在市场需求量小于农户产量、市场价格低于契约价格时，如果制定的对公司进行的违约处罚金较低、公司违约成本较小时，公司通过违约得到的收益大于履约时的收益，公司一定违约。

(4) 论证了当制定的公司给农户的单位数量的奖励补贴、对公司和农户两者违约时的处罚金使得公司和农户两者的收益大于违约时的收益时，公司和农户合作，生鲜农产品供应链系统整体绩效达到最优。

(5) 指出了一个公司和一个农户组成的二级链式生鲜农产品供应链系统中公司和农户在市场价格和市场需求同为灰色变量下合作的基本条件。

第10章 生鲜农产品供应链通货膨胀和延期支付下库存控制

本章主要研究生鲜农产品供应链在通货膨胀和延期支付条件下库存控制问题，根据生鲜农产品的特点，将控制论和系统工程理论应用于生鲜农产品供应链系统研究中，建立市场需求确定的库存控制模型，提出生鲜农产品库存最优订货量和最小库存成本的算法，设计在通货膨胀和延期支付条件下生鲜农产品供应链库存最优订货策略。通过算例说明库存控制模型的合理性与可行性，本章的研究成果对生鲜农产品供应链库存最优订货策略具有一定的理论指导和实际借鉴作用。

10.1 引言

1915年，哈里斯首次提出了经济订货批量的模型，开创了现代库存理论的研究，1953年，Whitin的“库存管理理论”使库存理论成为一门专门科学后，库存控制问题一直是供应链系统中的重要研究内容和热点之一，库存理论的研究得到了很大的进展。Ghare和Schrader在1963年首次提出以指数形式衰退的易腐品库存模型，许多研究者又开始对易腐产品库存模型进行了研究，Wee提出确定性的易腐品库存模型[433]，Chung等进行了线形需求和缺货条件下易腐品库存问题的研究[434,435]，Balkhi改进了腐烂率随时间变化的易腐品EPQ模型[436]，Abad随后研究了价格数量折扣以及部分补货情况下易腐品库存策略[437]，励凌峰等在提出腐烂率呈Weibull分布的模型后建立了易腐品三级供应链模型[187,188]。而Sarker[438]，Moon和Lee[439]于2000年，开始提出了通货膨胀和延期支付下易腐品最优订货策略，Wee和Law把现金折扣的方法应用于腐烂率变化的易腐品库存模型[440]，Lo 和 Wee 探讨了通货膨胀对联合生产-库存模型的影响[441]，这些研究在理论和实践上都丰富了供应链库存理论和方法。但上述研究都是以工业易腐品为背景的，虽然庞胜明等对需求率呈 Weibull 分布的生鲜农产品库存模型进行了分析[325]，但根据实际市场调查，大型生鲜农产品批发中心各种费用基本是延期支付的，目前，国内外对在通货膨胀和延期支付下生鲜农产品库存模型问题的研究进行的很少。

本章在以上文献的基础上，通过分析生鲜农产品的特性，建立在通货膨胀和延期支付条件下，生鲜农产品库存控制模型，探讨通货膨胀率和延期支付周期对订货量和库存成本的影响下，生鲜农产品库存最优订货量和最小库存成本的新算法，设计出通货膨胀和延期支付条件下生鲜农产品库存控制最优订货策略。

10.2 节分析了生鲜农产品供应链系统中实际的生鲜农产品市场需求变化趋势，并对系统状态进行了设定；10.3 节建立了通货膨胀和延期支付下生鲜农产品库存控制模型；10.4 详细介绍了生鲜农产品供应链库存最优订货量和最小库存成本的求解步骤；10.5 节进行了实例应用；最后 10.6 节对本章工作和主要内容进行了总结。

10.2　生鲜农产品供应链库存系统描述

在实际的生鲜农产品供应链系统中，成员之间的费用支付存在着延期支付情况，而实际中的通货膨胀也对库存的优化带来不可忽略的影响。对生鲜农产品库存，从需求满足情况可分为需求确定型和需求随机型两种库存控制模型。实际的生鲜农产品市场需求变化趋势表现为需求上升阶段、需求平稳阶段、需求下降阶段三个阶段，需求变化趋势如图 10.1 所示[325]。根据文献[325]和文献[438]，设库存系统随时间的变化为：①由于市场需求和腐烂，生鲜农产品库存减少阶段：0-T_1；②不能满足市场需求，在某一时刻 T_1 库存为 0；③缺货阶段：T_1-T，在 T 时刻补货满足需求量，如图 10.2 所示。本章仅分析讨论需求平稳阶段，在通货膨胀和延期支付条件下的库存控制模型，并对系统作如下假设[325]：①需求量稳定不变，库存量随时间均匀减少；②缺货量呈线性变化；③库存补充可以一次性完成，单位库存保管费用固定；④生鲜农产品的单位入库价格是一个常数；⑤生鲜农产品以恒定腐烂率减少；⑥订货成本和订货提前期固定；⑦通货膨胀率大于生鲜农产品自然腐烂率，通货膨胀率与折现率的差趋于 0。

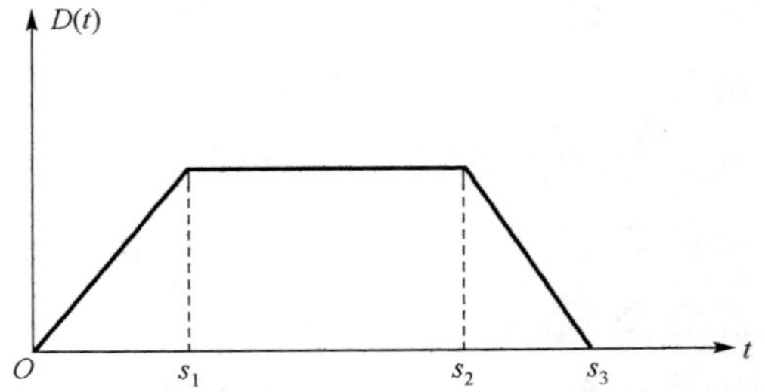

图 10.1　生鲜农产品市场需求变化

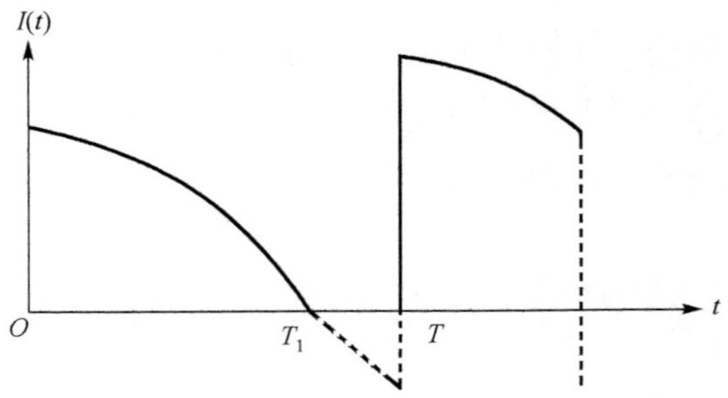

图 10.2　生鲜农产品库存系统变化

模型中所涉及的符号定义如下：

C_d 为总腐烂变质损失费；

C_h 为总库存保管费；

C_s 为总缺货损失费；

C_d^f 为通货膨胀和延期支付下的总腐烂变质损失费；

C_e^f 为通货膨胀和延期支付下的利息收益；

C_h^f 为通货膨胀和延期支付下的总库存保管费；

C_s^f 为通货膨胀和延期支付下的总缺货损失费；

c_d 为单位腐烂变质损失费；

c_s 为单位缺货费；

C 为总库存成本；

C_T 为通货膨胀和延期支付下总库存成本；

D 为市场需求率；

h 为单位库存保管费；

$I(t)$ 为库存水平函数；

$I_{\max}$ 为最大库存量；

P 为生鲜农产品的单位入库价格；

K 为单位订货成本；

M 为延期支付周期；

I_e 为利率；

Q^* 为最优订货量；

γ 为折现率；

R 为目前通货膨胀率；

S 为缺货量；

$S_{\max}$ 为最大缺货量；

T_1 为库存水平为正的周期；

T_L 为订货提前期；

T 为库存周期；

θ 为生鲜农产品的自然腐烂率。

10.3　通货膨胀和延期支付下生鲜农产品库存模型

首先根据库存系统的变化规律，建立库存水平函数的微分方程，根据系统的以上假设和定义求解微分方程得到库存水平函数 $I(t)$，进而可

求出最大库存量 $I_{\max}$ 和最大缺货量 $S_{\max}$，两者之和就是生鲜农产品库存系统的最优订货量 Q^*。其次给出没有通货膨胀和延期支付的库存成本函数 C_T，在此基础上考虑延期支付下通货膨胀率对库存成本函数的影响，可以得到通货膨胀和延期支付下库存成本关于库存水平为正的周期变量 T_1 的函数 C_T^f，证明该库存函数是变量 T_1 的凸函数，并求出使库存成本最小时的库存水平为正的周期值 T_1^*，将其代入到库存系统的最优订货量 Q^* 中，最后得到生鲜农产品库存最优订货策略。

10.3.1 生鲜农产品供应链库存控制模型

根据以上的假设和定义，建立生鲜农产品供应链库存水平函数 $I(t)$ 的微分方程：

$$\frac{\mathrm{d}I(t)}{\mathrm{d}t}+\theta I(t)+D=0 \quad 0\leqslant t\leqslant T_1 \tag{10.1}$$

$$I(t)+D(t)=0 \quad T_1\leqslant t\leqslant T \tag{10.2}$$

求解微分方程(10.1)、方程(10.2)并代入边界条件 $I(T_1)=0$ 可得：

$$I(t)=\frac{D}{\theta}(\mathrm{e}^{\theta(T_1-t)}-1) \quad 0\leqslant t\leqslant T_1 \tag{10.3}$$

$$I(t)=-D(t-T_1) \quad T_1\leqslant t\leqslant T \tag{10.4}$$

由图 10.2 可以看出：最大库存量 $I_{\max}$ 为 $I_{\max}=I(0)$，代入式(10.3)可求得最大库存水平：

$$I_{\max}=I(t)_{t=0}=\frac{D}{\theta}(\mathrm{e}^{\theta(T_1-t)}-1)_{t=0}=\frac{D}{\theta}(\mathrm{e}^{\theta T_1}-1) \tag{10.5}$$

由式(10.2)得：每个周期内缺货量 $S(t)$ 为

$$S(t)=-I(t)=D(t-T_1) \quad T_1\leqslant t\leqslant T \tag{10.6}$$

最大缺货量 $S_{\max}$ 为 $S_{\max}=S(t)\big|_{t=T}$，代入式(10.6)求得：

$$S_{\max}=D(T-T_1)=DT_L \tag{10.7}$$

所以，生鲜农产品库存的最优订货量：

$$Q^*=I_{\max}+S_{\max} \tag{10.8}$$

10.3.2　不考虑通货膨胀和延期支付的生鲜农产品供应链库存成本

生鲜农产品库存成本由订货成本 C_o、库存保管费 C_h、缺货损失费 C_s、腐烂变质损失费 C_d 组成，即

$$C = C_o + C_h + C_s + C_d \tag{10.9}$$

根据以上的假设和定义，订货成本为

$$C_o = DK \tag{10.10}$$

库存保管费为

$$C_h = hI(t) = h\int_0^{T_1} \frac{D}{\theta}(\mathrm{e}^{\theta(T_1 - t)} - 1)\mathrm{d}t \tag{10.11}$$

缺货损失费为

$$C_s = c_s \int_{T_1}^{T} S(t)\mathrm{d}t = c_s \int_{T_1}^{T} D(t - T_1)\mathrm{d}t = \frac{c_s D}{2}(T - T_1)^2 = \frac{c_s D}{2} T_L^2 \tag{10.12}$$

腐烂变质损失费为

$$C_d = P(I_{\max} - DT_1) = P\left[\frac{D}{\theta}(\mathrm{e}^{\theta T_1} - 1) - DT_1\right] \tag{10.13}$$

10.3.3　生鲜农产品供应链通货膨胀和延期支付下库存成本

在通货膨胀和延期支付下，假设生鲜农产品订货成本保持不变，库存总成本 C_T 由订货成本 C_o、库存保管费 C_h^f、缺货损失费 C_s^f、腐烂变质损失费 C_d^f 的和减去延期支付下的利息收益 C_e^f，即

$$C_T = C_o + C_h^f + C_s^f + C_d^f - C_e^f \tag{10.14}$$

库存保管费 C_h^f 为没有通货膨胀和延期支付的库存保管费 C_h 乘上通货膨胀率的影响因子，则

$$C_h^f = h\int_0^{T_1} I(t)\mathrm{e}^{Rt}\mathrm{d}t = h\int_0^{T_1}\frac{D}{\theta}(\mathrm{e}^{\theta(T_1-t)}-1)\mathrm{e}^{Rt}\mathrm{d}t$$

$$= hD\left[\frac{\mathrm{e}^{RT_1}}{R(R-\theta)} - \frac{\mathrm{e}^{\theta T_1}}{\theta(R-\theta)} + \frac{1}{R\theta}\right] \tag{10.15}$$

缺货损失费为

$$C_s^f = C_s\int_{T_1}^{T} S(t)\mathrm{e}^{Rt}\mathrm{d}t = \int_{T_1}^{T} C_s D(t-T_1)\mathrm{e}^{Rt}\mathrm{d}t$$

$$= c_s D\left[(T-T_1)\frac{\mathrm{e}^{RT}}{R} - \frac{\mathrm{e}^{RT}}{R^2} + \frac{\mathrm{e}^{RT_1}}{R^2}\right] = C_s D\left[T_L\frac{\mathrm{e}^{RT}}{R} - \frac{\mathrm{e}^{RT}}{R^2} + \frac{\mathrm{e}^{RT_1}}{R^2}\right] \tag{10.16}$$

腐烂变质损失费为

$$C_d^f = \int_0^{T_1} C_d\mathrm{e}^{Rt}\mathrm{d}t = \int_0^{T_1} P\left[I(t)-DT_1\right]\mathrm{e}^{Rt}\mathrm{d}t$$

$$= P\left[\frac{D}{\theta}(\mathrm{e}^{\theta T_1}-1) - DT_1\right]\int_0^{T_1}\mathrm{e}^{Rt}\mathrm{d}t = \frac{PD}{\theta}(\mathrm{e}^{\theta T_1}-\theta T_1-1)(\mathrm{e}^{RT_1}-1) \tag{10.17}$$

利息收益为

$$C_e^f = \int_0^M PI(t)\mathrm{e}^{Rt}(\mathrm{e}^{I_e t}-1)\mathrm{e}^{-rt}\mathrm{d}t = \int_0^M PDT_1\mathrm{e}^{Rt}(\mathrm{e}^{I_e t}-1)\mathrm{e}^{-rt}\mathrm{d}t$$

$$= PDT_1\left(\frac{\mathrm{e}^{(R+I_e-r)M}}{R+I_e-r} - \frac{\mathrm{e}^{(R-r)M}}{R-r} - \frac{1}{R+I_e-r} + \frac{1}{R-r}\right) \tag{10.18}$$

10.4 生鲜农产品供应链库存最优订货量和最小库存成本的求解

第一步：求出通货膨胀和延期支付下总库存成本 C_T^f，具体如下。

分别通过式(10.10)、式(10.15)～式(10.18)计算订货成本 C_o、库存保管费 C_h^f、缺货损失费 C_s^f、腐烂变质损失费 C_d^f 和延期支付下的利息收益 C_e^f，代入库存总成本式(10.14)中，化简后得到库存总成本 C_T 关于 T_1 的函数：

$$
\begin{aligned}
C_T &= DK + hD\left[\frac{e^{RT_1}}{R(R-\theta)} - \frac{e^{\theta T_1}}{\theta(R-\theta)} + \frac{1}{R\theta}\right] \\
&\quad + C_s D\left[T_L \frac{e^{R(T_1+T_L)}}{R} - \frac{e^{R(T_1+T_L)}}{R^2} + \frac{e^{RT_1}}{R^2}\right] + \frac{PD}{\theta}(e^{\theta T_1} - \theta T_1 - 1)(e^{RT_1} - 1) \\
&\quad - PDT_1\left[\frac{e^{(R+I_e-r)M}}{R+I_e-r} - \frac{e^{(R-r)M}}{R-r} - \frac{1}{R+I_e-r} + \frac{1}{R-r}\right]
\end{aligned}
\tag{10.19}
$$

第二步：要满足优化条件，必须存在 C_T 对 T_1 的一阶导数为 0，计算 $\dfrac{\partial C_T}{\partial T_1}$，令其等于 0 得到：

$$
\begin{aligned}
\frac{\partial C_T}{\partial T_1} &= hD\left(\frac{e^{RT_1}}{R-\theta} - \frac{e^{\theta T_1}}{R-\theta}\right) + C_s D\left(T_L e^{R(T_1+T_L)} - \frac{e^{R(T_1+T_L)}}{R} + \frac{e^{RT_1}}{R}\right) \\
&\quad + \frac{PD}{\theta}\left[\mathrm{R}e^{RT_1}(e^{\theta T_1} - \theta T_1 - 1) + (e^{RT_1} - 1)(\theta e^{\theta T_1} - \theta_1)\right] \\
&\quad - PD\left[\frac{e^{(R+I_e-r)M}}{R+I_e-r} - \frac{e^{(R-r)M}}{R-r} - \frac{1}{R+I_e-r} + \frac{1}{R-r}\right] = 0
\end{aligned}
\tag{10.20}
$$

第三步：求方程(10.20)的最优解，证明 C_T 对 T_1 的二阶导数大于 0，计算 $\dfrac{\partial^2 C_T}{\partial T_1^2}$ 化简得：

$$
\begin{aligned}
\frac{\partial^2 C_T}{\partial T_1^2} &= hD\left(\frac{\mathrm{R}e^{RT_1}}{R-\theta} - \frac{\theta e^{\theta T_1}}{R-\theta}\right) + C_s D e^{RT_1}[e^{RT_L}(T_L R - 1) + 1] \\
&\quad + \frac{PD}{\theta}\left[\theta^2 e^{\theta T_1}(e^{RT_1} - 1) + R^2 e^{RT_1}(e^{\theta T_1} - \theta T_1 - 1) + 2R\, e^{RT_1}(\theta e^{\theta T_1} - \theta_1)\right]
\end{aligned}
\tag{10.21}
$$

由以上系统假设可知：$R > \theta$，$R - r \to 0$，所以，

$$
\frac{\partial^2 C_T}{\partial T_1^2} = C_s D e^{RT_1} > 0 \tag{10.22}
$$

第四步：求解方程 $\dfrac{\partial C_T}{\partial T_1} = 0$ 的最优解。

由式(10.22)可知，生鲜农产品库存成本 C_T 是 T_1 的凸函数，C_T^f 在 $\partial C_T/\partial T_1=0$ 处有最小值 C_T^*，解方程(10.20)求出 T_1^*，将 T_1^* 代入式(10.5)、式(10.7)和式(10.8)，计算出最优订货量 Q^*，将 T_1^* 代入式(10.11)计算出最小值 C_T^*，至此生鲜农产品库存最优订货量和最小库存成本求解完毕。

10.5　实例应用

以某果品批发中心的一批待运库存水果为例，C_s=5，D=100，h=100，I_e=0.03，K=0.2，P=1.4，r=0.03，θ=0.02，T_L=5，M=(10,20,30,40,50)，R=(0.05,0.10,0.15,0.20,0.25,0.30,0.35,0.40)。根据以上最优订货量和最小库存成本的算法，分别计算出各种情况下最优订货量 Q^*和最小库存成本 C_T^* 的值，如表 10.1 所示，变化趋势如图 10.3～图 10.6 所示。

从表 10.1、图 10.3 和图 10.4 可以看出：当延期支付周期 M 较小($M \leqslant 20$)时，Q^*和 C_T^* 随着 R 的增大而减小；当延期支付周期 M 较大(M>20)时，Q^*和 C_T^* 随着 R 的增大而增大。从表 10.1、图 10.5 和图 10.6 可以看出：Q^*和 C_T^* 随着 M 的增大而增大，并且随着 R 的增加，Q^*和 C_T^* 随 M 的增大趋势加快。

表 10.1　不同 R、M 下 Q^*和 C_T^*的值

	M=10			M=20			M=30			M=40			M=50		
R	T_1	Q^*	C^*_T	T_1	Q^*	C^*_T	T_1	Q^*	C^*_T	T_1	Q^*	C^*_T	T_1	Q^*	C^*_T
0.05	6	240	−84204	7	267	−81664	8	286	−79350	10	321	−73829	13	378	−60881
0.10	4	132	−86279	5	149	−85305	8	203	−74430	15	308	−59650	21	463	13504
0.15	3	132	−86931	5	124	−85295	11	228	−72545	19	395	−13510	28	607	18770
0.20	2	71	−87142	6	129	−84074	14	275	−58376	23	472	48192	32	709	394960
0.25	2	60	−87215	7	145	−81816	16	315	−41765	25	527	110680	35	781	599180
0.30	2	55	−87221	9	165	−78857	18	347	−25369	27	569	169110	37	835	790570
0.35	2	52	−87177	10	182	−75626	19	373	−10117	28	602	222610	38	878	966970
0.40	2	54	−87087	11	198	−72417	20	393	3819	30	628	271310	39	912	1128600

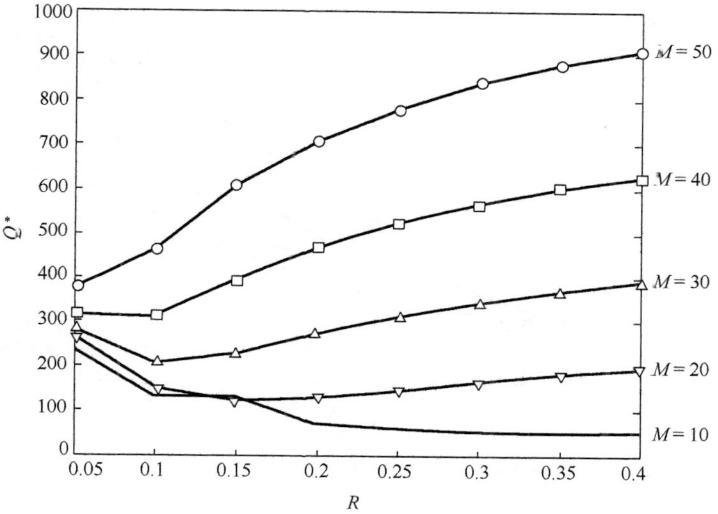

图 10.3　最优订货量 Q^*随 R 的变化

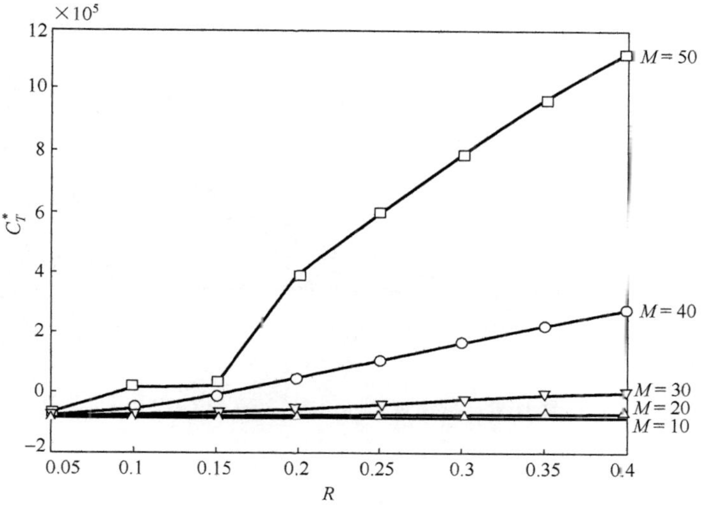

图 10.4　最小库存成本 C_T^*随 R 的变化

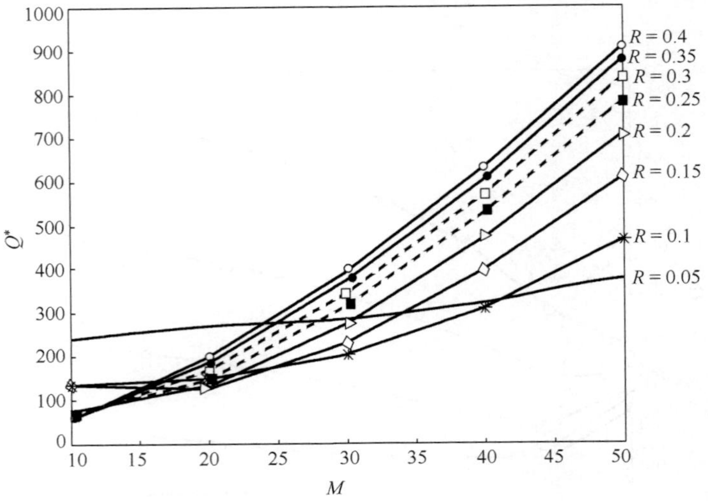

图 10.5　最优订货量 Q^*随 M 的变化

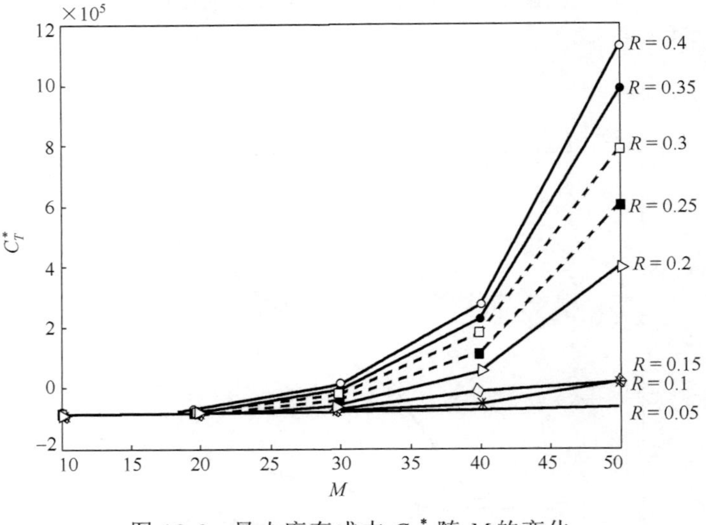

图 10.6　最小库存成本 C_T^* 随 M 的变化

10.6　本 章 小 结

本章提出了一类在通货膨胀和延期支付条件下，需求确定的生鲜农产品库存控制模型，通过以上模型的研究发现，市场需求稳定下，在生鲜农产品库存控制模型中，通货膨胀率和延期支付周期均对库存控制策略有较大的影响，给出了寻求通货膨胀和延期支付条件下生鲜农产品最优订货量和最小库存成本新方法，设计出了通货膨胀和延期支付条件下生鲜农产品库存最优订货策略。

本章的主要内容和成果如下。

(1) 根据实际生鲜农产品市场需求变化趋势，分析了生鲜农产品供应链库存系统随时间变化的三个阶段，探讨了生鲜农产品供应链库存的变化规律。

(2) 根据生鲜农产品库存变化规律，建立了生鲜农产品库存水平函数的微分方程，求出了生鲜农产品库存的最优订货量。

(3) 在 (1) 和 (2) 分析研究的基础上，分别建立了不考虑通货膨胀和延期支付的生鲜农产品供应链库存成本方程以及通货膨胀和延期支付下的生鲜农产品供应链库存成本方程。

(4) 在此基础上，求出生鲜农产品供应链库存总成本 C_T 关于 T_1 的函数，进一步论证生鲜农产品库存成本 C_T 是 T_1 的凸函数，求解出了生鲜农产品库存最优订货量和最小库存成本。

(5) 以水果库存为例，对该生鲜农产品库存最优订货量和最小库存成本的算法进行了具体应用。

本章的研究对生鲜农产品的库存管理具有一定的理论指导和实际借鉴作用。对通货膨胀和延期支付条件下，需求不确定生鲜农产品库存控制模型的探讨是下一个研究的目标。

第 11 章　市场需求呈 Weibull 分布的生鲜农产品供应链库存控制

本章主要研究市场需求基于 Weibull 分布的生鲜农产品，在通货膨胀和延期支付下的库存最优订货策略。用控制理论和系统优化方法，根据生鲜农产品的特点，设定生鲜农产品自然腐烂率为常数，根据实际中市场需求呈 Weibull 分布情况，建立了基于二维 Weibull 分布的库存控制模型，探讨通货膨胀和延期支付对 Weibull 分布下最优订货量和最小库存成本的影响。最后，以水果批发市场实例，论证该方法的可行性，该研究成果为生鲜农产品供应链动态控制提供一种新的方法，具有一定的理论指导和实际借鉴作用。

11.1　引　　言

在激烈的市场竞争环境下，库存管理是供应链中一个重要的环节，如何制定最优的库存策略已成为供应链合作控制中必须解决的问题。目前在库存控制理论研究中，库存控制系统主要有三种：定量库存控制系统、定期库存控制系统、最大最小库存控制系统。按照不同的订货方式分类，可分为以下 4 种订货模型：①定期定量模型；②定期不定量模型；③定量不定期模型；④有限进货率定期定量模型。库存管理模型按照供需情况可分为确定型库存模型和概率型库存模型两类。以上对库存模型的研究大多是针对工业产品的，对于农产品，尤其是生鲜农产品供应链的库存控制涉及较少。

我国是一个农业大国，我国居民日常生活中生鲜农产品是仅次于粮食的主要食物，由于生鲜农产品依赖的自然环境风险大[430]，生鲜农产品生产要素的时空变异大，生产和运营过程可控性差、不确定性大、量化规范化难度大，生鲜农产品产出不具有完全的同质性，生鲜农产品投资回收期长、吸引资本的能力弱，如何建立符合我国特点的生鲜农产品供应链库存控制模型，建立生鲜农产品供应链动态库存控制机制，是目前生鲜农产品供应链管理亟待解决的问题。

在第 10 章研究市场需求确定下的生鲜农产品供应链在通货膨胀和延期支付条件下库存控制问题的基础上，本章进一步根据生鲜农产品供应链市场特性，研究当需求呈 Weibull 分布时，在通货膨胀率与折现率的差趋于零的情况下，生鲜农产品供应链库存控制机制，探讨通货膨胀和延期支付下的最优库存订货策略。

11.2　需求呈 Weibull 分布的生鲜农产品供应链系统描述

考虑在一个运作周期中，生鲜农产品供应链系统中，成员之间的费用采用延期支付的方式，对系统假设需求呈二参数的 Weibull 分布，并且 Weibull 函数的形状因子大于 1，补货在瞬间完成，生鲜农产品自然腐烂率为常数，单位库存保管费为常数，假定生鲜农产品单位入库价格是一个常数，订货费为常数，最大缺货周期已知，当延期支付周期通货膨胀率与折现率的差趋于零，需求呈 Weibull 分布的库存模型中所涉及的符号定义如下。

C_{Tw} 为需求呈 Weibull 分布下的总库存成本；

C_{dw}^{f} 为需求呈 Weibull 分布下的总腐烂变质损失费；

C_{ew}^{f} 为需求呈 Weibull 分布下的利息收益；

C_{hw}^{f} 为需求呈 Weibull 分布下的总库存保管费；

C_{ow} 为订货成本；

c_{sw} 为单位缺货费；

C_{sw}^{f} 为需求呈 Weibull 分布下的总缺货损失费；

T_1 为库存水平为正的周期；

$D(t)$为需求呈二参数 Weibull 分布的需求函数；

$d(t)$为需求率函数；

$I(t)$为库存水平函数；

T_L为最大缺货时间；

T为库存周期，$T = T_1 + T_L$；

P_w为生鲜农产品的单位入库价格；

E_w为利率；

K_w为总订货成本；

M_w为延期支付周期；

S_w为缺货量；

$S_{w\max}$为需求呈 Weibull 分布下的最大缺货量；

Q^*_w为需求呈 Weibull 分布下的最优订货量；

R_w为目前通货膨胀率；

h_w为单位库存保管费；

$I_{w\max}$为最大库存量；

α为 Weibull 函数的尺度因子；

β为 Weibull 函数的形状因子，$\beta \geqslant 1$；

θ为生鲜农产品的自然腐烂率。

11.3 需求呈 Weibull 分布的生鲜农产品库存模型

首先根据需求呈 Weibull 分布的库存系统的变化规律，建立库存水平函数$I(t)$的微分方程，根据系统的以上假设和定义求解微分方程得到库存水平函数$I(t)$，进一步求出需求呈 Weibull 分布下的最大库存量$I_{w\max}$和最大缺货量$S_{w\max}$，两者之和就是需求呈 Weibull 分布下的生鲜农产品库存系统的最优订货量Q_w^*。其次给出需求呈 Weibull 分布下的库存成本函数C_{Tw}，在此基础上考虑需求呈 Weibull 分布下，延期支付和通货膨胀率对库存成本函数的影响，可以得到通货膨胀和延期支付下库存成本关于库存水平为正的周期变量 T_1 的函数 $C_{Tw}(T_1)$，证明该库存成本函数是变量 T_1 的凸函数，并求出使库存成本最小时的库存水平为正的周期值 T_1^*，进一步求出最优订货量 Q_w^* 和最小库存成本 C_{Tw}^*，最后得到生鲜农产品库存最优订货策略。

11.3.1　需求呈 Weibull 分布的生鲜农产品库存微分方程

生鲜农产品供应链需求是呈二参数的 Weibull 分布，如图 11.1 所示。需求函数 $D(t)=1-\mathrm{e}^{-\alpha t^{\beta}}$，需求率函数 $d(t)=\dfrac{D'(t)}{1-D(t)}=\alpha\beta t^{\beta-1}$。库存系统随时间的变化如图 11.2 所示。设库存系统随时间的变化为：①由于市场需求和腐烂，生鲜农产品库存减少阶段：0-T_1；②不能满足市场需求，在某一时刻 T_1 库存为 0；③缺货阶段：T_1-T，在 T 时刻补货满足需求量，补货一次完成。

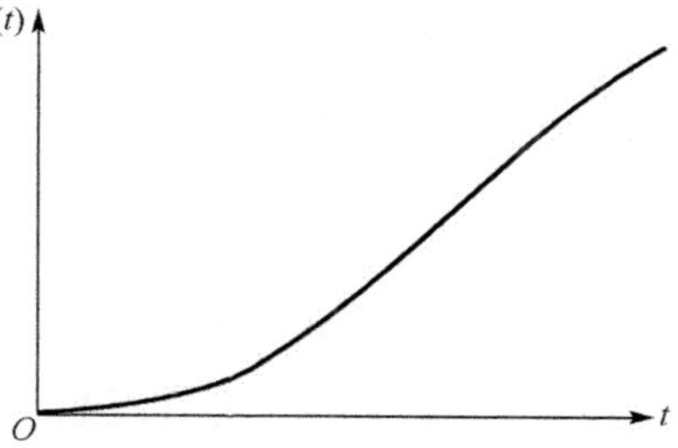

图 11.1　需求呈 Weibull 分布的生鲜农产品需求函数

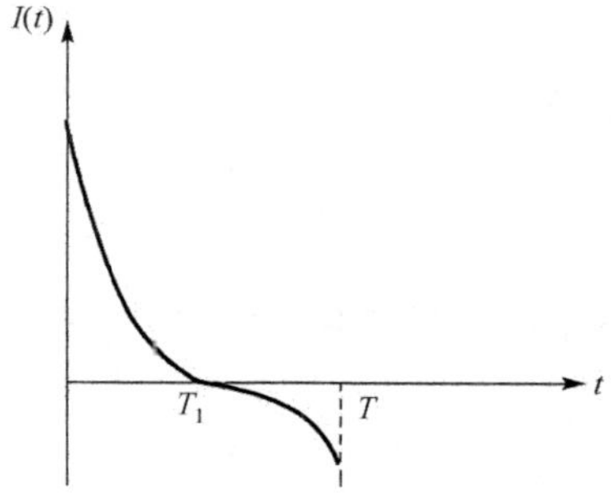

图 11.2　需求呈 Weibull 分布的生鲜农产品库存系统

根据以上的假设和定义，建立需求呈 Weibull 分布下的库存水平函数 $I(t)$ 的微分方程：

$$\frac{\mathrm{d}I(t)}{\mathrm{d}t}+\theta I(t)+d(t)=0 \quad 0\leqslant t\leqslant T_1 \tag{11.1}$$

$$\frac{\mathrm{d}I(t)}{\mathrm{d}t}+d(t)=0 \quad T_1\leqslant t\leqslant T \tag{11.2}$$

求解微分方程(11.1)、方程(11.2)，带入边界条件 $I(T_1)=0$，可求得：

$$\begin{aligned}I(t)&=\mathrm{e}^{-\theta t}[\int-\alpha\beta t^{\beta-1}\mathrm{e}^{\theta t}\mathrm{d}t+C]\Big|_{I(T_1)=0}=\alpha\beta t^{\theta-1}\int_t^{T_1}Y^{\beta-1}\mathrm{e}^{\theta Y}\\&=\alpha\beta\mathrm{e}^{-\theta T_1}\sum_{n=0}^{\infty}\frac{\theta^n T_1^{n+\beta}}{n!(n+\beta)}-\alpha\beta\mathrm{e}^{-\theta t}\sum_{n=0}^{\infty}\frac{\theta^n t^{n+\beta}}{n!(n+\beta)} \quad 0\leqslant t\leqslant T_1\end{aligned} \tag{11.3}$$

$$I(t)=-\int_{T_1}^{t}d(t)\mathrm{d}t=\alpha(T_1^{\beta}-t^{\beta}) \qquad T_1\leqslant t\leqslant T \tag{11.4}$$

由图 11.2 需求呈 Weibull 分布的生鲜农产品库存系统可知：最大库存量 $I_{w\max}$ 为 $I_{w\max}=I(0)$，代入式(11.3)可求得最大库存水平量 $I_{w\max}$：

$$\begin{aligned}I_{w\max}&=I(t)_{t=0}=\alpha\beta t^{\theta-1}\int_t^{T_1}BY^{\beta-1}\mathrm{e}^{\theta Y}\mathrm{d}Y\\&=\alpha\beta T_1^{\beta}\sum_{n=0}^{\infty}\frac{(\theta T_1)^n}{n!(n+\beta)}\end{aligned} \tag{11.5}$$

$$S_w(t)=-I(t)=\alpha(t^{\beta}-T_1^{\beta}) \quad T_1\leqslant t\leqslant T \tag{11.6}$$

$$\begin{aligned}S_{w\max}&=I(t)\big|_{t=T}=\alpha(T^{\beta}-T_1^{\beta})\\&=\alpha[(T_1+T_L)^{\beta}-T_1^{\beta}]\end{aligned} \tag{11.7}$$

市场需求呈 Weibull 分布的生鲜农产品最优订货量为

$$Q_w^*=I_{w\max}+S_{w\max} \tag{11.8}$$

11.3.2 需求呈 Weibull 分布的生鲜农产品库存成本

在需求呈 Weibull 分布下，假设生鲜农产品订货成本仍然保持不变，库存总成本 C_{Tw} 为订货成本 C_{ow}、库存保管费 C_{hw}^f、缺货损失费 C_{sw}^f、腐

烂变质损失费 C_{dw}^f 四者之和减去延期支付下的利息收益 C_{ew}^f，计算公式如下：

$$C_{Tw} = C_{ow} + C_{hw}^f + C_{sw}^f + C_{dw}^f - C_{ew}^f \tag{11.9}$$

根据以上的假设和定义，可求得订货成本：

$$C_{ow} = K_w \tag{11.10}$$

需求呈 Weibull 分布下的总库存保管费 C_{hw}^f，为单位库存保管费 h_w 乘以库存量 $I(t)$ 再乘以通货膨胀率的影响因子：

$$C_{hw}^f = h_w I(t) \mathrm{e}^{R_w t} \tag{11.11}$$

将式(11.3)带入式(11.11)计算可得：

$$\begin{aligned} C_{hw}^f &= h_w \int_0^{T_1} I(t) \mathrm{e}^{R_w t} \mathrm{d}t \\ &= h_w \int_0^{T_1} \left[\alpha\beta \mathrm{e}^{-\theta T_1} \sum_{n=0}^{\infty} \frac{\theta^n T_1^{n+\beta}}{n!(n+\beta)} - \alpha\beta \mathrm{e}^{-\theta t} \sum_{n=0}^{\infty} \frac{\theta^n t^{n+\beta}}{n!(n+\beta)} \right] \mathrm{e}^{R_w t} \mathrm{d}t \end{aligned} \tag{11.12}$$

需求呈 Weibull 分布下的缺货损失费 C_{sw}^f，为单位缺货费 c_{sw} 乘以总缺货量再乘以通货膨胀率的影响因子：

$$C_{sw}^f = c_s S_w(t) \mathrm{e}^{R_w t} \tag{11.13}$$

将式(11.6)带入式(11.13)计算可得：

$$\begin{aligned} C_{sw}^f &= c_s \int_{T_1}^{T} -I(t) \mathrm{e}^{R_w t} \mathrm{d}t \\ &= c_s \int_{T_1}^{T} \alpha(t^\beta - T_1^\beta) \mathrm{e}^{R_w t} \mathrm{d}t \quad T_1 \leqslant t \leqslant T \end{aligned} \tag{11.14}$$

需求呈 Weibull 分布下的腐烂变质损失费 C_{dw}^f 为生鲜农产品的单位入库价格 P_w 乘以生鲜农产品的腐烂量再乘以通货膨胀率的影响因子，生鲜农产品的腐烂量等于库存减去市场需求量：

$$C_{dw}^f = P_w (I_{w\max} - D(t) T_1) \mathrm{e}^{R_w t} \tag{11.15}$$

将需求函数 $D(t) = 1 - \mathrm{e}^{-\alpha t^\beta}$ 以及式(11.5)带入式(11.15)计算可得：

$$
\begin{aligned}
C_{dw}^{f} &= P_w(I_{w\max} - D(t)T_1)\mathrm{e}^{R_w t} \\
&= \int_0^{T_1} P_w\left(I_{w\max} - \int_0^{T_1} \alpha\beta t^{\beta-1}\mathrm{d}t\right)\mathrm{e}^{R_w t}\mathrm{d}t \\
&= P_w\alpha\int_0^{T_1} \beta t^{\beta-1}(\mathrm{e}^{\theta t}-1)\mathrm{d}t \\
&= P_w\alpha T_1^{\beta}\left[\beta\sum_{n=0}^{\infty}\frac{\theta^n T_1^n}{n!(n+\beta)}-1\right]
\end{aligned}
\tag{11.16}
$$

需求呈 Weibull 分布下的延期支付的利息收益 C_{ew}^{f}，为在延期支付周期内，生鲜农产品的单位入库价格 P_w 乘以生鲜农产品的库存量、再乘以利率的影响因子以及通货膨胀率的影响因子：

$$
C_{ew}^{f} = \int_0^{M} P_w I(t)\mathrm{e}^{-R_w t}\mathrm{e}^{E_w t}\mathrm{d}t \tag{11.17}
$$

将式(11.3)带入式(11.17)计算可得：

$$
\begin{aligned}
C_{ew}^{f} &= \int_0^{M} P_w I(t)\mathrm{e}^{-R_w t}\mathrm{e}^{E_w t}\mathrm{d}t \\
&= \int_0^{M} P_w\left[\alpha\beta\mathrm{e}^{-\theta T_1}\sum_{n=0}^{\infty}\frac{\theta^n T_1^{n+\beta}}{n!(n+\beta)} - \alpha\beta\mathrm{e}^{-\theta t}\sum_{n=0}^{\infty}\frac{\theta^n t^{n+\beta}}{n!(n+\beta)}\right]\mathrm{e}^{-R_w t}\mathrm{e}^{E_w t}\mathrm{d}t \\
&= \alpha\beta P_w\int_0^{M}\left[\mathrm{e}^{-\theta T_1}\sum_{n=0}^{\infty}\frac{\theta^n T_1^{n+\beta}}{n!(n+\beta)} - \mathrm{e}^{-\theta t}\sum_{n=0}^{\infty}\frac{\theta^n t^{n+\beta}}{n!(n+\beta)}\right]\mathrm{e}^{-R_w t}\mathrm{e}^{E_w t}\mathrm{d}t
\end{aligned}
\tag{11.18}
$$

11.3.3 需求呈 Weibull 分布的库存最优订货量和最小库存成本求解

第一步：求出需求呈 Weibull 分布下的总库存成本 C_{Tw}，具体如下。

通过式(11.10)、式(11.12)、式(11.14)、式(11.16)、式(11.18)分别计算需求呈 Weibull 分布下的订货成本 C_{ow}、库存保管费 C_{hw}^{f}、缺货损失费 C_{sw}^{f}、腐烂变质损失费 C_{dw}^{f} 和延期支付下的利息收益 C_{ew}^{f}，代入库存总成本 C_{Tw} 的计算公式(11.9)中，化简后得到库存总成本 C_{Tw} 关于 T_1 的函数：

$$
\begin{aligned}
C_{Tw} = {} & K_w + h_w \int_0^{T_1} \left[\alpha\beta \mathrm{e}^{-\theta T_1} \sum_{n=0}^{\infty} \frac{\theta^n T_1^{n+\beta}}{n!(n+\beta)} - \alpha\beta \mathrm{e}^{-\theta t} \sum_{n=0}^{\infty} \frac{\theta^n t^{n+\beta}}{n!(n+\beta)} \right] \mathrm{e}^{R_w t} \mathrm{d}t \\
& + c_s \int_0^{T_1} \alpha (t^\beta - T_1^\beta) \mathrm{e}^{R_w t} \mathrm{d}t + P_w \alpha T_1^\beta \left[\beta \sum_{n=0}^{\infty} \frac{\theta^n T_1^n}{n!(n+\beta)} - 1 \right] \\
& - \alpha\beta P_w \int_0^{M} \left[\mathrm{e}^{-\theta T_1} \sum_{n=0}^{\infty} \frac{\theta^n T_1^{n+\beta}}{n!(n+\beta)} - \mathrm{e}^{-\theta t} \sum_{n=0}^{\infty} \frac{\theta^n t^{n+\beta}}{n!(n+\beta)} \right] \mathrm{e}^{-R_w t} \mathrm{e}^{E_w t} \mathrm{d}t
\end{aligned}
\tag{11.19}
$$

第二步：要满足优化条件，证明该库存成本函数 C_{Tw} 是变量 T_1 的凸函数，计算 $\dfrac{\partial C_{Tw}}{\partial T_1}$：

$$
\begin{aligned}
\frac{\partial C_{Tw}}{\partial T_1} = {} & c_{sw} \alpha (T_1 + T_L)^\beta \mathrm{e}^{R_w (T_1 + T_L)} - c_{sw} \alpha T_1^\beta \mathrm{e}^{R_w T_1} \\
& - \frac{c_{sw}\alpha}{R_w} T_1^\beta [\mathrm{e}^{R_w (T_1 + T_L)} - \mathrm{e}^{R_w T_1}] + P_w \alpha\beta T_1^{\beta-1} (\mathrm{e}^{\theta T_1} - 1) \\
& + \frac{P_w \alpha\beta \mathrm{e}^{-\theta T_1}}{E_w - R_w} \left[\sum_{n=0}^{\infty} \frac{\theta^n T_1^{n-\beta-1}}{n!} - \theta \sum_{n=0}^{\infty} \frac{\theta^n T_1^{n+\beta}}{n!(n+\beta)} \right] (\mathrm{e}^{-R_w M_w} \mathrm{e}^{E_w M_w} - 1)
\end{aligned}
\tag{11.20}
$$

第三步：计算 $\dfrac{\partial^2 C_{Tw}}{\partial T_1^2}$，并化简可得：

$$
\begin{aligned}
\frac{\partial^2 C_{Tw}}{\partial T_1^2} = {} & R_w c_{sw} \alpha \left[(T_1 + T_L)^\beta - T_1^\beta \right] \mathrm{e}^{R_w (T_1 + T_L)} \\
& + \beta c_{sw} \alpha \left[(T_1 + T_L)^{\beta-1} - T_1^{\beta-1} \right] \mathrm{e}^{R_w (T_1 + T_L)} + \theta P_w \alpha\beta T_1^{\beta-1} \mathrm{e}^{\theta T_1} \\
& + \frac{P_w \alpha\beta \mathrm{e}^{-\theta T_1}}{E_w - R_w} \left[\sum_{n=0}^{\infty} \frac{(n+\beta-1)\theta^n T_1^{n+\beta-2}}{n!} + \theta^2 \sum_{n=0}^{\infty} \frac{\theta^n T_1^{n+\beta}}{n!(n+\beta)} \right] (\mathrm{e}^{-R_w M_w} \mathrm{e}^{E_w M_w} - 1) \\
& + (\beta - 1) P_w \alpha\beta T_1^{\beta-1} (\mathrm{e}^{\theta T_1} - 1)
\end{aligned}
\tag{11.21}
$$

第四步：求解方程 $\dfrac{\partial C_{Tw}}{\partial T_1} = 0$ 的最优解。

由系统假设可知：$\beta \geqslant 1$，$R_w > \theta$，$R_w > 0$，$\lim\limits_{M \to 0} (E_w - R_w) \approx 0$，代入式(11.21)求得：

$$\frac{\partial^2 C_{Tw}}{\partial T_1^2} > 0 \tag{11.22}$$

所以，C_{Tw} 是 T_1 的凸函数，C_{Tw} 在 $\frac{\partial C_{Tw}}{\partial T_1}=0$ 处有最小值 T_1^*，令式(11.20)等于零，可得：

$$\begin{aligned}&c_{sw}\alpha(T_1+T_L)^{\beta}\mathrm{e}^{R_w(T_1+T_L)}-c_{sw}\alpha T_1^{\beta}\mathrm{e}^{R_wT_1}-\frac{c_{sw}\alpha}{R_w}T_1^{\beta}\left[\mathrm{e}^{R_w(T_1+T_L)}-\mathrm{e}^{R_wT_1}\right]\\&+\frac{P_w\alpha\beta\mathrm{e}^{-\theta T_1}}{E_w-R_w}\left[\sum_{n=0}^{\infty}\frac{\theta^nT_1^{n+\beta-1}}{n!}-\theta\sum_{n=0}^{\infty}\frac{\theta^nT_1^{n+\beta}}{n!(n+\beta)}\right](\mathrm{e}^{-R_wM_w}\mathrm{e}^{E_wM_w}-1)\\&+P_w\alpha\beta T_1^{\beta-1}(\mathrm{e}^{\theta T_1}-1)=0\end{aligned} \tag{11.23}$$

由式(11.23)求出 T_1^*，将 T_1^* 代入式(11. 5)、式(11. 7)、式(11. 8)，计算出最优订货量 Q_w^*，将 T_1^* 代入式(11.15)计算出最小值 C_{Tw}^*。

11.4 通货膨胀率与折现率的差趋于零时延期支付周期对库存总成本的影响

首先求出需求呈 Weibull 分布下的 $\frac{\partial C_{Tw}}{\partial M_w}$，求解方程 $\frac{\partial C_{Tw}}{\partial M_w}=0$ 中 M_w 的值，讨论总库存成本 C_{Tw} 关于 M_w 函数的增减性，可进一步判断延期支付周期 M_w 对总库存成本 C_{Tw} 的影响。

第一步：计算 $\frac{\partial C_{Tw}}{\partial M_w}$：

$$\frac{\partial C_{Tw}}{\partial M_w}=-P_w\left[\alpha\beta\mathrm{e}^{-\theta T_1}\sum_{n=0}^{\infty}\frac{\theta^nT_1^{n+\beta}}{n!(n+\beta)}-\alpha\beta\mathrm{e}^{-\theta M_w}\sum_{n=0}^{\infty}\frac{\theta^nM_w^{n+\beta}}{n!(n+\beta)}\right]\mathrm{e}^{-R_wM_w}\mathrm{e}^{E_wM_w} \tag{11.24}$$

令 $\frac{\partial C_{Tw}}{\partial M_w}=0$，即

$$P_w\left[\alpha\beta\mathrm{e}^{-\theta T_1}\sum_{n=0}^{\infty}\frac{\theta^nT_1^{n+\beta}}{n!(n+\beta)}-\alpha\beta\mathrm{e}^{-\theta M_w}\sum_{n=0}^{\infty}\frac{\theta^nM_w^{n+\beta}}{n!(n+\beta)}\right]\mathrm{e}^{-R_wM_w}\mathrm{e}^{E_wM_w}=0 \tag{11.25}$$

解方程(11.25)求出：$T_1=M_w$。

第二步：讨论当 $M_w < T_1$ 时，M_w 对 C_{Tw} 影响。

当 $M_w < T_1$ 时，由系统假设可得：

$$\frac{\partial C_{Tw}}{\partial M_w} = -P_w\left[\alpha\beta \mathrm{e}^{-\theta T_1}\sum_{n=0}^{\infty}\frac{\theta^n T_1^{n+\beta}}{n!(n+\beta)} - \alpha\beta \mathrm{e}^{-\theta M_w}\sum_{n=0}^{\infty}\frac{\theta^n {M_w}^{n+\beta}}{n!(n+\beta)}\right]\mathrm{e}^{-R_w M_w}\mathrm{e}^{E_w M_w} < 0$$

总库存成本 C_{Tw} 是关于 M_w 的减函数，所以，在需求呈 Weibull 分布下，随着延期支付周期 M_w 的延长，总库存成本 C_{Tw} 减小。

第三步：讨论当 $M_w > T_1$ 时，M_w 对 C_{Tw} 影响。

当 $M_w > T_1$ 时，由系统假设可得：

$$\frac{\partial C_{Tw}}{\partial M_w} = -P_w\left[\alpha\beta \mathrm{e}^{-\theta T_1}\sum_{n=0}^{\infty}\frac{\theta^n T_1^{n+\beta}}{n!(n+\beta)} - \alpha\beta \mathrm{e}^{-\theta M_w}\sum_{n=0}^{\infty}\frac{\theta^n {M_w}^{n+\beta}}{n!(n+\beta)}\right]\mathrm{e}^{-R_w M_w}\mathrm{e}^{E_w M_w} > 0$$

总库存成本 C_{Tw} 是关于 M_w 的增函数，所以，在需求呈 Weibull 分布下，随着延期支付周期 M_w 的延长，总库存成本 C_{Tw} 增大。

11.5　算例分析

以河南某水果物流市场在水果市场需求呈 Weibull 分布下的统计数据为例，当 $\alpha=3$，$\beta=5$；$c_{sw}=5$；$h_w=60$；$E_w=0.03$；$K_w=600$；$P_w=2.8$；$\theta=0.02$；$T_L=2$；$M_w=\{5,10,15,16,17,18,19,20\}$，$R_w=\{0.027,0.028,0.029,0.031,0.032,0.033\}$ 时，计算出通货膨胀率与折现率的差趋于零时，不同参数的最优订货量 Q_w^* 和最小库存成本 C_{Tw}^* 的值如表 11.1 所示，变化趋势如图 11.3～图 11.6 所示。

从表 11.1，图 11.3 和图 11.4 可以看出：当 R_w 一定时，最优订货量 Q_w^*、最小库存成本 C_{Tw}^* 随延期支付周期 M_w 的延长增大。当 R_w 较小时，最优订货量 Q_w^*、最小库存成本 C_{Tw}^* 随延期支付周期 M_w 的延长，增加较快；随着 R_w 的变大，最优订货量 Q_w^*、最小库存成本 C_{Tw}^* 随延期支付周期 M_w 的延长，增加较缓慢。

从表 11.1，图 11.5 和图 11.6 可以看出：当 M_w 一定时，最优订货量 Q_w^*、最小库存成本 C_{Tw}^* 随 R_w 的增大而减小，且随着 M_w 的增大，减小更快。

表 11.1　不同参数的最优订货量和最小库存成本的值

M_w	R_w=0.027			R_w=0.028			R_w=0.029			R_w=0.031			R_w=0.032			R_w=0.033		
	T_1	Q_w^*	C_{Tw}^*	T_1	Q_w^*	C_{Tw}^*	T_1	Q_w^*	C_{Tw}^*	T_1	Q_w^*	C_{Tw}^*	T_1	Q_w^*	C_{Tw}^*	T_1	Q_w^*	C_{Tw}^*
5	12.38	2042	592586	12.33	2009	582882	12.29	1977	573599	12.20	1917	556213	12.16	1888	548073	12.12	1881	540277
10	15.84	6332	2652435	15.72	6101	2544950	15.59	5883	2444274	15.36	5485	2261237	15.25	5302	2177944	15.14	5129	2099585
15	18.89	14622	7794883	18.68	13841	7331898	18.47	13120	6906684	18.08	11835	6154966	17.89	11261	5822203	17.71	10728	5514580
16	19.46	16863	9347597	19.22	15911	8761767	19.00	15035	8225615	18.58	13482	7282501	18.37	12792	6867071	18.18	12153	6484229
17	20.01	19317	11109890	19.76	18171	10378796	19.52	17119	9711960	19.06	15262	8544599	18.84	14441	8032840	18.63	13682	7562647
18	20.55	21994	13097388	20.28	20626	12196209	20.02	19375	11376916	19.53	17176	9949310	19.30	16209	9326337	19.07	15317	8755629
19	21.07	24899	15326169	20.79	23282	14227594	20.51	21808	13231985	19.99	19228	11504903	19.74	18098	10754591	19.50	17059	10069159
20	21.59	28042	17812854	21.28	26145	16486993	20.99	24422	15289055	20.44	21419	13219964	20.17	20108	12324925	19.92	18907	11509499

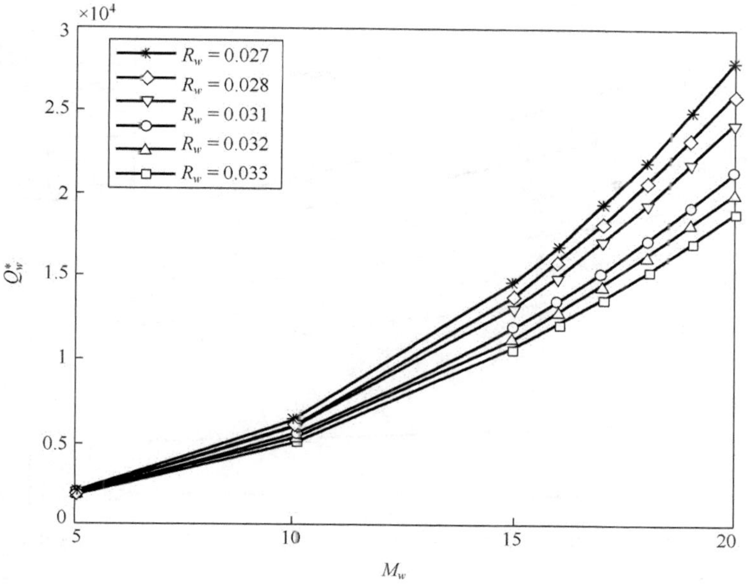

图 11.3　Q_w^* 在不同 R_w 下随 M_w 变化趋势

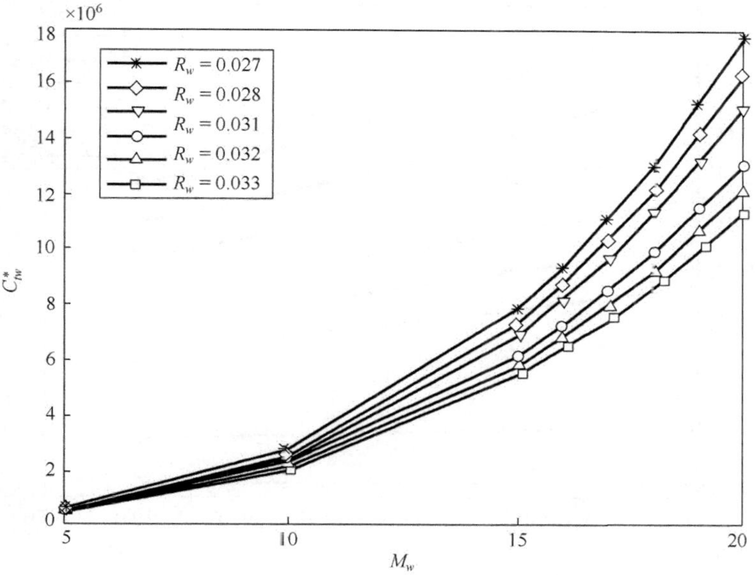

图 11.4　C_{Tw}^* 在不同 R_w 下随 M_w 变化趋势

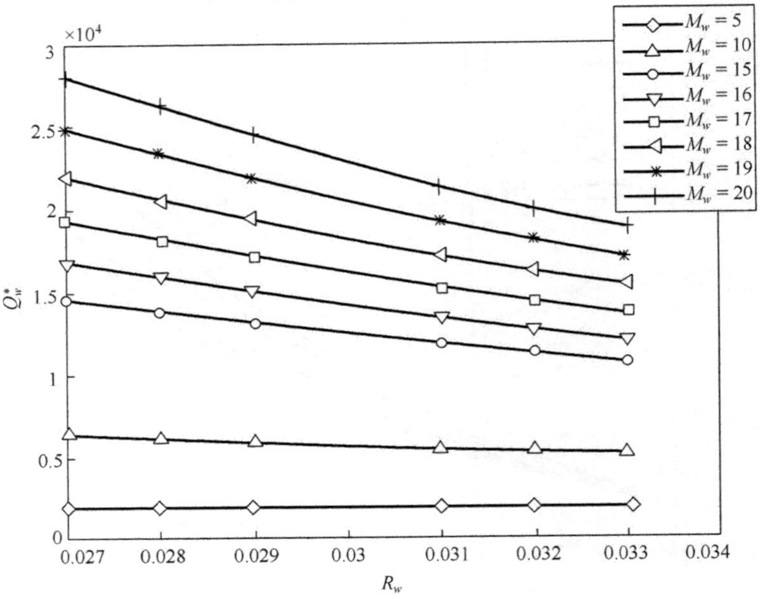

图 11.5　Q_w^* 在不同 M_w 下随 R_w 变化趋势

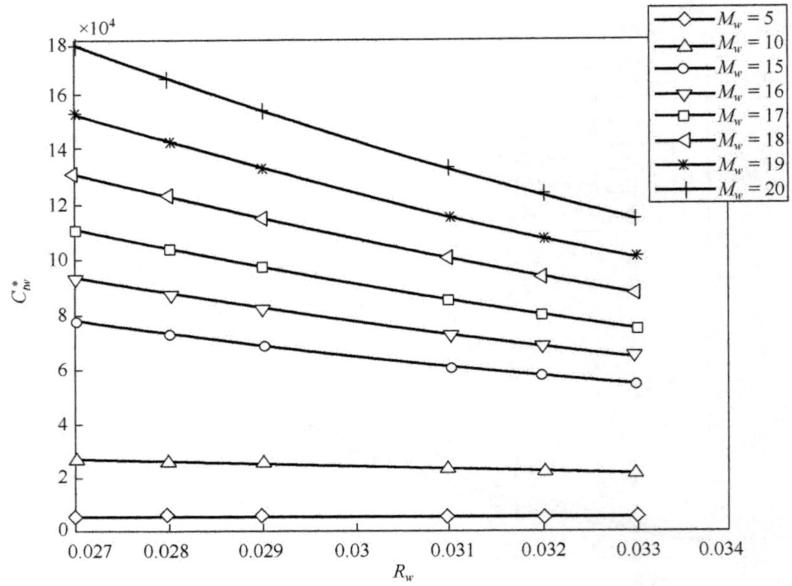

图 11.6　C^*在不同 M_w 下随 R_w 变化

11.6 本章小结

本章将控制理论和系统工程理论相结合，在第 10 章和文献[427]的研究基础上，进一步研究市场需求呈 Weibull 分布的生鲜农产品供应链在通货膨胀和延期支付下，且通货膨胀率与折现率的差不等于零时的库存控制模型，探讨了通货膨胀和延期支付对最优订货量和最小库存成本的影响，提出了通货膨胀率与折现率的差不等于零时的生鲜农产品供应链库存最优订货策略。

本章的主要内容和成果如下。

(1) 首先分析了生鲜农产品供应链当市场需求呈 Weibull 分布时，在通货膨胀和延期支付下，且通货膨胀率与折现率的差不等于零时的系统特性。

(2) 根据生鲜农产品库存变化规律，建立了生鲜农产品库存水平函数的微分方程，求出了生鲜农产品库存的最优订货量。

(3) 在 (1) 和 (2) 分析研究的基础上，建立了市场需求呈 Weibull 分布的生鲜农产品库存模型。

(4) 在此基础上，求解出了市场需求呈 Weibull 分布的生鲜农产品库存最优订货量和最小库存成本。

(5) 讨论了市场需求呈 Weibull 分布时，在通货膨胀和延期支付下，当通货膨胀率与折现率的差不等于零时的 M_w 对 C_{Tw} 的影响。

(6) 以某蔬菜批发市场库存蔬菜为例，对该生鲜农产品库存最优订货量和最小库存成本的算法进行了具体应用。

本章的研究丰富了生鲜农产品供应链管理理论，对实际生鲜农产品的库存控制具有一定的理论指导和实际借鉴作用。

第12章 通货膨胀率与折现率的差不等于零时的生鲜农产品供应链库存控制

本章在第10章、第11章研究的基础上，进一步研究当通货膨胀率与折现率的差不等于零时，生鲜农产品供应链库存控制问题，继续用控制理论和系统优化方法，建立通货膨胀率与折现率的差不等于零时的库存控制模型。探讨通货膨胀和延期支付对生鲜农产品供应链库存控制的影响，并以蔬菜批发市场为例，对该模型进行了论证。本章的研究探讨了另一种新的生鲜农产品库存控制方法，具有一定的理论指导和实际借鉴作用。

12.1 引 言

国外对于农产品供应链管理的研究比较多的集中在纵向合作、战略伙伴关系等方面。欧美等西方发达国家主要在食品供应链、生鲜供应链、农产品物流、冷链系统以及棉花、非散装谷物等方面进行了研究[442-450]，国内的一些学者也研究了我国农业供应链的特点，黄桂红和贾仁安[451]以赣南脐橙为研究背景，用系统动力学反馈对策基模入树仿真建模法，对生鲜农产品供应链系统进行了研究。林略等和王丽娟等研究了鲜活农产品三级供应链[335,452,453]，以上研究在理论和实践上都丰富了供应链库存理论和方法。

本书作者在第10章中研究了市场需求确定下的生鲜农产品供应链在通货膨胀和延期支付条件下库存控制问题，在第11章中探讨了需求呈Weibull分布的，且假定通货膨胀率大于生鲜农产品自然腐烂率的生鲜农产品库存控制模型，以上研究都是假定通货膨胀率与折现率的差趋于零的前提下。本章在以上文献的基础上，继续进一步分析通货膨胀率与折现率的差不等于零的生鲜农产品库存最优订货量和最小库存成本的新算法，并设计出通货膨胀和延期支付下最优库存订货策略[337]。

12.2 通货膨胀率与折现率的差不等于零时的系统描述

考虑一个运作周期中，生鲜农产品供应链系统中，成员之间的费用延期支付，实际中的通货膨胀对库存优化的影响，对系统的假设和第 10 章、第 11 章相同，并假定通货膨胀率与折现率的差不等于零。

C_q 为订货成本；

C_r 为通货膨胀和延期支付下的总腐烂变质损失费；

C_p 为通货膨胀和延期支付下的利息收益；

C_k 为通货膨胀和延期支付下的总库存保管费；

C_l 为通货膨胀和延期支付下的总缺货损失费；

c_l 为单位缺货费；

C 为通货膨胀和延期支付下总库存成本；

$S(t)$ 为库存水平函数；

$S_{\max}$ 为最大库存量；

E 为利率；

H 为总订货成本；

F 为缺货量；

$F_{\max}$ 为最大缺货量；

ξ 为生鲜农产品的自然腐烂率。

12.3 通货膨胀率与折现率的差不等于零时的库存模型

12.3.1 通货膨胀率与折现率的差不等于零时的库存微分方程

根据以上的假设和定义，建立库存水平函数 $S(t)$ 的微分方程：

$$\frac{\mathrm{d}S(t)}{\mathrm{d}t}+\xi S(t)+d(t)=0 \quad 0\leqslant t\leqslant T_1 \tag{12.1}$$

$$\frac{\mathrm{d}S(t)}{\mathrm{d}t}+d(t)=0 \quad T_1\leqslant t\leqslant T \tag{12.2}$$

求解同第 10 章、第 11 章，可得：

$$S(t)=\mathrm{e}^{-\xi t}\left[\int -\alpha\beta t^{\beta-1}\mathrm{e}^{\xi t}\mathrm{d}t+C\right]\Big|_{S(T_1)=0}=\alpha\beta\mathrm{e}^{-\xi t}\int_t^{T_1}Y^{\beta-1}\mathrm{e}^{\xi Y}\mathrm{d}Y$$

$$=\alpha\beta\mathrm{e}^{-\xi T_1}\sum_{n=0}^{\infty}\frac{\xi^n T_1^{n+\beta}}{n!(n+\beta)}-\alpha\beta\mathrm{e}^{-\xi t}\sum_{n=0}^{\infty}\frac{\xi^n t^{n+\beta}}{n!(n+\beta)} \quad 0\leqslant t\leqslant T_1 \tag{12.3}$$

$$S(t)=-\int_{T_1}^{t}d(t)\mathrm{d}t=\alpha(T_1^{\beta}-t^{\beta}) \quad T_1\leqslant t\leqslant T \tag{12.4}$$

求得最大库存水平、最大缺货量为

$$S_{\max}=S(t)_{t=0}=\alpha\int_0^{T_1}\beta Y^{\beta-1}\mathrm{e}^{\xi Y}\mathrm{d}Y=\alpha\beta T_1^{\beta}\sum_{n=0}^{\infty}\frac{(\xi T_1)^n}{n!(n+\beta)} \tag{12.5}$$

$$F(t)=-S(t)=\alpha(t^{\beta}-T_1^{\beta}) \quad T_1\leqslant t\leqslant T \tag{12.6}$$

$$F_{\max}=F(t)\big|_{t=T}=\alpha(T^{\beta}-T_1^{\beta})=\alpha[(T_1+T_L)^{\beta}-T_1^{\beta}] \tag{12.7}$$

生鲜农产品最优订货量为

$$Q^{*}=S_{\max}+F_{\max} \tag{12.8}$$

12.3.2 通货膨胀率与折现率的差不等于零时的库存成本

由第 10 章、第 11 章可得：

$$C=C_q+C_k+C_l+C_r-C_p \tag{12.9}$$

根据以上的假设和定义，可求得：

$$C_q=H \tag{12.10}$$

$$C_k = k\int_0^{T_1} S(t)\,\mathrm{e}^{Rt}\mathrm{d}t$$

$$= k\int_0^{T_1}\left[\alpha\beta\mathrm{e}^{-\xi T_1}\sum_{n=0}^{\infty}\frac{\xi^n T_1^{n+\beta}}{n!(n+\beta)} - \alpha\beta\mathrm{e}^{-\xi t}\sum_{n=0}^{\infty}\frac{\xi^n t^{n+\beta}}{n!(n+\beta)}\right]\mathrm{e}^{Rt}\mathrm{d}t \tag{12.11}$$

$$C_l = c_l\int_{T_1}^{T} L(t)\mathrm{e}^{Rt}\mathrm{d}t = c_l\int_{T_1}^{T}\alpha(t^\beta - T_1^\beta)\mathrm{e}^{Rt}\mathrm{d}t \tag{12.12}$$

$$C_r = \int_0^{T_1} P\left(S_{\max} - \int_0^{T_1}\alpha\beta t^{\beta-1}\mathrm{d}t\right)\mathrm{e}^{Rt}\mathrm{d}t$$

$$= P\alpha\int_0^{T_1}\beta t^{\beta-1}(\mathrm{e}^{\xi t}-1)\mathrm{d}t = P\alpha T_1^\beta\left[\beta\sum_{n=0}^{\infty}\frac{\xi^n T_1^n}{n!(n+\beta)} - 1\right] \tag{12.13}$$

$$C_p = \int_0^M PS(t)\mathrm{e}^{-Rt}\mathrm{e}^{Et}\mathrm{d}t$$

$$= \int_0^M P\left[\alpha\beta\mathrm{e}^{-\xi T_1}\sum_{n=0}^{\infty}\frac{\xi^n T_1^{n+\beta}}{n!(n+\beta)} - \alpha\beta\mathrm{e}^{-\xi t}\sum_{n=0}^{\infty}\frac{\xi^n t^{n+\beta}}{n!(n+\beta)}\right]\mathrm{e}^{-Rt}\mathrm{e}^{Et}\mathrm{d}t \tag{12.14}$$

12.3.3　库存最优订货量和最小库存成本求解

求解方法同第 10 章、第 11 章得：

$$\begin{aligned}
C = {} & H + k\int_0^{T_1}\left[\alpha\beta\mathrm{e}^{-\xi T_1}\sum_{n=0}^{\infty}\frac{\xi^n T_1^{n+\beta}}{n!(n+\beta)} - \alpha\beta\mathrm{e}^{-\xi t}\sum_{n=0}^{\infty}\frac{\xi^n t^{n+\beta}}{n!(n+\beta)}\right]\mathrm{e}^{Rt}\mathrm{d}t \\
& + c_l\int_{T_1}^{T}\alpha(t^\beta - T_1^\beta)\mathrm{e}^{Rt}\mathrm{d}t + P\alpha\int_0^{T_1}\beta t^{\beta-1}(\mathrm{e}^t - 1)\mathrm{d}t \\
& - \int_0^M P\left[\alpha\beta\mathrm{e}^{-\xi T_1}\sum_{n=0}^{\infty}\frac{\xi^n T_1^{n+\beta}}{n!(n+\beta)} - \alpha\beta\mathrm{e}^{-\xi t}\sum_{n=0}^{\infty}\frac{\xi^n t^{n+\beta}}{n!(n+\beta)}\right]\mathrm{e}^{-Rt}\mathrm{e}^{Et}\mathrm{d}t
\end{aligned} \tag{12.15}$$

进一步计算 $\dfrac{\partial C}{\partial T_1}$=0：

$$\begin{aligned}
\frac{\partial C}{\partial T_1} = {} & c_l\alpha(T_1+T_L)^\beta\mathrm{e}^{R(T_1+T_L)} - c_l\alpha T_1^\beta\mathrm{e}^{RT_1} \\
& - \frac{c_l\alpha}{R}T_1^\beta\left[\mathrm{e}^{R(T_1+T_L)} - \mathrm{e}^{RT_1}\right] + P\alpha\beta T_1^{\beta-1}(\mathrm{e}^{\xi T_1}-1) \\
& + \frac{P\alpha\beta\mathrm{e}^{-\xi T_1}}{E-R}\left[\sum_{n=0}^{\infty}\frac{\xi^n T_1^{n+\beta-1}}{n!} - \xi\sum_{n=0}^{\infty}\frac{\xi^n T_1^{n+\beta}}{n!(n+\beta)}\right](\mathrm{e}^{-RM}\mathrm{e}^{EM}-1) = 0
\end{aligned} \tag{12.16}$$

求解 $\frac{\partial^2 C}{\partial T_1^2}$ 可得：

$$\frac{\partial^2 C}{\partial T_1^2}=Rc_s\alpha\left[(T_1+T_L)^{\beta}-T_1^{\beta}\right]\mathrm{e}^{R(T_1+T_L)}$$
$$+Rc_s\alpha\left[(T_1+T_L)^{\beta-1}-T_1^{\beta-1}\right]\mathrm{e}^{R(T_1+T_L)}+\xi P\alpha\beta T_1^{\beta-1}\mathrm{e}^{\xi T_1}$$
$$+\frac{P\alpha\beta\mathrm{e}^{-\xi T_1}}{E-R}\left[\sum_{n=0}^{\infty}\frac{(n+\beta-1)\xi^n T_1^{n+\beta-2}}{n!}+\xi^2\sum_{n=0}^{\infty}\frac{\xi^n T_1^{n+\beta}}{n!(n+\beta)}\right](\mathrm{e}^{-RM}\mathrm{e}^{EM}-1)$$
$$+(\beta-1)P\alpha\beta T_1^{\beta-1}(\mathrm{e}^{\xi T_1}-1) \tag{12.17}$$

由系统假设可知：$\beta\geqslant 1$，$E>R$，代入式(12. 17)求得：

$$\frac{\partial^2 C}{\partial T_1^2}>0 \tag{12.18}$$

所以，C 是 T_1 的凸函数，C 在 $\partial C/\partial T_1=0$ 处有最小值，由式(12.16)求出 T_1^*，将 T_1^* 代入式(12.5)、式(12.7)、式(12.8)，计算出最优订货量 Q^*，将 T_1^* 代入式(12.15)计算出最小值 C^*。

12.4　通货膨胀率与折现率的差不等于零时 M 对 C 的影响

第一步：首先求出 $\partial C/\partial M$，求解方程 $\frac{\partial C}{\partial M}=0$ 中 M 的值，讨论 C 关于 M 函数的增减性，可判断延期支付周期 M 对总库存成本 C 的影响。

$$\frac{\partial C}{\partial M}=-P\left[\alpha\beta\mathrm{e}^{-\xi T_1}\sum_{n=0}^{\infty}\frac{\xi^n T_1^{n+\beta}}{n!(n+\beta)}-\alpha\beta\mathrm{e}^{-\xi M}\sum_{n=0}^{\infty}\frac{\xi^n M^{n+\beta}}{n!(n+\beta)}\right]\mathrm{e}^{-RM}\mathrm{e}^{EM} \tag{12.19}$$

令 $\frac{\partial C}{\partial M}=0$，即

$$P\left[\alpha\beta\mathrm{e}^{-\xi T_1}\sum_{n=0}^{\infty}\frac{\xi^n T_1^{n+\beta}}{n!(n+\beta)}-\alpha\beta\mathrm{e}^{-\xi M}\sum_{n=0}^{\infty}\frac{\xi^n M^{n+\beta}}{n!(n+\beta)}\right]\mathrm{e}^{-RM}\mathrm{e}^{EM}=0 \tag{12.20}$$

解方程(12.20)求出：$T_1=M$。

第二步：当 $M < T_1$ 时，

$$\frac{\partial C}{\partial M} = -P\left[\alpha\beta e^{-\xi T_1}\sum_{n=0}^{\infty}\frac{\xi^n T_1^{n+\beta}}{n!(n+\beta)} - \alpha\beta e^{-\xi M}\sum_{n=0}^{\infty}\frac{\xi^n M^{n+\beta}}{n!(n+\beta)}\right]e^{-RM}e^{EM} < 0$$

C 为关于 M 函数的减函数，所以随着延期支付周期 M 的延长，在通货膨胀下总库存成本 C 减小。

第三步：当 $M > T_1$ 时，

$$\frac{\partial C}{\partial M} = -P\left[\alpha\beta e^{-\xi T_1}\sum_{n=0}^{\infty}\frac{\xi^n T_1^{n+\beta}}{n!(n+\beta)} - \alpha\beta e^{-\xi M}\sum_{n=0}^{\infty}\frac{\xi^n M^{n+\beta}}{n!(n+\beta)}\right]e^{-RM}e^{EM} > 0$$

C 为关于 M 函数的增函数，所以随着延期支付周期 M 的延长，在通货膨胀下总库存成本 C 增大。

12.5　算例分析

以郑州某蔬菜批发市场库存蔬菜为例，当 $\alpha=2$，$\beta=3$；$c_s=5$；$K=50$；$E=0.30$；$H=200$；$P=1.4$；$\xi=0.02$；$T_L=2$；$M=\{0,5,10,15,16,17,18,19,20\}$，$R=\{0.05,0.10,0.15, 0.20,0.25\}$时，可计算出通货膨胀率与折现率的差不等于零时，不同参数的最优订货量 Q^*和最小库存成本 C^*的值如表 12.1 所示，变化趋势如图 12.1～图 12.4 所示。

从表 12.1，图 12.1 和图 12.2 可以看出：当 R 一定，$M>T_1$ 时，最优订货量 Q^*、最小库存成本 C^*随延期支付周期 M 的延长增大。当 R 较小时，最优订货量 Q^*、最小库存成本 C^*随延期支付周期 M 的延长，增加较快；随 R 的变大，最优订货量 Q^*、最小库存成本 C^*随延期支付周期 M 的延长，增加较缓慢。

从表 12.1，图 12.3 和图 12.4 可以看出：当 M 一定时，最优订货量 Q^*、最小库存成本 C^*随 R 的增大而减小，且随 M 的增大，减小更快。由图 12.3、图 12.4 中可观察到：$R=0.15$，$M=\{5, 10, 18\}$，$R=0.1$，$M=18$，T_1 值无意义，Q^*、C^*无解，这种情况下，零售商没有任何库存。

表 12.1　不同参数的最优订货量和最小库存成本的值

	R=0.05			R=0.10			R=0.15			R=0.20			R=0.25		
M	T_1	Q^*	C^*	T_1	Q^*	C^*	T_1	Q^*	C^*	T_1	Q^*	C^*	T_1	Q^*	C^*
0	4.89	672	68026	5.27	793	104767	5.7	947	169131	6.19	1144	289226	6.74	1401	530942
5	5.08	730	80321	5.40	837	117204	…	…	…	6.24	1167	303178	6.78	1418	545895
10	5.80	986	190791	5.76	968	209729	…	…	…	6.33	1206	382877	6.82	1439	622076
15	9.06	2914	1189075	6.78	1419	731484	6.64	1212	710569	6.47	1272	802065	6.87	1466	1027814
16	10.48	4256	1954946	7.15	1611	966013	6.46	1265	897325	6.51	1290	977605	6.88	1472	1198638
17	12.25	6463	3372900	7.59	1864	1278744	6.59	1327	1134963	6.55	1309	1200339	6.90	1478	1415709
18	14.33	9974	59955069	…	…	…	…	…	…	6.60	1331	1479391	6.91	1485	1687994
19	16.67	15332	10711404	8.77	2675	2256622	6.92	1491	1805711	6.65	1355	1825011	6.92	1493	2025560
20	19.2	23157	18838607	9.51	3295	3013359	7.13	1597	2264272	6.71	1382	2248637	6.94	1500	2439630

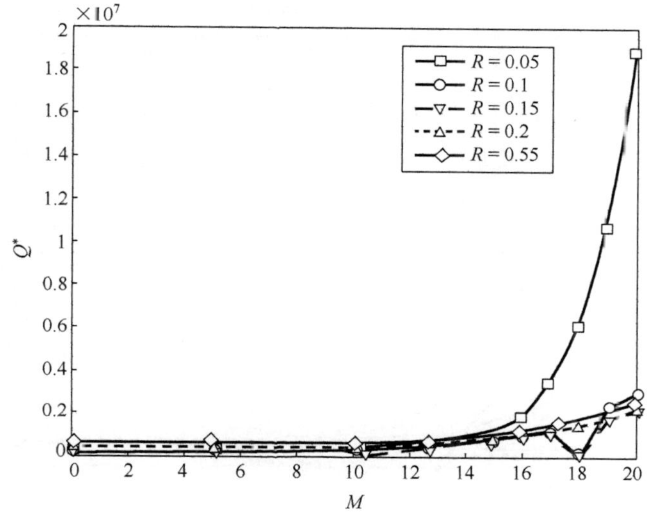

图 12.1　Q^{*}在不同 R 下随 M 变化趋势

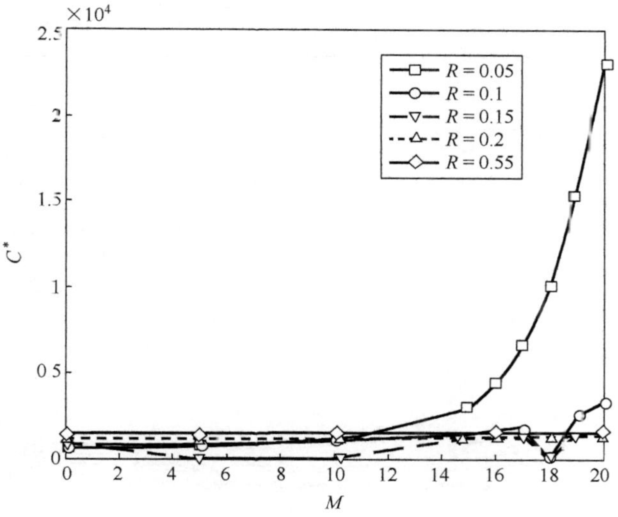

图 12.2　C^{*}在不同 R 下随 M 变化趋势

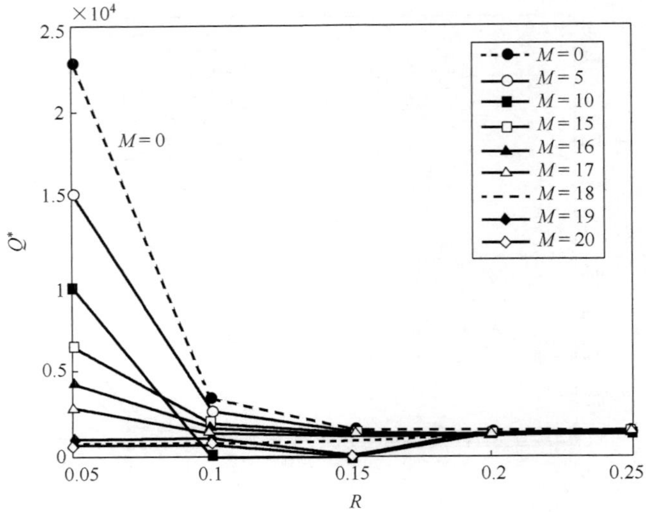

图 12.3　Q^*在不同 M 下随 R 变化趋势

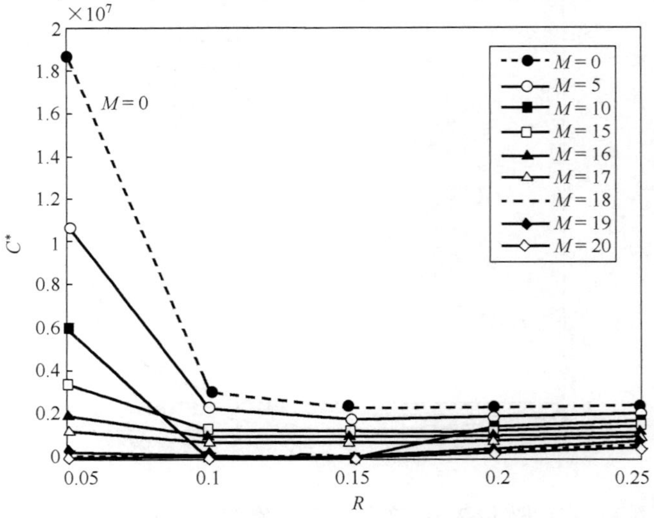

图 12.4　C^*在不同 M 下随 R 变化

12.6 本章小结

本章将控制理论和系统工程理论相结合，在第 10 章和第 11 章研究的基础上，进一步研究通货膨胀率与折现率的差不等于零时的库存控制模型，探讨了通货膨胀和延期支付对最优订货量和最小库存成本的影响，提出了通货膨胀率与折现率的差不等于零时的生鲜农产品供应链库存最优订货策略。

本章的主要内容和成果如下。

(1) 首先分析了通货膨胀率与折现率的差不等于零时，在通货膨胀和延期支付下，生鲜农产品供应链市场需求呈 Weibull 分布时的系统特性。

(2) 根据生鲜农产品库存变化规律，建立了通货膨胀率与折现率的差不等于零的生鲜农产品库存水平函数的微分方程，求出了通货膨胀率与折现率的差不等于零的库存最优订货量。

(3) 在 (1) 和 (2) 分析研究的基础上，建立了通货膨胀率与折现率的差不等于零的生鲜农产品库存模型。

(4) 在此基础上，求解出了通货膨胀率与折现率的差不等于零的生鲜农产品库存最优订货量和最小库存成本。

(5) 讨论了通货膨胀率与折现率的差不等于零时，在通货膨胀和延期支付下 M 对 C 的影响。

(6) 以某蔬菜批发市场库存蔬菜为例，对通货膨胀率与折现率的差不等于零的生鲜农产品库存最优订货量和最小库存成本的算法进行了具体应用。

本章的研究进一步丰富了生鲜农产品供应链库管理理论，对实际生鲜农产品的库存控制具有一定的理论指导和实际借鉴作用。

参 考 文 献

[1] 陈荣秋，马士华. 生产与运作管理[M]. 北京：高等教育出版社，1999.

[2] Porter M E. 竞争优势[M]. 陈小悦，译. 北京：华夏出版社，1997.

[3] Kraljic P. Purchasing must become supply management[J]. Harvard Business Review, 1983,（5）: 109-117.

[4] Shapiro R D. Get leverage from logistics[J]. Harvard Business Review, 1984,（3）: 119-127.

[5] Clark A J, Scarf H. Optimal policies for a multi-echelon inventory problem[J]. Management Science, 1960, 6: 475-490.

[6] Tsay A A, Nahmias S, Agrawal N. Modeling Supply Chain Contracts: A Review[M]// Quantitative Models for Supply Chain Management. Berlin: Springer, 1999: 299-336.

[7] Wang C X, Benaroch M. Supply chain coordination in buyer centric B2B electronic markets[J]. International Journal of Production Economics, 2004, 92（2）, 113-124.

[8] Ganeshan R, Jack E, Magazine M J, et al. A Taxonomic Review of Supply Chain Management Research[M]// Quantitative Models for Supply Chain Management. Berlin: Springer, 1999: 839-879.

[9] Sahin F, Robinson E P. Flow coordination and information sharing in supply chains: Review, implications, and directions for future research[J]. Decision Science, 2002, 33（4）: 505-535.

[10] Li X H, Wang Q N. Coordination mechanisms of supply chain systems[J].

European Journal of Operational Research, 2007, 179: 1-16.

[11] 韩坚，吴澄，范玉顺．供应链建模与管理的技术现状和发展趋势[J]．计算机集成制造系统，1998, 4: 8-14.

[12] 马士华．供应链管理[M]．北京：机械工业出版社，2000.

[13] 陈剑，蔡连侨．供应链建模与优化[J]．系统工程理论与实践，2001, 6: 26-33.

[14] 庄品．供应链协调控制机制研究[D]．南京：南京航空航天大学，2004.

[15] Zangwill W I. A deterministic multi-product multi-facility production and inventory model[J]. Operations Research, 1966, 14(3): 486-507.

[16] Schwarz L B. A simple continuous review deterministic one-warehouse n-retailer inventory problem[J]. Management Science, 1973, 19(5): 555-566.

[17] Roundy R. 98%-effective integer-ratio lot-sizing for one warehouse multi-retailer systems[J]. Management Science, 1985, 31(11): 1416-1429.

[18] Roundy R. A 98%-effective lot sizing rule for a multiproduct, multi-stage production/distribution system[J]. Mathematics of Operations Research, 1986, 11(4): 699-727.

[19] Jackson P, Maxwell W, Muckstadt J. The joint replenishment problem with a power-of-two restriction[J]. IIE Transactions, 1985, 17: 25-32.

[20] Atkins D, Queyranne M, Sun D. Lot sizing policies for finite production rate assembly systems[J]. Operations Research, 1992, 40(1): 126-141.

[21] Federgruen, Zheng Y. The joint replenishment problem with general joint cost structures[J]. Operations Research, 1992, 40(2): 384-403.

[22] Eppen C D, Iyer A V. Backup agreements in fashion bung-the value of upstream flexibility[J]. Management Science, 1997, 43: 1469-1484.

[23] Tsay A A. The quantity flexibility contract and manufacturer-customer incentives[J]. Management Science, 1999, 45(10): 1339-1358.

[24] Tsay A A, Lovejoy W S. Quantity flexibility contracts and supply chain performance[J]. Manufacturing & Service Operations Management, 1999,

1 (2): 89-111.

[25] Lee H L, Padmanabhan V, Taylor T A. Price protection in the personal computer industry[J]. Management Science, 2000, 46 (4), 467-482.

[26] Lee C H. Coordinated stocking, clearance sale and return policies for a supply chain[J]. European Journal of Operational Research, 2001, 131 (3): 491-513.

[27] Wang Y, Gerchak Y. Supply chain coordination when demand is shelf-space dependent[J]. Manufacturing and Service Operations Management, 2001, 3 (1), 82-87.

[28] Taylor T A. Supply chain coordination under channel rebates with sales effort effects[J]. Management Science, 2002, 48 (8): 992-1007.

[29] Barnes S D, Bassok Y, Anupindi R. Coordination and flexibility in supply contracts with options[J]. Manufacturing and Service Operations Management, 2002, 4 (3): 171-207.

[30] Schuster D B, Bassok Y, Anupindi R. Coordination and flexibility in supply contracts with options[J]. Manufacturing & Service Operations Management, 2002, 4 (3): 171-207.

[31] Plambeck E L, Taylor T A. The impact of contract manufacturing on innovation, capacity and profitability[R]. Palo Alto & Manhattan: Stanford University and Columbia University, 2003.

[32] Taylor T A, Plambeck E L. Supply chain relationships and contracts: The impact of repeated interaction on capacity investment and procurement[R]. Manhattan & Palo Alto: Columbia University and Stanford University, 2003.

[33] Burnetas A, Gilbert S M, Smith C. Quantity discounts in single period supply contracts with asymmetric demand information[J]. IIE Transactions, 2007, 39 (5): 465-479.

[34] Jeuland A P, Shugan S M. Channel of distribution profits when channel members from conjectures[J]. Marketing Science, 1988, 7 (2): 202-210.

[35] Li Y. Supply chain modeling: Price, contract and coordination[D]. Hone Kong: The Chinese University of Hone Kong, 2002.

[36] Cachon G P, Lariviere M A. Supply chain coordination with revenue-sharing contracts: Strengths and limitations[R]. Durham: Duke University, 2002.

[37] Cachon G P. Supply chain coordination with contracts[J]. Operations Research and Management Science, 2003: 229-339.

[38] Weng Z K. Coordinating order quantities between the manufacturer and buyer: A generalized newsvendor model[J]. European Journal of Operational Research, 2004, 156(1): 148-161.

[39] Ilaria G N, Pierpaolo P T D. Supply chain coordination by revenue sharing contracts[J]. International Journal of Production Economics, 2004, 89: 131-139.

[40] Wang Y, Jiang L, Shen S J. Channel performance under consignment contract with revenue sharing[J]. Management Science, 2004, 50(1): 34-47.

[41] Chen J M, Chen T H. The multi-item replenishment problem in a two-echelon supply chain: The effect of centralization versus decentralization[J]. Computers & Operations Research, 2004, 32(12): 3191-3207.

[42] Cachon G P, Lariviere M A. Supply chain coordination with revenue-sharing contracts: Strengths and limitations[J]. Management Science, 2005, 51(1): 30-44.

[43] Chen H, Chena J, Chen F. A coordination mechanism for a supply chain with demand information updating[J]. International Journal of Production Economics, 2006, 103: 347-361.

[44] Lau A H L, Lau H S, Zhou Y W. A stochastic and asymmetric-information framework for a dominant-manufacturer supply chain[J]. European Journal of Operational Research, 2007, 176(1): 295-316.

[45] Lau A H L, Lau H S, Wang C J. Pricing and volume discounting for a dominant retailer with uncertain manufacturing cost information[J]. European Journal of

Operational Research, 2007, 183: 848-870.

[46] Zhou Y, Li H D. Coordinating order quantity decisions in the supply chain contract under random demand[J]. Applied Mathematical Modelling, 2007, 31: 1029-1038.

[47] 鲁其辉，朱道立．含交付时间不确定性的供应链协调策略研究[J]．管理科学学报, 2008, 11(2): 50-60.

[48] 胡媛．数量折扣契约下三级供应链的需求扰动管理[J]．探讨与研究，2009, 28(11): 96-99.

[49] 于丽萍，黄小原．基于商业信用的供应链数量折扣协调策略[J]．东北大学学报(自然科学版), 2009, 30(10): 1504-1507.

[50] 汪传旭．随机需求条件下三级供应链数量折扣协调策略[J]．哈尔滨工程大学学报, 2010, 31(2): 268-274.

[51] 丁正平．基于信息熵的单周期产品数量折扣机制[J]．计算机集成制造系统，2011, 17(7): 1562-1567.

[52] 李莉英，王勇．运输商参与下供应链数量折扣策略的成本效应分析[J]．计算机集成制造系统, 2012, 18(6): 1281-1287.

[53] 王勇，孙海雷，陈晓旭．基于数量折扣的改良品供应链协调策略[J]．中国管理科学, 2014, 22(4): 51-57.

[54] 赵正佳．考虑汇率变化和运输成本分担的跨国供应链数量折扣契约[J]．管理学报, 2012, 9(6): 913-919.

[55] 赵正佳．需求不确定且依赖于价格下全球供应链数量折扣及其组合契约[J]．管理工程学报, 2015, 29(3): 90-99.

[56] 吴忠和，陈宏，赵千，等．两零售商竞争下多因素同时扰动的供应链协调机制研究[J]．中国管理科学, 2012, 20(2): 62-67.

[57] 王玉燕．需求与成本双扰动时闭环供应链的生产策略和协调策略[J]．系统工程理论与实践, 2013, 33(5): 1149-1157.

[58] 曾顺秋，骆建文．基于数量折扣的供应链交易信用激励机制[J]．系统管理

学报, 2015, 24(1): 85-90.

[59]姚泽有, 曹细玉. 需求和零售商费用同时变化且信息不对称下的供应链协调应对[J]. 华中师范大学学报(自然科学版), 2016, 50(2): 314-320.

[60]徐翔斌, 李恒, 王琦, 等. 可替代产品环境下基于数量折扣的供应链协调研究[J]. 数学的实践与认识, 2016, 46(5): 26-34.

[61]刘浪, 巩玲君, 史文强. 价格随机的应急数量折扣契约三级供应链协调[J]. 计算机集成制造系统, 2016, 22(16): 1599-1607.

[62]张云丰, 王勇, 龚本刚. 考虑价格折扣与交易信用的改良品供应链协调[J]. 计算机集成制造系统, 2017, 23(8): 1721-1730.

[63]魏光兴, 吴宁谦, 林强. 数量折扣契约下基于成本分担的供应链突发事件协调应对[J]. 数学的实践与认识, 2017, 47(5): 1-8.

[64]张维迎. 博弈论与信息经济学[M]. 上海: 上海人民出版社, 2004.

[65]Kohli R, Park H. A cooperative game theory model of quantity discounts[J]. Management Science, 1989, 35: 693-707.

[66]Wang Q, Parlar M. A three-person game theory model arising in stochastic inventory control theory[J]. European Journal of Operational Research, 1994, 1(76): 83-97.

[67]Hartman B C, Dror M, Shaked M. Cores of inventory centralization games[J]. Games and Economic Behavior, 2000, 31: 1-49.

[68]Hartman B C, Dror M. Optimizing centralized inventory operations in a cooperative game theory setting[J]. IIE Transactions, 2003, 35: 243-257.

[69]Slikker M, Fransoo J, Wouters M. Cooperation between multiple news-vendors with transshipments[J]. European Journal of Operational Research, 2005, 167: 370-380.

[70]Nagarajan M, Sosic G. Game-theoretic analysis of cooperation among supply chain agents: Review and extensions[J]. European Journal of Operational Research, 2008, 187: 719-745.

[71] Anupindi R, Bassok Y, Zemel E. A general framework for the study of decentralized distribution systems[J]. Manufacturing & Service Operations Management, 2001, 3: 349-368.

[72] Granot D, Sosic G. A three-stage model for a decentralized distribution system of retailers[J]. Forthcoming, Operations Research, 2003, 51(5): 771-784.

[73] Plambeck E, Taylor T. Sell the plant? The impact of contract manufacturing on innovation, capacity and profitability[J]. Management Science, 2005, 51: 133-150.

[74] Raghunathan S. Impact of demand correlation in the value of and incentives for information sharing in a supply chain[J]. European Journal of Operational Research, 2003, 146: 634-649.

[75] Meca A, Timmer J, Garcia J I. Inventory games[J]. European Journal of Operational Research, 2004, 156: 127-139.

[76] Reinhardt G, Dada M. Allocating the gains from resource pooling with the Shapley value[J]. Journal of the Operational Research Society, 2005, 56: 997-1000.

[77] Li S, Hua Z S. A note on channel performance under consignment contract with revenue sharing[J]. European Journal of Operational Research, 2008, 184: 793-796.

[78] Yao Z, Leung S C, Lai K K. Analysis of the impact of price-sensitivity factors on the returns policy in coordinating supply chain[J]. European Journal of Operational Research, 2008, 187(1): 275-282.

[79] Esmaeili M, Aryanezhad M B, Zee P. A game theory approach in seller-buyer supply chain[J]. European Journal of Operational Research, 2009, 195(2): 442-448.

[80] 杨继君，许维胜，吴启迪，等. 基于合作博弈的联盟公积金制度在供应链中的应用[J]. 系统工程理论与实践, 2009, 29(3): 63-68.

[81] 胡盛强，张毕西，关迎莹. 基于 Shapley 值法的四级供应链利润分配[J]. 系

统工程, 2009, 27(9): 49-54.

[82] 孟卫军, 张子健. 供应链企业间产品创新合作下的政府补贴策略[J]. 系统工程学报, 2010, 25(3): 359-364.

[83] 何龙飞, 赵道致. 反应型供应链多层库存运输优化与模糊博弈协调[J]. 系统工程理论与实践, 2011, 31(6): 1045-1055.

[84] 郑鑫, 朱晓曦, 马卫民. 基于 Shapley 值法的三级闭环供应链收益分配模型[J]. 运筹与管理, 2011, 20(4): 17-22.

[85] 孙多青, 马晓英. 基于博弈论的多零售商参与下逆向供应链定价策略及利润分配[J]. 计算机集成制造系统, 2012, 18(4): 867-874.

[86] 黄卉. 合作博弈框架下的信托利益分配机制研究[D]. 北京: 北京邮电大学, 2012.

[87] Lozanoa S, Morenoa P, Adenso B, et al. Cooperative game theory approach to allocating benefits of horizontal cooperation[J]. European Journal of Operational Research, 2013, 229(2): 444-452.

[88] 冯庆华, 陈菊红, 刘通. 基于模糊双合作博弈的收益分配模型[J]. 控制与决策, 2013, 28(5): 701-705.

[89] 马树建, 张丽丽, 司徒再云. 基于合作博弈的非常规突发极端洪水灾害风险应急金融服务供应链协调[J]. 数学的实践与认识, 2014, 44(12): 55-62.

[90] 赵秀堃, 李勇建, 石丹. 基于ERP的供应链治理机制博弈分析[J]. 系统工程学报, 2015, 30(2): 231-232.

[91] 庄伟卿, 黄光阳, 谢云萍. 考虑牛鞭效应与反牛鞭效应联合作用在不完美信息下供应链决策者的合作博弈与演进[J]. 数学的实践与认识, 2016, 46(1): 27-37, 50.

[92] 李金蔓, 桑秀丽. 养老服务供应链资源分配 DEA 合作博弈模型研究[J]. 服务经济, 2017, 6: 44-48.

[93] Venegas B B, Ventura J A. A two-stage supply chain coordination mechanism considering price sensitive demand and quantity discounts[J]. European

Journal of Operational Research, 2018, 264(2): 524-533.

[94] Parlar M. Game theoretic analysis of the substitutable product inventory problem with random demands[J]. Naval Research Logistics, 1988, 35: 397-409.

[95] Debo L. Repeatedly selling to an impatient newsvendor when demand fluctuates: A supergame framework for co-operation in a supply chain[R]. Pittsburgh: Carnegie Mellon University, 1999.

[96] Mieghem J, Dada M. Price versus production postponement: Capacity and competition[J]. Management Science, 1999, 45: 1631-1649.

[97] Hall J, Porteus E. Customer service competition in capacitated systems[J]. Manufacturing & Service Operations Management, 2000, 2: 144-165.

[98] Cachon G P, Zipkin P H. Competitive and cooperative inventory policies in a twostage supply chain[J]. Management Science, 1999, 45: 936-953.

[99] Cachon G P, Lariviere M. Contracting to assure supply: How to share demand forecasts in a supply chain[J]. Management Science, 2001, 47: 629-646.

[100] Corbett C. Stochastic inventory systems in a supply chain with asymmetric information: Cycle stocks, safety stocks, and consignment stock[J]. Operations Research, 2001, 49: 487-500.

[101] Gerard P, Cachon G P, Netessine S. Supply Chain Analysis in the eBusiness Era[M]. Holland: Kluwer Academic Publisher, 2003.

[102] Anand K, Anupindi R, Bassok Y. Strategic inventories in procurement contracts[R]. Philadelphia: University of Pennsylvania, 2002.

[103] Wang H W, Guo M, Efstathiou J. A game-theoretical cooperative mechanism design for a two-echelon decentralized supply chain[J]. European Journal of Operational Research, 2004, 157: 372-388.

[104] Nagarajan M, Bassok Y. A bargaining framework in supply chains: The assembly problem[J]. Management Science, 2008, 54(8): 1482-1496.

[105] Lau A H L, Lau H S. Some two-echelon supply-chain games: Improving from deterministic-symmetric-information to stochastic-asymmetric-information models[J]. European Journal of Operational Research, 2005, 161: 203-223.

[106] 于海江. 供应链管理中节点间合作的决策机制与性能评价研究[D]. 大连: 大连理工大学, 2005.

[107] 陈建华. 工程项目供应链整合管理激励协调模型研究[D]. 武汉: 华中科技大学, 2006.

[108] Bose I, Anand P. On returns policies with exogenous price[J]. European Journal of Operational Research, 2007, 178: 782-788.

[109] Yao Z, Leung S C H, Lai K K. Manufacturer's revenue-sharing contract and retail competition[J]. European Journal of Operational Research, 2008, 186: 637-651.

[110] Cachon G P, Larivieer M A. Supply chain coordination with revenue-sharing contracts: Srtenghts and limitations[R]. Philadephia: University of Pennsylvania, 2000.

[111] Yao Z, Leung S C H, Lai K K. Analysis of the impact of price-sensitivity factors on the returns policy in coordinating supply chain[J]. European Journal of Operational Research, 2008, 187: 275-282.

[112] 许传永. 两层双渠道供应链的优化与协调若干问题研究[D]. 合肥: 中国科学技术大学, 2009.

[113] 韩小花, 薛声家. 强零售商的竞争型闭环供应链回收渠道的决策[J]. 计算机集成制造系统, 2009, 15(11): 2247-2253.

[114] Lenga M M, Parlar M. Game-theoretic analyses of decentralized assembly supply chains: Non-cooperative equilibria vs coordination with cost-sharing contracts[J]. European Journal of Operational Research, 2010, 204(1): 96-104.

[115] Yu Y G, Huang G Q. Nash game model for optimizing market strategies,

configuration of platform products in a vendor managed inventory (VMI) supply chain for a product family[J]. European Journal of Operational Research, 2010, 206(2): 361-373.

[116] 公彦德，李帮义，刘涛．基于物流费用分摊比例的闭环供应链模型[J]．系统工程学报, 2011, 26(1): 39-49.

[117] Mir M S E, Maryam B, Mohsen G K. A game theoretic approach to coordinate pricing and vertical co-op advertising in manufacturer-retailer supply chains[J]. European Journal of Operational Research, 2011, 211(2): 263-273.

[118] Chen K, Xiao T J. Ordering policy and coordination of a supply chain with two-period demand uncertainty[J]. European Journal of Operational Research, 2011, 215(2): 347-357.

[119] Qin Y H. A Stackelberg-game model in a two-stage supply chain[J]. Systems Engineering Procedia, 2012, 3: 268-274.

[120] Javid A A, Hoseinpour P A. Game-theoretic analysis for coordinating cooperative advertising in a supply chain[J]. Journal of Optimization Theory & Applications, 2011, 149(1): 138-150.

[121] Aust G H, Buscher U. Vertical cooperative advertising and pricing decisions in a manufacturer-retailer supply chain: A game-theoretic approach[J]. European Journal of Operational Research, 2012, 223(2): 473-482.

[122] Amir A J, Pooya H P. On a cooperative advertising model for a supply chain with one manufacturer and one retailer[J]. European Journal of Operational Research, 2012, 219(2): 458-466.

[123] Chen J, Zhang H, Sun Y. Implementing coordination contracts in a manufacturer Stackelberg dual-channel supply chain[J]. Omega, 2012, 40(5): 571-583.

[124] Wu D D. Bargaining in supply chain with price and promotional effort

dependent demand[J]. Mathematical and Computer Modelling, 2013, 58(9/10): 1659-1669.

[125] Bylka S L. Non-cooperative consignment stock strategies for management in supply chain[J]. International Journal of Production Economics, 2013, 143(2): 424-433.

[126] Xiao T J, Xu T T. Coordinating price and service level decisions for a supply chain with deteriorating item under vendor managed inventory[J]. International Journal of Production Economics, 2013, 145(2): 743-752.

[127] Yue J F, Austin J, Huang Z, et al. Pricing and advertisement in a manufacturer-retailer supply chain[J]. European Journal of Operational Research, 2013, 231(2): 492-502.

[128] 金春华. 供应链知识服务网络中知识投入成本策略研究[J]. 华东理工大学学报(社会科学版), 2013, 3: 69-74.

[129] Sheu J B, Gao X Q. Alliance or no alliance-bargaining power in competing reverse supply chains[J]. European Journal of Operational Research, 2014, 233(2): 313-325.

[130] Xiao T J, Choi T M, Cheng T C E. Product variety and channel structure strategy for a retailer-Stackelberg supply chain[J]. European Journal of Operational Research, 2014, 233(1): 114-124.

[131] 张力. 供应链上企业间收益分配机制的博弈分析[J]. 武汉理工大学学报(信息与管理工程版), 2014, 36(4): 528-532.

[132] Liu W H, Wang Y J. Quality control game model in logistics service supply chain based on different combinations of risk attitude[J]. International Journal of Production Economics, 2015, 161(3): 181-191.

[133] 李巍巍. 不确定条件下电煤供应链协调的机制设计及评价方法研究[D]. 哈尔滨: 哈尔滨工业大学, 2016.

[134] Huang H, Ke H, Wang L. Equilibrium analysis of pricing competition and

cooperation in supply chain with one common manufacturer and duopoly retailers[J]. International Journal of Production Economics, 2016, 178(8): 12-21.

[135] 李亚龙, 刘文颖, 谢昶, 等. 高载能负荷消纳受阻风电的供应链博弈决策方法探究[J]. 电力系统自动化, 2017, 41(7): 135 -143.

[136] Giri B C, Roya B, Maiti T. Coordinating a three-echelon supply chain under price and quality dependent demand with sub-supply chain and RFM strategies[J]. Applied Mathematical Modelling, 2017, 52(11): 747-769.

[137] Padmanabhan V, Png I P L. Manufacturer's returns policies and retail competition[J]. Marketing Science, 1997, 16(1): 81-94.

[138] Lau A H L, Lau H S, Keith D. Demand uncertainty and returns policies for a seasonal product: An alternative model[J]. International Journal of Production Economics, 2000, 66: 1-12.

[139] Chatwin R E. Optimal dynamic pricing of perishable products with stochastic demand and a finite set of prices[J]. European Journal of Operational Research, 2000, 125: 149-174.

[140] Webster S, Weng Z K. A risk-free perishable items returns policy[J]. Manufacturing and Service Operations Management, 2000, 2(1): 100-106.

[141] Chen M S, Chuang C C. An extended newsboy problem with shortage-level constraints[J]. International Journal Production Economics, 2000, 67: 269-277.

[142] Lariviere M A, Porteus E L. Selling to the newsvendor: An analysis of priee-only contracts[J]. Manufacturing & Operations Management, 2001, 13(4): 293-305.

[143] Goyal S K, Giri B C. Recent trends in modeling of deteriorating inventory[J]. European Journal of Operational Research, 2001, 134: 1-16.

[144] Goyal S K, Giri B C. The production-inventory problem of a product with time varying demand, production and deterioration rates[J]. European Journal of Operational Research, 2003, 147: 549-557.

[145] Gerchak Y, Wang Y Z. Revenue sharing vs. wholesale-price contracts in assembly systems with random demand[R]. Waterloo & Cleveland: University of Waterloo and Case Western Reserve University, 2000.

[146] Dana J D, Spier K E. Revenue sharing and vertical control in the video rental industry[J]. The Journal of Industrial Economics, 2001, 12(3): 223-245.

[147] Fotopoulos S B, Hu X, Munson C L. Flexible supply contracts under price uncertainty[J]. European Journal of Operational Research, 2008, (191): 253-263.

[148] Casimir R J. The value of information in the multi-item newsboy problem[J]. Omega, 2002, 30: 45-50.

[149] Mostard J, Kosternad R, Teunter R. The distribution-free newsboy problem with resalable Returns[R]. Rotterdam: Erasmus University Rotterdam, 2003.

[150] Kogan K, Lou S. Multi-stage newsboy problem: A dynamic model[J]. European Journal of Operational Research, 2003, (149): 448-458.

[151] Anjos M F, Russell C H, Christine S M. Optimal pricing policies for perishable products[J]. European Journal of Operational Research, 2005, 166: 246-254.

[152] Abdelmalek L L, Montanari R. An analysis of the multi-product newsboy problem with a budget constraint[J]. International Journal of Production Economics, 2005, 97: 296-307.

[153] Keisuke M. The multi-period newsboy problem[J]. European Journal of Operational Research, 2006, 171: 170-188.

[154] Ji X Y, Shao Z. Model and algorithm for bilevel newsboy problem with fuzzy demands and discounts[J]. Applied Mathematics and Computation, 2006, 172: 163-174.

[155] Feng Y Y, Xiao B H. Integration of pricing and capacity allocation for perishable products[J]. European Journal of Operational Research, 2006, 168: 17-34.

[156] Kanchana K, Anulark T. An approximate periodic model for fixed-life perishable products in a two-echelon inventory-distribution system[J]. International Journal of Production Economics, 2006, 100: 101-115.

[157] You P S, Chen T C. Dynamic pricing of seasonal goods with spot and forward purchase demands[J]. Computers and Mathematics with Applications, 2007, 54: 490-498.

[158] Lee C H, Rhee B D. Channel coordination using product returns for a supply chain with stochastic salvage capacity[J]. European Journal of Operational Research, 2007, 177: 214-238.

[159] Lee C H. Coordination on stocking and progressive pricing policies for a supply chain[J]. International Journal of Production Economics, 2007, 106: 307-319.

[160] Li J L, Liu L W. Supply chain coordination with manufacturer's limited reserve capacity: An extended newsboy problem[J]. International Journal of Production Economics, 2008, 112: 860-868.

[161] Lee C M. A Bayesian approach to determine the value of information in the newsboy problem[J]. International Journal of Production Economics, 2008, 112: 391-402.

[162] Hsieh C C, Wu C H, Huang Y J. Ordering and pricing decisions in a two-echelon supply chain with asymmetric demand information[J]. European Journal of Operational Research, 2008, 190: 509-525.

[163] Wang C X, Webster S. Markdown money contracts for perishable goods with clearance pricing[J]. European Journal of Operational Research, 2009, 196(3): 1113-1122.

[164] Broek R A, Meulen C M, Don K H V. A heuristic to manage perishable inventory with batch ordering, positive lead-times, and time-varying demand[J]. Computers & Operations Research, 2009, 36(11): 3013-3018.

[165] Hu J S, Zheng H, Xu R Q, et al. Supply chain coordination for fuzzy random newsboy problem with imperfect quality[J]. International Journal of Approximate Reasoning, 2010, 51(7): 771-784.

[166] Jia J X, Jia Q H. Dynamic ordering and pricing for a perishable goods supply chain[J]. Computers & Industrial Engineering, 2011, 60(2): 302-309.

[167] Wang K J, Lin Y S, Yu J C P. Optimizing inventory policy for products with time-sensitive deteriorating rates in a multi-echelon supply chain[J]. International Journal of Production Economics, 2011, 130(1): 66-76.

[168] Bakker M, Rieze J, Teunter R H. Review of inventory systems with deterioration since 2001[J]. European Journal of Operational Research, 2012, 221(2): 275-284.

[169] Piramuthu S W, Zhou W. RFID and perishable inventory management with shelf-space and freshness dependent demand[J]. International Journal of Production Economics, 2013, 144(2): 635-640.

[170] Avinadav T, Herbon A, Spiegel U. Optimal inventory policy for a perishable item with demand function sensitive to price and time[J]. International Journal of Production Economics, 2013, 144(2): 497-506.

[171] Li G D, Xiong Z K, Zhou Y. et al. Dynamic pricing for perishable products with hybrid uncertainty in demand[J]. Applied Mathematics and Computation, 2013, 219(20): 10366-10377.

[172] Talei A A, Nema M H D. An inventory control problem for deteriorating

items with back-ordering and financial considerations[J]. Applied Mathematical Modelling, 2014, 38(1): 93-109.

[173] Kim T, Glock C H, Kwon Y J. A closed-loop supply chain for deteriorating products under stochastic container return times[J]. Omega, 2014, 43(3): 30-40.

[174] Mirzaei S, Seifi A. Considering lost sale in inventory routing problems for perishable goods[J]. Computers & Industrial Engineering, 2015, 87(9): 213-227.

[175] Shaabani H, Kamalabadi L K. An efficient population-based simulated annealing algorithm for the multi-product multi-retailer perishable inventory routing problem[J]. Computers & Industrial Engineering, 2016, 99(9): 189-201.

[176] Minner S, Transchel S. Order variability in perishable product supply chains[J]. European Journal of Operational Research, 2017, 260(1): 93-107.

[177] Zahra R M, Seyed H R P, Bahman N. Modelling and solving the integrated inventory-location-routing problem in a multi-period and multi-perishable product supply chain with uncertainty: Lagrangian relaxation algorithm[J]. Computers & Chemical Engineering, 2018, 109(4): 9-22.

[178] 姚忠. 退货策略在单周期产品供应链管理中的作用[J]. 系统工程理论与实践, 2003, 6: 69-73.

[179] 赵泉午, 熊中楷, 林娅, 等. 基于电子市场的易逝品两级供应链供需博弈分析[J]. 中国管理科学, 2004, 12(3): 91-96.

[180] 赵泉午, 熊榆, 林娅, 等. 多个零售商库存竞争下的易逝品回购合同研究[J]. 系统工程, 2004, 22(8): 39-42.

[181] 卜祥智, 赵泉午, 黄庆, 等. 易逝商品最优广告投入与订货策略的博弈分析[J]. 系统工程理论与实践, 2004, 11: 23-29.

[182] 赵泉午, 熊中楷, 杨秀苔, 等. 易逝品两级供应链中的数量折扣问题研究[J]. 系统工程学报, 2005, 20(3): 318-312.

[183] 赵泉午, 卜祥智, 杨秀苔. 基于返利策略的易逝品供应链合同研究[J]. 管

理工程学报, 2006, 20(3): 41-45.

[184] 张钦红, 赵泉午, 熊中楷. 不对称信息下的易逝品退货物流协调运作研究[J]. 中国管理科学, 2006, 14(2): 107-111.

[185] 张钦红, 骆建文. 不对称信息下易腐物品供应链最优数量折扣合同研究[J]. 系统工程理论与实践, 2007, 12: 23-29.

[186] 曹细玉, 宁宣熙, 覃艳华. 易逝品供应链中的联合广告投入、订货策略与协调问题研究[J]. 系统工程理论与实践, 2006, 3: 102-107.

[187] 励凌峰, 黄培清, 骆建文. 易腐物品的库存管理研究[J]. 系统工程, 2004, 22(3): 25-30.

[188] 励凌峰, 黄培清. 供应链中的易腐物品生产-库存协作研究[J]. 上海交通大学学报, 2005, 39(3): 464-467.

[189] 王宏达, 汪定伟. 基于随机变质时间的易腐商品定价模型研究[J]. 沈阳工业大学学报, 2005, 27(4): 450-452.

[190] 田志友, 蒋录全, 吴瑞明. 易腐商品最优订货批量与定价及其粒子群优化解[J]. 系统工程理论与实践, 2005, 3: 46-51.

[191] 丁同庆, 田澎, 田志友. 易腐商品定价模型及其粒子群解法[J]. 计算机工程与应用, 2005, 4: 230-232.

[192] 王清蓉, 杜文, 梁志杰. 多周期易腐库存模型及一种启发式算法[J]. 昆明理工大学学报, 2005, 30(15): 106-110.

[193] 张敏. 易腐物品物流网络服务设施选址问题研究[D]. 武汉: 华中科技大学, 2006.

[194] 安恰,骆建文.基于价格折扣的易腐物品供应链库存的协作控制研究[J].管理工程学报, 2007, (4): 80-84.

[195] 冯颖. 易变质产品的订购与定价决策[D]. 天津: 南开大学, 2008.

[196] 沈东杰. 易腐产品供应链中库存及补货策略的协同管理[D]. 合肥: 中国科学技术大学, 2009.

[197] 唐磊. 基于微生物预测的易腐食品定价研究[D]. 南京: 东南大学, 2010.

[198] 陈六新．易腐品的库存控制研究[D]．成都：西南交通大学，2010.
[199] 冯海荣，李军，曾银莲．易腐品供应链企业联合采购决策与费用分配研究[J]．系统科学与数学，2011, 31(11): 1454-1466.
[200] 贾涛，徐渝，耿凯平．部分延期付款下易腐品联合经济订货批量模型[J]．运筹与管理，2011, 20(8): 1-9.
[201] 贾涛，刘静，徐渝．考虑路径腐败的可重复装货易腐品库存-路径模型[J]．运筹与管理，2012, 21(5): 1-7.
[202] 贾涛，郑毅，常建龙．两级商业信用下存在顾客预付的易腐品库存模型[J]．中国管理科学，2013, 21(6): 80-87.
[203] 李艳，李响，黄春萍，等．面向供应中断的易腐品供应链应急策略[J]．物流技术，2015, 34(11): 162-166.
[204] 林峰，贾涛，高艳．考虑分割配送的易腐品一体化库存路径问题[J]．工业工程与管理，2015, 20(5): 45-53.
[205] 林峰，贾涛，李然．基于改进C-W算法的易腐品一体化库存路径问题研究[J]．系统工程，2016, 34(8): 100-107.
[206] 闫妍，赵红．突发事件下易腐品供应链应急策略研究[J]．沈阳工业大学学报(社会科学版)，2017, 10(4): 341-346.
[207] Verdouw C N, Beulens A J M, Vorst J G A J. Virtualisation of floricultural supply chains: A review from an internet of things perspective[J]. Computers and Electronics in Agriculture, 2013, 99(11): 160-175.
[208] Gnimpieba Z D R, Ahmed N S M, David D. Using internet of things technologies for a collaborative supply chain: Application to tracking of pallets and containers[J]. Procedia Computer Science, 2015, 56: 550-557.
[209] Verdouw C N, Wolfert J, Beulens A J M, et al. Virtualization of food supply chains with the internet of things[J]. Journal of Food Engineering, 2016, 176(5): 128-136.
[210] Liu P, Yi S P. Pricing policies of green supply chain considering targeted

advertising and product green degree in the big data environment[J]. Journal of Cleaner Production, 2017, 164: 1614-1622.

[211] Zhao R, Liu Y Y, Zhang N, et al. An optimization model for green supply chain management by using a big data analytic approach[J]. Journal of Cleaner Production, 2017, 142(1): 1085-1097.

[212] Liu W H, Wu R Z, Liang Z C. Decision model for the customer order decoupling point considering order insertion scheduling with capacity and time constraints in logistics service supply chain[J]. Applied Mathematical Modelling, 2018, 54(1): 112-135.

[213] Hazen B T, Boone C A, Ezell J D. Data quality for data science, predictive analytics, and big data in supply chain management: An introduction to the problem and suggestions for research and applications[J]. International Journal Production Economics , 2014, 154: 72-80.

[214] Tan K H, Zhan Y Z, Ji G J, et al. Harvesting big data to enhance supply chain innovation capabilities: An analytic infrastructure based on deduction graph[J]. International Journal Production Economics, 2015, 165: 223-233.

[215] Wang G, Gunasekaran A, Ngai E W T. Big data analytics in logistics and supply chain management: Certain investigations for research and applications[J]. Internation Journal Production Economics, 2016, 176: 98-110.

[216] Li B, Chng E, Chong A Y L. Predicting online e-marketplace sales performances: A big data approach[J]. Computers & Industrial Engineering, 2016, 101: 565-571.

[217] Zhong R Y, Newman S T, Huang G Q, et al. Big Data for supply chain management in the service and manufacturing sectors: Challenges, opportunities, and future perspectives[J]. Computers & Industrial Engineering, 2016, 101: 572-591.

[218] Richard A T, Helo P T. Big data applications in operations/supply-chain

management: A literature review[J]. Computers & Industrial Engineering, 2016, 101: 528-543.

[219] Papadopoulos T, Gunasekaran A, Dubey R H, et al. The role of big data in explaining disaster resilience in supply chains for sustainability[J]. Journal of Cleaner Production, 2017, 142: 1108-1118.

[220] Wu K J, Liao C J, Tseng M L, et al. Toward sustainability: Using big data to explore the decisive attributes of supply chain risks and uncertainties[J]. Journal of Cleaner Production, 2017, 142: 663-676.

[221] Wolfert S G L, Verdouw C, Bogaardt M J, et al. Big data in smart farming-a review[J]. Agricultural Systems, 2017, 153: 69-80.

[222] Maghsoodi A I, Kavianb A, Khalilzadeh M. CLUS-MCDA: A novel framework based on cluster analysis and multiple criteria decision theory in a supplier selection problem[J]. Computers & Industrial Engineering, 2018, 118: 409-422.

[223] Tiwari S, Weeb H M, Daryantob Y. Big data analytics in supply chain management between 2010 and 2016: Insights to industries[J]. Computers & Industrial Engineering, 2018, 115: 319-330.

[224] 江宏. 物联网引发供应链管理革命[J]. 物流技术与应用, 2004, 5: 33-38.

[225] 陈俊. 基于 Auto-ID 技术的供应链模型[D]. 武汉：华中科技大学, 2004.

[226] 杨威. EPC 系统对供应链的影响探讨[J]. 物流技术, 2005, 28(118): 59-61.

[227] 甘勇，郑富娥. 基于 EPC 技术的物联网在供应链的应用[J]. 商场现代化, 2006, 469: 10-11.

[228] 潘金生. 基于物联网的物流信息增值服务[J]. 现代物流, 2007, 9: 241-243.

[229] 薛月菊，胡月明，杨敬锋，等. 农产品供应链的信息透明化框架[J]. 农机化研究, 2008, 2: 67-71.

[230] 师启娟，于天一. 基于 RFID 的 EPC 新技术引领供应链发展[J]. 物流工程与管理, 2009, 31(2): 71-73.

[231] 高红梅. 物联网在农产品供应链管理中的应用[J]. 商业时代, 2010, 22: 40-41.

[232] 郭磊, 曹世华. 基于物联网技术的医疗设备供应链管理[J]. 计算机时代, 2011, 7: 29-31.

[233] 王静. 面向物联网的虚拟供应链系统开发与实现机制[J]. 华中科技大学学报(自然科学版), 2012, 40(12): 109-112.

[234] 陈秉恒, 钟涨宝. 基于物联网的农产品供应链安全监管问题研究[J]. 华中农业大学学报(社会科学版), 2013, 41(4): 49-55.

[235] 颜波, 叶兵, 张永旺. 物联网环境下生鲜农产品三级供应链协调[J]. 系统工程, 2014, 32(1): 48-52.

[236] 孙旭, 杨印生, 刘春霞. 生鲜农产品供应链近场通信智能数据采集终端系统设计与开发[J]. 农业工程学报, 2015, 31(8): 200-206.

[237] 杜其光. 物联网环境下供应链可用制造能力优化配置与运营协调研究[D]. 天津: 天津大学, 2015.

[238] 汪旭晖, 杜航. 基于物联网采纳的生鲜农产品冷链物流决策[J]. 系统工程, 2016, 34(6): 89-97.

[239] 赵道致, 潘新宇, 吴成霞. 物联网环境下供应链企业运营行为分析与展望[J]. 管理现代化, 2016, 1: 118-120.

[240] 潘新宇. 物联网环境下企业运营决策及供应链协调机制研究[D]. 天津: 天津大学, 2016.

[241] 肖新清. 面向冷链物流品质感知的物联网数据采集与建模方法[D]. 北京: 中国农业大学, 2017.

[242] 刘兵兵, 孙李波, 余玉刚. 仓储、物流与供应链管理研究新进展[J]. 中国科学技术大学学报, 2017, 47(2): 176-187.

[243] 党佩, 张宝明. 大数据视角下农业供应链金融研究[J]. 农村经济与科技 2014, 25(7): 139-142.

[244] 马莉. 互联网大数据时代农产品流通途径改善研究——以秦皇岛为例[J].

农业经济, 2015, 3: 122-124.
[245] 张闯, 刘祥伟. “互联网+”时代煤炭产业供应链演化分析[J]. 吉首大学学报(社会科学版), 2016, 37(6): 61-65.
[246] 张天琪, 胡军珠. “互联网+”农产品物流业的大数据策略研究[J]. 中国市场, 2016 , 36 : 12-14.
[247] 资武成, 刘超智. 大数据背景下农产品供应链的组织服务创新研究[J]. 农村经济与科技, 2015, 26(11) : 85-86.
[248] 林海萍. 大数据时代电子行业实施绿色供应链管理研究[J]. 物流科技, 2015, 6: 129-131.
[249] 史浩, 李健. 大数据背景下私有信息泄露对供应链成员企业竞合关系影响的研究[J]. 情报学报, 2015, 34(1): 53-65.
[250] 闫志鑫. 大数据对零售业采购与供应链管理的影响[J]. 中国市场, 2015, 46: 85-87.
[251] 陈永平, 蒋宁. 大数据时代供应链信息聚合价值及其价值创造能力形成机理[J]. 情报理论与实践, 2015 , 38(7): 80-85.
[252] 张瑜. 大数据分析在供应链中的应用[J]. 仪器仪表用户, 2016, 23(3): 72-76.
[253] 申风平, 党源源. 大数据在生鲜电商供应链中的应用研究[J]. 电子商务, 2016, 10: 18-21.
[254] 朱清清. 基于大数据背景下生鲜农产品供应链物流柔性能力研究[J]. 科技创业, 2016, 22: 24-28.
[255] 官志华. 大数据分析在供应链管理中的应用[J]. 物流技术, 2017, 36(9): 132-135.
[256] 成栋, 陈思洁. 供应链管理中的大数据运用[J]. 现代管理科学, 2017, 8: 9-11.
[257] 吴成霞, 赵道致, 潘新宇. 大数据服务商参与的三级供应链动态合作策略及其比较[J]. 控制与决策, 2016, 31(7): 1169-1177.

[258] 张生福. 异构数据驱动和 UML 融合的供应链智能控制系统设计[J]. 计算机应用与软件, 2017, 34(9): 312-321.

[259] 吴向向, 王红春, 丛娇娇. 基于大数据理论的弱化“长鞭效应”研究[J]. 北京建筑大学学报, 2015, 31(3): 73-76.

[260] 刘帅, 王红春. 大数据驱动的供应商管理策略研究[J]. 物流技术, 2016, 35(10): 115-118.

[261] 王红春, 刘帅. 大数据供应链的发展路径研究[J]. 物流技术, 2017, 36(7): 121-125.

[262] 王红春, 刘帅, 赵亚星. 大数据供应链与传统供应链的对比分析[J]. 价值工程, 2017, 26: 112-113.

[263] 刘帅, 王红春, 赵亚星. 大数据环境下的供应链风险管控[J]. 物流科技, 2017, 10: 129-131.

[264] 王红春, 刘帅. 大数据环境下建筑供应链采购模型及仿真研究[J]. 工程管理学报, 2017, 31(6): 11-16.

[265] 王大海, 赵吉, 孙娜. 辽吉黑农产品供应链大数据平台构建研究[J]. 中国农业资源与区划, 2017, 38(4): 197-201.

[266] 张天琪. 互联网+生鲜农产品电子商务的大数据策略研究[J]. 特区经济, 2018, 348: 103-105.

[267] 汪涛武, 王燕. 基于大数据的制造业与零售业融合发展: 机理与路径[J]. 中国流通经济, 2018, 32(1): 20-26.

[268] 付平德. 基于大数据的智慧物流模式构建[J]. 物流技术, 2018, 37(1): 135-139.

[269] 张驰. 农产品透明供应链关键技术及其应用研究[D]. 北京: 中国农业大学, 2017.

[270] 贺超, 庄玉良, 张岩. 面向“互联网＋”的闭环供应链信息共享平台及其商业模式[J]. 中国矿业大学学报(社会科学版), 2018, 20(1): 84-91.

[271] 杨为民. 中国蔬菜供应链结构优化研究[D]. 北京: 中国农业科学院, 2006,

[272] 蒋侃. 生鲜农产品供应链的分析及其优化[J]. 沿海企业与科技，2006，1: 57-58.

[273] Mighell R L, Jones L A. Vertical coordination in agriculture[R]. Washington: United States Department of Agriculture-Enterprises Run System, 1963.

[274] Frank S D, Henderson D R. Transaction cost as determinant of vertical coordination in the US food industries[J]. American Journal of Agricultural Economics, 1992, 10: 25-79.

[275] Kliebenstein J, Lawrence J D. Contracting and vertical coordination in the United States pork industry[J]. American Journal of Agricultural Economics, 1995, 75: 1213-1218.

[276] Salin V T. Information technology in agri-food supply chains[J]. International Food and Agribusiness Management Review, 1998, 11: 223-245.

[277] Sheffi Y. Supply chain management under the threat of international terrorism[J]. International Journal of Logistics Management, 2001, 12(2): 1-11.

[278] Hobbs J E. Increasing vertical linkages in agrifood supply chain: A conceptual model and some preliminary evidence[D]. Saskatchewan: University of Saskatchewan, 1999.

[279] Gelderman C J, Weele A J V. Strategic direction through purchasing portfolio management: A case study[J]. Journal of Supply Chain Management, 2000, 38(2): 30-37.

[280] Lonsdale C. Effectively managing vertical supply relationships: A risk management model for outsourcing[J]. Supply Chain Management, 1999, 4(4): 176-183.

[281] Kenneth C. The Use of Supply Chain Management to Increase Exports of Agricultural Products[M]. 's-Hertogenbosch: Elsevier Science Ltd, 2002, 22-23.

[282] Alan M K. Analysis of transport efficiency in the UK food supply chain[R]. Edinburgh: Heriot-Watt University, 2003.

[283] Moe T. Perspectives on traceability in food manufacture[J]. Trends in Food Science & Technology, 1998, 9: 211-214.

[284] Opara L U. Traceability in agriculture and food supply chain: A review of basic concepts, technological implications and future prospects[J]. Journal of Food, Agriculture and Environment, 2003, 1: 101-106.

[285] Bollen A F. Traceability in fresh produce supply chains[C]// Postharvest Unlimited-Downunder Conference, 2004, 687: 279-288.

[286] Hobbs J E. Information asymmetry and the role of traceability systems[J]. Agribusiness, 2004, 20(4): 341-397.

[287] Kramer E. Risk Management in the Supply Chain[M]. Cambridge: Woodhead Publishing Ltd, 2005: 179-228.

[288] Cadilhon J J, Moustier P, Poole N D. Traditional vs. Modern Food Systems[M]. Oxford: Blackwell Publishing, 2006.

[289] Widodo K H, Nagasawa H, Morizawa K. A periodical flowering-harvesting model for delivering agricultural fresh products[J]. European Journal of Operational Research, 2006, 170: 24-43.

[290] Burer S, Jones P C, Lowe T J. Coordinating the supply chain in the agricultural seed industry[J]. European Journal of Operational Research, 2008, 185: 354-377.

[291] Dabbene F, Gay P, Sacco N. Optimisation of fresh-food supply chains in uncertain environments, Part I: Background and methodology[J]. Biosystems Engineering, 2008, 3(99): 348-359.

[292] Ahum O, Villalo J R. Application of planning models in the agri-food supply chain: A review[J]. European Journal of Operational Research, 2009, 196(1): 1-20.

[293] Cana M, Fritz M, Hofst G J, et al. The role of trust in the transition from traditional to electronic B2B relationships in agri-food chains[J]. Computers and Electronics in Agriculture, 2010, 70(2): 321-327.

[294] Rong A, Akker R, Gru M. An optimization approach for managing fresh food quality throughout the supply chain[J]. International Journal of Production Economics, 2011, 131(1) : 421-429.

[295] Ahum O, Villalo J R. Operational model for planning the harvest and distribution of perishable agricultural products[J]. International Journal of Production Economic, 2011, 133(2) : 677-687.

[296] Kumar S, Nigma A. A system dynamics analysis of food supply chains-case study with non-perishable products[J]. Simulation Modelling Practice and Theory, 2011, 19(10) : 2151-2168.

[297] Zhang M, Li P C. RFID application strategy in agri-food supply chain based on safety and benefit analysis[J]. Physics Procedia, 2012, (25): 636-642.

[298] Trien J H, Wog P M, Beu A, et al. Transparency in complex dynamic food supply chains[J]. Advanced Engineering Informatics, 2012, 26(1): 55-65.

[299] Mehdiza A, Shah N, Raikar N, et al. An optimization of the food quality products throughout the supply chain[J]. Computer Aided Chemical Engineering, 2012, 31: 1025-1029.

[300] Lorentz H, Kitti P, Srai J S. Emerging market characteristics and supply network adjustments in internationalizing food supply chains[J]. International Journal of Production Economics, 2013, 145(1): 220-232.

[301] Manzini R, Accorsi R. The new conceptual framework for food supply chain assessment[J]. Journal of Food Engineering, 2013, 115(2): 251-263.

[302] Yu M, Nagur A. Competitive food supply chain networks with application to fresh produce[J]. European Journal of Operational Research, 2013, 224(2): 273-282.

[303] Teim E, Nedaei H, Sabbaghi S A M. A multi-objective analysis for import quota policy making in a perishable fruit and vegetable supply chain: A system dynamics approach[J]. Computers and Electronics in Agriculture, 2013, 93(4): 37-45.

[304] Tsolakis N K, Kera C A, Toka A K, et al. Agrifood supply chain management: A comprehensive hierarchical decision-making framework and a critical taxonomy[J]. Biosystems Engineering, 2014, 120(4): 47-64.

[305] Dabbene F, Gay P, Tortia C. Traceability issues in food supply chain management: A review[J]. Biosystems Engineering, 2014, 120(3): 65-80.

[306] Aung M M, Chang Y S. Traceability in a food supply chain: Safety and quality perspectives[J]. Food Control, 2014, 39(1): 172-184.

[307] Kazaz B, Webster S. The impact of yield-dependenttrading costs on pricing and production planning undersupply and demand uncertainty[J]. Manufacturing & Service Operations Management, 2011, 13(3): 404-417.

[308] Zhong B, Yang F, Chen Y L. Information empowers vegetable supply chain: A study of information needs and sharing strategies among farmers and vendors[J]. Computers and Electronics in Agriculture, 2015, 117(9): 81-90.

[309] Luis P C, Moreno M S, Blanco A M, et al. A bi-objective optimization model for tactical planning in the pome fruit industry supply chain[J]. Computers and Electronics in Agriculture, 2016, 130(15): 128-141.

[310] Utomo D S, Onggo B S, Eldridge S. Applications of agent-based modelling and simulation in the agri-food supply chains[J]. European Journal of Operational Research, 2018, 269(3): 794-805.

[311] 徐金海. “公司+农户”经营组织的制度缺陷及其改进思路[J]. 农业经济, 2002, 12: 34-37.

[312] 陈超, 罗英姿. 创建中国肉类加工食品供应链模型的构想[J]. 南京农业大学学报, 2003, 26(1): 89-92.

[313] 朱毅华, 王凯. 农产品供应链整合绩效实证研究[J]. 南京农业大学学报, 2004, 4(2): 42-48.

[314] 李艳霞, 赵庆祯. 农产品供应链管理信息系统构建方案[J]. 计算机技术及应, 2005, 4: 93-95.

[315] 张晟义. 涉农供应链内生不稳定性及其解决[J]. 宁夏农学院学报, 2004, 25(2): 54-58.

[316] 张晟义, 艾尼·胡吉. 涉农供应链时间竞争的基本障碍分析[J]. 物流科技, 2007, 4: 87-89.

[317] 张晟义. 中外涉农供应链研究和发展的初步比较[J]. 科技管理研究, 2004, 5: 10-12.

[318] 凌宁波, 朱风荣. 电子商务环境下我国农产品供应链运作模式研究[J]. 江西农业大学学报, 2006, 5(1): 91-94.

[319] 贺峰. 中国农产品现代物流问题的研究[D]. 武汉: 华中农业大学, 2006.

[320] 贾伟强. 基于反馈动态复杂性分析的“公司+农户”组织模式的合作机制研究[D]. 南昌: 南昌大学, 2006.

[321] 崔巍崴, 白云涛. 农产品供应链合作伙伴的动态评价方法[J]. 安徽农业科学, 2007, 35(26): 8397- 8398.

[322] 杨为民, 夏龙. 蔬菜供应链效率问题探究[J]. 商业研究, 2007, (10): 32-34.

[323] 朱雪珍. 绿色农产品供应链中供应商的选择[J]. 农业经济问题, 2007, 4: 67-70.

[324] 庞胜明, 魏朗, 岳同霞. 时效性农产品物流供应链及环节优化研究[J]. 物流技术, 2005, 10: 157-159.

[325] 庞胜明, 魏朗, 周平. 基于 Weibull 分布的时效性农产品物流库存模型[J]. 长安大学学报, 2006, 8(3): 33-36.

[326] 庞胜明, 魏朗. 农产品物流中心的经济规模优化模型[J]. 交通运输工程学报, 2007, 7(2): 123-126.

[327] 彭建仿. 基于供应链管理的企业与农户共生关系研究[D]. 咸阳: 西北农林科技大学, 2007.

[328] 李晓锦. 农产品物流组织模式研究[D]. 咸阳: 西北农林科技大学, 2007.

[329] 刘爱军. 基于企业角度的农产品物流发展研究[D]. 南京: 南京农业大学, 2007.

[330] 肖勇波, 陈剑, 徐小林. 到岸价格商务模式下涉及远距离运输的时鲜产品供应链协调[J]. 系统工程理论与实践, 2008, 28(2): 19-34.

[331] 黄桂红, 贾仁安. 基于动态反馈分析的农产品供应链整合实证研究[J]. 系统工程, 2008, 26(8): 17-21.

[332] 王丽娟, 王红卫, 孙西超. 用灰色理论研究易腐农产品中合作博弈问题[J]. 华中科技大学学报(自然科学版), 2008, 36(8): 31-33.

[333] 王丽娟. 供应链系统中灰博弈的灰色动态规划模型[J]. 华中科技大学学报(自然科学版). 2009, 37(4): 89-92.

[334] Wang L J, Wang H W, Sun X C. Research of grey-game in supply chain for perishable agricultural products under multi-to-one[J]. International Conference on Logistics Engineering and Management, 2010: 176-182.

[335] 林略, 杨书萍, 但斌. 收益共享契约下鲜活农产品三级供应链协调[J]. 系统工程学报. 2010, 25(4): 484-491.

[336] Wang X J, Li D. A dynamic product quality evaluation based pricing model for perishable food supply chains[J]. Omega, 2012, 40(6): 906-917.

[337] Wang L J, Wang H W, Sun X C. Inventory control model for fresh agricultural products on Weibull distribution under inflation and delay in payment[J]. Kybernetes, 2014, 41(9): 1277-1288.

[338] Mo J T, Chen G M, Fan T, et al. Optimal ordering policies for perishable multi-item under stock-dependent demand and two-level trade credit[J]. Applied Mathematical Modelling, 2013, 15(11): 27-32.

[339] 王磊. 保鲜影响消费者效用的生鲜农产品订货、定价及供应链协调[D]. 重

庆: 重庆大学, 2013.

[340] Cai X Q, Chen J, Xiao Y B, et al. Fresh-product supply chain management with logistics outsourcing[J]. Omega, 2013, 41(4): 752-765.

[341] 李琳, 范体军. 零售商主导下生鲜农产品供应链的定价策略对比研究[J]. 中国管理科学, 2015, 23(12): 113-123.

[342] 王磊, 但斌. 考虑消费者效用的生鲜农产品供应链保鲜激励机制研究[J]. 管理工程学报, 2015, 29(1): 200-206.

[343] 吴忠和, 陈宏, 赵千. 时间约束下鲜活农产品供应链应急协调数量折扣契约研究[J]. 运筹与管理, 2014, 23(3): 146-156.

[344] 杨亚, 范体军, 张磊. 新鲜度信息不对称下生鲜农产品供应链协调[J]. 中国管理科学, 2016, 24(9): 147-155.

[345] 杨磊, 肖小翠, 张智勇. 需求依赖努力水平的生鲜农产品供应链最优定价策略[J]. 系统管理学报, 2017, 26(1): 142-153.

[346] 刘思峰. 灰色系统理论的产生与发展[J]. 南京航空航天大学学报, 2004, 36(2): 267-272.

[347] 刘思峰, 党耀国, 方志耕, 等. 灰色系统理论及其应用[M]. 3 版. 北京: 科学出版社, 2004.

[348] 刘思峰, 邓聚龙. GM(1, 1)模型的适用范围[J]. 系统工程理论与实践, 2000, 20(5): 121-124.

[349] 吕林正, 吴文江. 灰色模型 GM(1, 1)优化探讨[J]. 系统工程理论与实践, 2001, 21(8): 92-96.

[350] 刘思峰. 科技综合实力评估指标与数学模型[J]. 南京航空航天大学学报, 2002, 32(5): 409-412.

[351] 方志耕, 刘思峰. 基于纯策略的灰矩阵二人有限零和博弈模型研究[J]. 南京航空航天大学学报, 2003, 35(4): 441-445.

[352] 方志耕, 刘思峰. 基于纯策略的灰矩阵博弈模型研究[J]. 东南大学学报, 2003, 33(6): 796-800.

[353] 方志耕, 刘思峰. 灰矩阵博弈的灰线性规划模型研究[J]. 解放军汽车管理学院学报, 2003, 1(1): 61-67.

[354] 米传民, 方志耕. 基于区间数大小不能直接判定的灰矩阵博弈的策略优超及其最优解研究[J]. 中国管理科学, 2005, 13(6): 81-85.

[355] 方志耕, 刘思峰, 阮爱清. 基于不能直接判定区间灰数大小的灰矩阵博弈的纯策略解及其风险[J]. 吉林大学学报, 2006, 36(1): 137-142.

[356] 罗党, 刘思峰, 党耀国. 灰色模型 GM(1, 1)优化[J]. 中国工程科学, 2003, 5(8): 50-53.

[357] 罗党, 刘思峰. 灰色粗糙组合决策模型研究[J]. 厦门大学学报, 2004, 43(1): 26-30.

[358] 罗党, 刘思峰. 灰色动态规划研究[J]. 系统工程理论与实践, 2004, 24(4): 56-62.

[359] 罗党. 灰色决策问题的分析方法研究[D]. 南京: 南京航空航天大学, 2005.

[360] 党耀国, 刘思峰. 灰色斜率关联度的改进[J]. 中国工程科学, 2004, 6(3): 41-44.

[361] 党耀国, 刘思峰. 多指标区间数关联决策模型研究[J]. 南京航空航天大学学报, 2004, 36(3): 403-406.

[362] 关叶青, 刘思峰. 关于强化缓冲算子的进一步研究[C]//2006 中国科协年会论文集, 2006: 476-481.

[363] 谢乃明, 刘思峰. 强化算子的性质与若干实用缓冲算子的构造[J]. 南京航空航天大学学报, 2004, 36(4): 581-585.

[364] 党耀国, 刘思峰, 米传民. 强化缓冲算子性质的研究[J]. 控制与决策, 2007, 22(7): 730-734.

[365] 崔杰, 党耀国, 刘思峰. 基于灰色关联度求解指标权重的改进方法[J]. 中国管理科学, 2008, 25(5): 141-145.

[366] 孙玉刚, 党耀国. 灰色 T 型关联度的改进[J]. 系统工程理论与实践, 2008, 28(4): 135-139.

[367] 王正新, 党耀国, 刘思峰. 基于离散指数函数优化的 GM(1, 1)模型[J]. 系统工程理论与实践, 2008, 28(2): 61-67.

[368] 王正新, 党耀国, 刘思峰. 无偏灰 Verhulst 模型及其应用[J]. 系统工程理论与实践, 2009, 29(10): 138-144.

[369] 王正新, 党耀国, 裴玲玲, 等. 基于累积前景理论的多指标灰关联决策方法[J]. 控制与决策, 2010, 25(2): 232-236.

[370] 宋捷, 党耀国, 王新正. 正负靶心灰靶决策模型[J]. 系统工程理论与实践, 2010, 30(10): 1822-1827.

[371] 曾波, 刘思峰. 近似非齐次指数序 DGM(1, 1)直接建模法[J]. 系统工程理论与实践, 2011, 31(2): 297-301.

[372] 杨凡. 灰色关联聚类-粗糙近似组合决策方法(GR)研究[J]. 南开大学学报(自然科学版), 2012, 45(5): 14-18.

[373] 刘勇, 刘思峰, Forrest J. 一种新的灰色绝对关联度模型及其应用[J]. 中国管理科学, 2012, 20(5): 173-177.

[374] 钱吴永, 党耀国, 刘思峰. 含时间幂次项的灰色 GM(1, 1, $t\sim\alpha$)模型及其应用[J]. 系统工程理论与实践, 2012, 32(10): 2247-2252.

[375] 曾波, 刘思峰. 基于振幅压缩的随机振荡序列预测模型[J]. 系统工程理论与实践, 2012, 32(11): 2494-2498.

[376] 李鹏, 刘思峰, 朱建军. 基于前景理论的随机直觉模糊决策方法[J]. 控制与决策, 2012, 27(11): 1601-1605.

[377] 李雪梅, 党耀国, 王正新. 调和变权缓冲算子及其作用强度比较[J]. 系统工程理论与实践, 2012, 32(11): 2486-2492.

[378] 刘解放, 刘思峰, 方志耕. 基于核与灰半径的连续区间灰数预测模型[J]. 系统工程, 2013, 31(2): 61-64.

[379] 吴利丰, 刘思峰. 基于灰色凸关联度的面板数据聚类方法及应用[J]. 控制与决策, 2013, 28(7): 1033-1045.

[380] 菅利荣, 刘思峰. 面向集合论的灰度定义及灰色粗糙集模型建立[J]. 控制

与决策, 2013, 28(5): 721-725.

[381] 刘勇, 菅利荣, Forrest J. 杂合灰色聚类与变精度粗糙模糊集的概率决策方法及应用[J]. 管理工程学报, 2013, 27(3): 110-123.

[382] 刘勇, Forrest J, 刘思峰. 基于前景理论的多目标灰靶决策方法[J]. 控制与决策, 2013, 28(3): 345-350.

[383] 杨德岭, 刘思峰, 曾波. 基于核和信息域的区间灰数 Verhulst 模型[J]. 控制与决策, 2013, 28(2): 264-268.

[384] 崔杰, 刘思峰, 曾波, 等. 灰色 Verhulst 预测模型的数乘特性[J]. 控制与决策, 2013, 28(4): 605-608.

[385] 王大鹏, 汪秉文, 李睿凡. 考虑合成灰数灰度性质的改进区间灰数预测模型[J]. 系统工程与电子技术, 2013, 35(5): 1013-1017.

[386] 韩盛, 李书杰, 陈宗海. 不确定性知识表达的新方法——灰概率测度集[J]. 系统工程与电子技术, 2013, 35(5): 108-112.

[387] 罗党. 基于正负靶心的多目标灰靶决策模型[J]. 控制与决策, 2013, 28(2): 241-245.

[388] 汪群峰, 金佳佳, 米传民, 等. 基于灰关联深度系数的评价指标客观权重极大熵配置模型[J]. 控制与决策, 2013, 28(2): 235-240.

[389] 李鹏, 刘思峰, 朱建军. 基于 MYCIN 不确定因子和前景理论的随机直觉模糊决策方法[J]. 系统工程理论与实践, 2013, 32(6): 1509-1515.

[390] 王正新, 党耀国, 刘思峰. GM(1, 1)幂模型的病态性[J]. 系统工程理论与实践, 2013, 32(7): 1859-1866.

[391] 单再成. 产品物流与其影响因素灰色关联度分析[J]. 系统工程, 2012, 30(10): 114-117.

[392] 刘远, Hiple K W, 方志耕, 等. 复杂产品供应链质量控制方案递阶决策模型[J]. 控制与决策, 2012, 27(11): 1685-1693.

[393] 陈洪转, 何利芳, 方志耕. “主制造商-供应商”协同利益主体超冲突均衡设计[J]. 管理世界, 2012, 29(3): 180-181.

[394] 徐兰，方志耕，刘思峰．基于设计结构矩阵的复杂产品供应链管理优化[J]．运筹与管理, 2013, 22(1): 106-112.

[395] 朱灿，史梁园．基于灰色博弈论的私募股权投资基金监管研究[J]．东北大学学报(自然科学版), 2013, 34(7): 1057-1060.

[396] 魏锋，尹丽君，于政扬．基于供应链的原材料供应商选择评价模型[J]．物流技术, 2013, 32(1): 162-165.

[397] 李翀，刘思峰，方志耕，等．供应链网络系统的牛鞭效应时滞因素分析与库存控制策略研究[J]．中国管理科学, 2013, 21(2): 107-113.

[398] 闫书丽，刘思峰，方志耕，等．区间灰数群决策中决策者和属性权重确定方法[J]．系统工程理论与实践, 2014, 34(9): 2372-2378.

[399] 王正新．灰色多变量 GM(1, N)幂模型及其应用[J]．系统工程理论与实践, 2014, 34(9): 2354-2363.

[400] 吴利丰．分数阶灰色预测模型及其应用研究[D]．南京：南京航空航天大学, 2015.

[401] 袁周，方志耕．灰色主成分评价模型的构建及其应用[J]．系统工程理论与实践, 2016, 36(8): 2086-2090.

[402] 曾波，刘思峰，曲学鑫．一种强兼容性的灰色通用预测模型及其性质研究[J]．中国管理科学, 2017, 25(5): 150-156.

[403] 周伟杰，党耀国，顾荣宝．基于灰色算子的分形法及应用[J]．中国管理科学, 2017, 25(10): 89-99.

[404]张弢，王金波，张涛，等．基于灰色理论的复杂系统多故障模糊诊断[J]．北京航空航天大学学报, 2017, 43(9): 1832-1840.

[405] 张朝飞，罗建军，徐兵华．基于灰色理论的新陈代谢自适应多参数预测方法[J]．上海交通大学学报, 2017, 51(8): 970-976.

[406] 欧阳昌民．“公司+农户”契约设计及价格形成机制[J]．经济问题, 2004, 2: 57-58.

[407] 孙耀吾, 刘朝. "公司+农户"组织运行困境的经济学分析[J]. 财经理论与实践, 2004.

[408] Zhang D. A network economic model for supply chain versus supply chain competition[J]. Omega, 2006, 34(3): 283-295.

[409] Simon R S. The structure of non-zero-sum stochastic games[J]. Advances in Applied Mathematics, 2007, 38: 1-26.

[410] Fu H. Pure strategy equilibria in games with private and public information[J]. Journal of Mathematical Economics, 2007, (43): 523-531.

[411] Smirnov A V, Sheremetov L B, Chilov N, et al. Soft-computing technologies for configuration of cooperative supply chain[J]. Applied Soft Computing, 2004, 4(1): 87-107.

[412] Bylka S L. Competitive and cooperative policies for the vendor-buyer system[J]. International Journal of Production Economics, 2003, (81): 533-544.

[413] Nie P Y, La M Y, Zhu S J. Dynamic feedback Stackelberg games with non-unique solutions[J]. Nonlinear Analysis: Theory, Methods & Applications, 2008, 69(7): 1904-1913.

[414] 谢识予. 有限理性条件下的进化博弈理论[J]. 上海财经大学学报, 2001, 5: 3-9.

[415] Chioua C C, Yaob M J, Tsai J T. A mutually beneficial coordination mechanism for a one-supplier multi-retailers supply chain[J]. International Journal of Production Economics, 2007, 108: 314-328.

[416] Lin S, Yong W Z. Two-echelon supply chain models: Considering duopolistic retailers' different competitive behaviors[J]. International Journal of Production Economics, 2006, 103: 104-116.

[417] 刘春林. 多零售商供应链系统的契约协调问题研究[J]. 管理科学学报, 2007, 10(2): 1-6.

[418] 唐宏祥，何建敏，刘春林. 多零售商竞争环境下的供应链协作机制研究[J]. 东南大学学报(自然科学版), 2004, 34(4): 529-534.

[419] Xiao T J, Qi X T, Yu G. Coordination of supply chain after demand disruptions when retailers compete[J]. International Journal of Production Economics, 2007, 109: 162-179.

[420] 李森，杨锡怀，戚桂清. 相同企业竞争策略与合作策略的收益与风险分析[J]. 东北大学学报(自然科学版), 2005, 126(9): 907-910.

[421] 刘希龙，季建华. 基于多供应商的供应链契约效率研究[J]. 组合机床与自动化加工技术, 2006, 12: 84-90.

[422] Carl D, Rönn M. Supply chain management in forestry-case studies at Södra cell AB[J]. European Journal of Operational Research, 2005, 163(16): 589-616.

[423] Hu J, Zhang X, Moga L M. Modeling and implementation of the vegetable supply chain traceability system[J]. Food Control, 2013, 30(1): 341-353.

[424] 王道平，苏红霞，欧阳强国. 需求价格相关的供应链的联合契约研究[J]. 管理学报, 2009, 6(4): 440-443.

[425] 禹爱民，刘丽文. 随机需求和联合促销下双渠道供应链的竞争与协调[J]. 管理工程学报, 2012, 26(1): 15.

[426] 叶飞，林强，李怡娜. 基于 CVaR 的“公司+农户”型订单农业供应链协调契约机制[J]. 系统工程理论与实践, 2011, 31(3): 450-460.

[427] 叶飞，林强，莫瑞君. 基于 B-S 模型的订单农业供应链协调机制研究[J]. 管理科学学报, 2012, 15(1): 66-76.

[428] 王丽娟，党峰，孙西超. 动态需求下易腐品供应链系统中的博弈分析[J]. 华中科技大学学报(自然科学版), 2009, 37(5): 79-81.

[429] 王丽娟. 竞争环境下易腐农产品供应链中灰博弈[J]. 武汉大学学报(理学版), 2009, 55(2): 150-156.

[430] 王丽娟. 用灰色理论研究易腐品系统一对多合作机制[J]. 华中科技大学

学报(自然科学版), 2009, 37(8): 12-15.

[431] 王丽娟. 易腐农产品供应链中博弈分析[D]. 武汉: 华中科技大学, 2008.

[432] 王丽娟. 双灰色变量下易腐农产品供应链中灰色博弈研究[R]. 北京: 中国农业大学, 2013.

[433] Wee H M. Deteriorating inventory model with quantity discount pricing and partial backordering[J]. International Journal of Production Economics, 1999, 59: 511-518.

[434]Chung K J, Tsai S F. Inventory systems for deteriorating items with shortages and a linear trend in demand-taking account of time value[J]. Computers and Operations Research, 2001, 28: 915-934.

[435] Chung K J, Lin C N. Optimal inventory replenishment models for deteriorating items taking account of time discounting[J]. Computers and Operations Research, 2001, 28: 67-83.

[436] Balkhi Z T. On a finite horizon production lot size inventory model for deteriorating items: An optimal solution[J]. European Journal of Operational Research, 2001, 132: 210-223.

[437] Abad P L. Optimal pricing and lot-sizing under conditions of perishable finite production and partial backordering and lost sale[J]. European Journal of Operational Research, 2003, 144: 677-685.

[438] Sarker B R, Jamal A M, Wang S. Supply chain models for perishable products under inflation and perishable delay in payment[J]. Computers and Operations Research, 2000, 27: 59-75.

[439] Moon I, Lee S. The effects of inflation and time-value of money on an economic order quantity model with a random product life cycle[J]. European Journal of Operational Research, 2000, 125: 588-601.

[440] Wee H M, Law S T. Replenishment and pricing policy for deteriorating items taking account of the time-value of money[J]. International Journal of

Production Economics, 2001, 71: 213-220.

[441] Lo S T, Wee H M. An integrated production-inventory model with imperfect production processes and Weibull distribution deterioration under inflation[J]. International Journal of Production Economics, 2007, 106: 248-260.

[442] Burer S, Jones P C, Lowe T J. Coordinating the supply chain in the agricultural seed industry[J]. European Journal of Operational Research, 2008, 185(1): 354-377.

[443] Path S, Pie W K A, Kha S K. Integrating a shrimp-growth function, farming skills information, and a supply allocation algorithm to manage the shrimp supply chain[J]. Computers and Electronics Agriculture, 2009, 66(1): 93-105.

[444] Verdouw C N, Beulens A J M, Trienekens J H. Process modelling in demand-driven supply chains: A reference model for the fruit industry[J]. Computers and Electronics in Agriculture, 2010, 73(2): 174-187.

[445] Qian J P, Yang X T, Wu X M. A traceability system incorporating 2D barcode and RFID technology for wheat flour mills[J]. Computers and Electronics in Agriculture, 2012, 89(3): 76-85.

[446] Teimoury E, Nedaei H, Ansari S. A multi-objective analysis for import quota policy making in a perishable fruit and vegetable supply chain: A system dynamics approach[J]. Computers and Electronics in Agriculture, 2013, 93(4): 37-45.

[447] Maity K, Maiti M. A numerical approach to a multi-objective optimal inventory control problem for deteriorating multi-items under fuzzy inflation and discounting[J]. Computers and Mathematics with Applications, 2008, 55(1): 1794-1807.

[448] Yang H L, Teng J T, Chern M S. An inventory model under inflation for deteriorating items with stock-dependent consumption rate and partial

backlogging shortages[J]. International Journal of Production Economics, 2010, 12(1): 8-19.

[449] Paul B, Raje C. Rationing mechanisms and inventory control-policy parameters for a divergent supply chain operating with lost sales and costs of review[J]. Computers & Operations Research, 2011, 38(1): 1117-1130.

[450] Lo S T, Wee H M. An integrated production-inventory model with imperfect production processes and Weibull distribution deterioration under inflation[J]. International Journal of Production Economics, 2010, 106(1): 248-260.

[451] 黄桂红, 贾仁安. 生鲜农产品供应链系统反馈结构模型的建立与应用: 以赣南脐橙为例[J]. 系统工程理论与实践, 2010, 33(6): 1113-1124.

[452] 林略, 杨书萍, 但斌. 时间约束下鲜活农产品三级供应链协调[J]. 中国管理科学, 2011, 19(3): 55-62.

[453] 王丽娟, 王红卫, 孙西超. 通货膨胀和延期支付下易腐农产品库存模型[J]. 华中农业大学学报(自然科学版), 2008, 27(4): 545-548.